Margarete Reiss / Peter Fiedler
Regina Krause / Dirk Zimmer

Verhaltenstherapie in der Praxis

Ausgewählte Behandlungsbeispiele

Verlag W. Kohlhammer
Stuttgart Berlin Köln Mainz

CIP-Kurztitelaufnahme der Deutschen Bibliothek

Verhaltenstherapie in der Praxis: ausgew. Behandlungsbeispiele / Margarete
Reiss ... – 1. Aufl. – Stuttgart, Berlin, Köln, Mainz: Kohlhammer, 1976.
  ISBN 3-17-002390-X
NE: Reiss, Margarete [Mitarb.]

Alle Rechte vorbehalten
© 1976 Verlag W. Kohlhammer GmbH
Stuttgart Berlin Köln Mainz
Verlagsort: Stuttgart
Umschlag: hace
Gesamtherstellung: W. Kohlhammer GmbH
Grafischer Großbetrieb Stuttgart
Printed in Germany

Inhalt

Einführung 7

1. Die Behandlung eines Klienten mit Arbeits- und Studienschwierigkeiten 17
   von Margarete Reiss

2. Behandlung einer Klientin mit Dunkelangst 31
   von Margarete Reiss

3. Probleme in der Therapie eines erwachsenen Stotternden mit seltener Symptomatik 63
   von Peter A. Fiedler

4. Die Behandlung von zwei funktional verschiedenen Einschlafstörungen 72
   von Dirk Zimmer

5. Behandlung eines Klienten mit Ängsten und Atemnot mit verschiedenen verhaltenstherapeutischen Methoden 90
   von Regina Krause

6. Probleme bei der Behandlung von Klienten mit psychosomatischen Störungen 121
   von Regina Krause

7. Die Behandlung eines achtjährigen Jungen mit asthmatischen Anfällen 124
   von Regina Krause

8. Behandlung von Zwangsgedanken eines 22jährigen Klienten mit einem Kognitionstraining 143
   von Peter A. Fiedler

komplexer Problematik
und soziale Unsicherheit) .. 167

9. Behandlung eines
(Schreibkrampf,
von Dirk Zim

führende Hinweise 187

Literatur

Einführung

Dieses Buch ist vor allem für praktisch arbeitende Therapeuten, für Studenten und Interessenten geschrieben, die sich über die theoretische Lektüre hinaus detailliertes Anschauungsmaterial über die praktische Einzelfallarbeit in der Verhaltenstherapie wünschen. Ein Kasuistikbuch zu schreiben ist aber nicht sinnvoll, ohne immer wieder auf die rationalen Ableitungen, theoretische Hintergründe und die relevante empirische Literatur zu verweisen. Denn Praxis soll ja die Anwendung wissenschaftlicher Prinzipien darstellen.
In dieser Einleitung wollen wir einige grundsätzliche Fragen erörtern, wir wollen die Methodik der verhaltensanalytischen Diagnostik in groben Zügen darstellen, Warnungen vor typischen Fehlern aussprechen und Durchführungsschwierigkeiten andiskutieren. Schließlich wollen wir einige Empfehlungen zum Selbststudium und zur relevanten Literatur geben.
Zunächst *eine Warnung:* Dieses Buch ersetzt kein ausführliches Literaturstudium der theoretischen Grundlagen der Verhaltenstherapie und ihrer praktischen Anwendung. Es ersetzt keine Praxisausbildung und schon gar keine Supervision.
In diesem Buch erhalten Sie keine Rezepte wie »Bei Phobien nehme man...«. Dieses Buch soll eigenes Denken nicht ersetzen, sondern anregen.
Die Verhaltenstherapie hat sich schnell als wirksamer Ansatz zur Behandlung von Verhaltensauffälligkeiten und psychischen Störungen durchgesetzt. Sie ist allgemein anerkannt und gleichberechtigt neben Behandlungsmethoden wie Psychoanalyse und Gesprächspsychotherapie getreten. Daß sie eine so stürmische Entwicklung genommen hat, liegt zu einem nicht unerheblichen Teil daran, daß sie Ergebnisse, Theorien und Methoden der empirisch-experimentellen Psychologie — vor allem der Lernpsychologie — und ihrer Nachbardisziplinen zum Zwecke der Erklärung und Veränderung gestörten Verhaltens anwendet, also auf wissenschaftlich überprüfte Prinzipien grundsätzlicher Art zurückgreift und die Effizienz ihrer praktischen Behandlungsmethoden einer ständigen wissenschaftlichen Überprüfung unterzieht. Dies hat zu einem fortdauernden Wandel und zu einer Verbesserung der praktischen Techniken geführt. Und diese Entwicklung ist noch lange nicht abgeschlossen. Es ist vielmehr zu erwarten, daß sich in den nächsten Jahren noch entscheidende Veränderungen ergeben werden.
Deswegen wäre es falsch, Verhaltenstherapie mit einzelnen Behandlungstechniken zu identifizieren, und was noch wichtiger ist: Es wäre

unverantwortlich, mit seinem momentanen Stand an Ausbildung und Literaturkenntnis zufrieden zu sein und sich von nun an nur der Praxis zu widmen.
Praktiker hört man immer wieder darüber Klage führen, daß der Anwendungsbereich der Verhaltenstherapie in der Praxis dennoch stets sehr begrenzt sei und man sich allzu oft gezwungen sehe, auf andere, »bewährte« Methoden — was immer das sein mag — zurückzugreifen. Dies ergab eine kürzlich durchgeführte Befragung unter ca. 200 praktisch arbeitenden Verhaltenstherapeuten. So beschränkt sich verhaltenstherapeutische Arbeit bei weit mehr als der Hälfte der befragten Praktiker auf die Anwendung von ein paar wenigen Standardmethoden wie systematische (in-sensu-) Desensibilisierung bei Phobien, Einsatz von Token-Systemen in Verbindung mit Löschungsmethoden bei der Mutter-Kind-Behandlung. Verfahren wie Selbstsicherheitstraining (einzeln und in Gruppen) wird zumeist schon als zu aufwendig angesehen. Für das Gros der Praktiker ist Verhaltenstherapie die Anwendung erprobter und praktikabler Verfahren bei festumschriebener Symptomatik. Langwierige Diagnostik wird eher als Hemmschuh angesehen. »Ökonomische« Methoden, möglichst in einer (Doppel-) Stunde anwendbar, werden vorgezogen. Die bisher in der klinisch-psychologischen Beratung als unbefriedigend erlebte Diskrepanz zwischen diagnostischem und therapeutischem Aufwand zugunsten der Diagnostik scheint in der verhaltenstherapeutischen Praxis »auf den Kopf gestellt« zu werden. Die Befragungsergebnisse sprechen hier eine deutliche Sprache: Viele praktisch tätige Psychologen neigen zu »*therapeutischen Kurzschlußhandlungen*« (z. B. »Bei Phobien nehme man Desensibilisierung!«) und unterliegen dabei der Gefahr, Interventionen ohne ausreichende diagnostische Vorarbeit vorzunehmen. Hier zeigt sich auch, daß viele Praktiker einfach nicht mehr die Zeit finden, die Übersicht über die Flut der empirischen Literatur zu behalten.
Die hier aufgezeigten praktischen Probleme haben vermutlich vielfältige Ursachen. Die praxisferne, vornehmlich theoretische Verhaltenstherapieausbildung an den Universitäten ist nur eine, der Mangel an geeigneten Modellen für praktische diagnostisch-therapeutische Arbeit eine andere: Zumindest zu Beginn seiner verhaltenstherapeutischen Tätigkeit kommt der Praktiker nicht darum herum, sich anhand mehrerer praktischer Fälle so ausführlich wie möglich mit der Methodik der Verhaltensanalyse und Therapieplanung vertraut zu machen. Verzichtet er darauf, mehrmals exemplarisch und gründlich eine verhaltensanalytische Diagnostik durchzuführen und sich praktisch wie theoretisch den vielfältigen Möglichkeiten therapeutischer Methodenexplikation zu unterziehen, dann besteht eben die Gefahr voreiliger und unkritischer Applikation therapeutischer Techniken, die nicht selten wirkungslos sind und Klient und Therapeut enttäuschen. *Es scheint nicht unerheblich für die Qualität und Kreativität therapeuti-*

schen Handelns zu sein, ob und inwieweit der Therapeut jeweils bereit war, sich der Mühe einer detaillierten und genauen Verhaltensanalyse zu unterziehen. Seine Routine wird um so größer, je öfter und exakter er zu Beginn seiner Ausbildung und praktischen Tätigkeit ausführliche Analysen ausgearbeitet hat.
Die gewonnene Routine erlaubt später ein schnelleres Vorgehen, das sich aber immer noch an den wesentlichen Bestimmungsstücken verhaltensanalytischer Diagnostik orientiert.

Instrumente verhaltensdiagnostischer Informationsverarbeitung

Dem Praktiker stehen mittlerweile verschiedene methodische Hilfsmittel zur Verfügung, die notwendigen Schritte einer Verhaltensanalyse durchzuführen. Es handelt sich dabei vornehmlich um Analyse- und Ordnungsschemata zur Informationsgewinnung und -verarbeitung, die sich an der *Verhaltensgleichung* Kanfers (1969; Kanfer & Saslow 1974) orientieren:

S — — — —	O — — — —	R — — — —	K — — — —	C — — — —
Situative Reize, sinnl. Wahrnehmung, bedeutungsvolle Kommunikation	Organismus-Variablen	Reaktion Verhalten Tätigkeit Handlung	Verstärkungsplan	Konsequenz äußerer oder innerer Art. Ergebnis

Mit Hilfe dieser Bestimmungsstücke wird versucht, die Situation des Klienten zu erfassen: die symptomatischen Aspekte des Klientenverhaltens, deren soziale und physikalische Bedingtheit sowie die dispositionell-biologischen Einflüsse auf das Problemverhalten.
Ausgehend von dieser Verhaltensgleichung hat Schulte (1974) ein Ordnungsschema vorgelegt, das modellhaft dem diagnostisch-therapeutischen Prozeß entspricht. In diesem »*Schema für Diagnose und Therapieplanung in der Verhaltenstherapie*« werden verschiedene heuristische Verfahren angegeben, die auf der Grundlage einer ausführlichen Verhaltensbeschreibung zunächst die Erstellung eines vorläufigen funktionalen Bedingungsmodells der Symptomatik eines einzelnen Klienten ermöglichen. Aus diesem prinzipiellen Erklärungsmodell sind eine Reihe von Änderungsprinzipien ableitbar, die anhand einer ausführlichen Zielanalyse schließlich in konkrete therapeutische Schritte überführt werden.
Schultes Schema empfiehlt sich in besonderer Weise für die praktische Arbeit am Einzelfall, zumal es aus der Erprobung an einer größeren Zahl von Fällen hervorgegangen ist. Dem Praktiker werden dazu jedoch unbedingt die Erläuterungen des Autors zu den einzelnen Aus-

wertungsschritten zur Lektüre empfohlen (1974, 79—104). Das Schema bietet sich weiter als außerordentlich hilfreiches Instrument zur Therapiestrukturierung an.

Die Beteiligung des Klienten

Es ist sehr wichtig, die Ergebnisse der Verhaltensanalyse mit dem Klienten zu besprechen. Zum einen ist es notwendig, eine grundsätzliche Übereinstimmung über die Sichtweise des Problems zu erreichen. Oft fühlt sich der Klient falsch interpretiert und sollte dann Gelegenheit haben, korrigierende Informationen einzubringen.
Zum anderen ist es wichtig, daß der Klient versteht, was im Therapieprozeß passieren soll. Nur so kann er neben dem therapie-immanenten Lernprozeß auch die Prinzipien verhaltenstherapeutischen Vorgehens lernen. Dies ist eine entscheidende Voraussetzung für den Generalisierungsprozeß. Der Klient soll Lösungsstrategien lernen und mit der Zeit zu seinem eigenen Therapeuten werden. Dies kann nicht nur pragmatisch-technologisch begründet oder nur auf empirische Ergebnisse zurückgeführt werden, sondern muß als grundsätzliches Postulat des pädagogisch-therapeutischen Prozesses angesehen werden (Zimmer 1976).
Klienten lernen in der Therapie eine neue Sprache, die sich gewöhnlich von der Alltagssprache unterscheidet. Dies gilt auch für die Verhaltenstherapie (Fiedler 1974). Oft fällt es Klienten schwer, konkrete und detaillierte Beschreibungen zu liefern und neue Begriffe anzuwenden. Falsche und oft verschwommene Abstrahierungen und Universalierungen (»Ich hab's eben mit den Nerven...«) sind nicht leicht zu korrigieren. Daher findet bereits während der Diagnostik ein Lernprozeß beim Klienten statt.
Aus diesem Grund warnen wir dringend davor, zwei verschiedenartige Therapien (z. B. Verhaltenstherapie und Psychoanalyse) gleichzeitig durchzuführen. Abgesehen davon, daß Klienten die Therapeuten gegeneinander ausspielen und unterschiedlich offen sein können, scheitern sie an der weitgehenden Unverträglichkeit der Sprachsysteme und Denkansätze. Sollte sich eine derartige mehrgleisige Arbeit nicht umgehen lassen, ist es zwingend erforderlich, genaue Absprachen über die Aufteilung der Symptombereiche oder Ansätze zu treffen.
Diagnose ist auch immer schon Therapie (Fiedler 1974). Von Beginn an finden Lernprozesse statt. Es ist wichtig von Anfang an stringentes Verhalten und konkrete Aussagen zu verstärken und inadäquates Reden (»Labern« und »Jammern«) zu löschen. Oft ist es auch entscheidend, gleich zu Beginn ein angstfreies Klima zu schaffen und Formulierungshilfen zu geben.
Die diagnostische Phase muß in permanente Therapiekontrolle über-

gehen, in der die anfänglichen Hypothesen ständig neu überprüft und gegebenenfalls revidiert werden (Lutz & Windheuser 1974). Die Diagnostik ist mit dem Aufstellen des Therapieplanes nicht beendet, sondern wird in einem ständigen Überprüfungsprozeß der eigenen Vorgehensweise fortgesetzt. Nur so können falsche Vorannahmen oder Vorgehensweisen korrigiert werden. Denn oft lassen sich Therapeuten anfangs von Plausibilitäten leiten. Ein solcher Irrtum könnte z. B. darin bestehen, daß man alle Angstreaktionen nach dem klassischen Paradigma untersucht und vorschnell annimmt, daß eine klassische Konditionierung für die Aufrechterhaltung der Angst verantwortlich ist. Vermeidungsreaktionen können sehr wohl *auch* operant aufrechterhalten werden oder Resultat irrationaler Selbstinstruktionen oder falscher Vorstellungen sein. Deshalb können auch völlig andere Techniken als die systematische Desensibilisierung angezeigt sein (Meichenbaum 1973; Thorpe 1975). Verhaltenstherapeuten sollten skeptisch und kritisch gegenüber Etiketten wie »Zwangsneurose«, »Phobie« etc. sein, denn nur allzu oft verbergen sich hinter diesen Namen funktional recht unterschiedliche Störungsbilder.

Kognitive Verhaltenstherapie und Selbstregulation

Neuerdings wird immer mehr die Einbeziehung komplexer *kognitiver Variablen* in die Verhaltensanalyse gefordert (siehe die ausgezeichnete Zusammenfassung von Mahoney 1974). Für folgende Glieder der Kanferschen Verhaltensgleichung können kognitive Momente eine wichtige Rolle spielen:

S: Reize können interner Natur sein, z. B. als Selbstinstruktionen, Selbstermutigungen, Aufforderungen oder Verbote.

R: Das problematische Verhalten kann selbst verdeckter Natur sein, z. B. Zwangsgedanken, Grübeln beim Einschlafen, sadistische Phantasien etc.

C: Viele entscheidende Verhaltenskonsequenzen werden vom Individuum selbst gesetzt: Selbstanerkennung, Stolz, Selbstmitleid, Selbstkritik, Selbstverleugnung oder -abwertung.

Diese Tatsachen haben Kanfer veranlaßt, die Fähigkeit des Menschen zur *Selbstregulation* genauer zu untersuchen und in ein Modell zu fassen (1973). Dies fordert die Einbeziehung durch Rückkoppelungsmodelle. Kanfer geht davon aus, daß Individuen ihr eigenes Verhalten beobachten, bewerten und sich nach einem bestimmten Verstärkungsplan selbst verstärken oder bestrafen können. Sie sind auch in der Lage, sich selber wichtige auslösende Hinweisreize zu setzen, z. B. über Selbstinstruktion (Meichenbaum 1975). Es ist leicht einzusehen, daß hier die *Kriterien* für die Beobachtung, Bewertung und Änderung des eigenen Verhaltens eine zentrale Rolle spielen. Diese Annahmen sind

eine entscheidende Voraussetzung, um das relativ simple Menschenbild der frühen behavioristischen Ansätze zu korrigieren, und aus einem Wesen, das nur abwartend auf Umweltreize mechanisch reagiert, einen Menschen zu machen, der aktiv eigene Ziele verfolgen und neben Umweltbedingungen auch sich selber ändern kann (Bandura 1974).
Es wird nicht der Anspruch erhoben, damit eine vollständige Kennzeichnung menschlichen Wesens erarbeitet zu haben, die auf der Ebene psychologischen Theoretisierens nicht erreicht werden kann. Bislang ist es gerade erst gelungen, ein Problembewußtsein für die Verkürzungen ausschließlich psychologischer Begriffe zu entwickeln. Hier muß auf die entsprechende Fachliteratur verwiesen werden (Pickenhain 1968; Das Argument, Nr. 91).
Innerhofer (1974) hat versucht, systemtheoretische Überlegungen für die Analyse des Verhaltens fruchtbar zu machen und dies am Bereich der Eltern-Kind-Therapie zu verdeutlichen. Sein »*Regelmodell zur Intervention in Familie und Schule*« ist auf ökonomische und umfassende Informationsverarbeitung komplexer sozialer Lernsituationen angelegt. Im Mittelpunkt steht dabei die Analyse kognitiv-sozialer Lernvariablen wie elterliche Erziehungsziele, Werthaltungen usw. Von zentraler Bedeutung ist die Beschreibung kognitiver Variablen in Form von *Verhaltensregeln*, d. h. Verhaltensanweisungen und Bewertungskriterien in verbaler Form, die handlungsregulierende und verhaltenssteuernde Funktion besitzen.
Gegenstand einer Verhaltensanalyse und Therapie unter den Implikationen dieses Ansatzes ist das Regelsystem im Umfeld des Klienten (bei Innerhofer: des Kindes). Es ist dabei die Analyse von Regelsystemen in mindestens *drei* Bereichen notwendig: der Familie *(Intimbereich)*, der Schule *(Leistungsbereich)* und in der Gruppe der Gleichaltrigen *(Sozialbereich)*. In der Analyse dieser unterschiedlichen Regelsysteme nun sind *Regelkonflikte* zwischen und innerhalb der Bereiche herauszuarbeiten, die als solche — hypothetisch — auf das Problemverhalten des Kindes einwirken. Die Therapie schließlich besteht generell in der *Aufhebung solcher Regelkonflikte* bzw. in der Unterstützung des Klienten (Kindes) zur *Konstruktion von Regeln zur Konfliktbewältigung*.
Einen ähnlichen Ansatz, der auf die Möglichkeit der Übertragung der Grundgedanken des Innerhofer-Modells auf die Therapie erwachsener Klienten verweist, beschreibt Fiedler in Kap. 8.

*Probleme, Schwierigkeiten und Mißverständnisse
bei der praktischen Arbeit*

Bei der Praxis-Ausbildung und Supervision unserer Studenten fanden wir typische Fallen, in die vor allem Therapeuten als Anfänger immer wieder geraten. Unsere Aufstellung ist willkürlich und kann keinen Anspruch auf Vollständigkeit erheben.

Oft wird z. B. der *soziale Kontext,* in dem der Klient steht, nicht genügend beachtet. Besteht ein Widerstreit verschiedener Einflüsse auf den Klienten? Arbeiten relevante Bezugspersonen gegen den Therapeuten? Hat der Therapeut überhaupt Einfluß auf potentielle Verstärker? Werden diese von der Umgebung des Klienten vielleicht genau auf unerwünschtes Verhalten gegeben? Oft steht und fällt die Therapie mit der Möglichkeit, die relevante Umgebung in die Therapie mit einzubeziehen und/oder einen Umgebungswechsel vorzunehmen. Dabei darf nicht übersehen werden, daß die direkte soziale Umgebung oft gesamtgesellschaftliche Strukturbedingungen widerspiegelt, die für die Problementstehung mitverantwortlich sind, durch therapeutische Maßnahmen jedoch nicht beeinflußt werden können (s. auch Diskussion zur Antipsychiatrie in: Das Argument, Nr. 89, 1974).

Eine weitere wichtige Frage stellt die *Motivierung* des Klienten dar. Motivierung ist hier lerntheoretisch zu verstehen als Aussicht, durch aktive Teilnahme positive Ergebnisse zu erreichen. Besonders schwierig ist es, wenn der Klient nicht aus eigenem Antrieb, sondern auf äußeren Druck (Gerichtsurteil, Druck der Eltern usw.) in die Therapie kommt. Hier spielt das Geschick und die Vorgehensweise des Therapeuten eine wichtige Rolle (vgl. Fiedler 1974). Wesentlich ist, daß Therapeut und Klient genau die Bedingungen des gemeinsamen Vorgehens aushandeln und eventuell einen detaillierten Vertrag anfertigen, in dem bestimmte Verstärker für Mitarbeit festgelegt sind.

Der Klient muß in jedem Falle wissen, daß er einen großen Teil der Verantwortung trägt, daß Therapie Arbeit bedeutet und daß er keine Pille bekommt, durch die die Probleme verschwinden (vgl. Schulte 1973). Man sollte den Klienten gleich zu Beginn der Therapie deutlich machen, daß sie ständig über ihren eigenen Schatten springen müssen, um überhaupt etwas zu lernen, daß die Anforderungen aber nie so groß sein werden, daß sie überfordert sind. Eine zu nachgiebige Haltung, wenn z. B. ein Klient keine Diagramme führt, kann eine ganze Therapie verderben. Manche Klienten sollte man eher verunsichern und ihre Verzweiflung nicht gleich reduzieren, damit sie sich zu einem deutlichen Entschluß durchringen, andere Klienten muß man systematisch ermutigen und ihnen Hoffnungen machen. Es dürfen aber keine falschen Illusionen geweckt werden, die dann nur enttäuscht würden.

Es ist ein vordringliches Ziel einer verhaltenstherapeutischen Behandlung, den Klienten auf seine eigenen Füße zu stellen, zu aktivieren. Man sollte deshalb alle halbwegs guten Eigenaktivitäten des Klienten unterstützen, auch wenn die eigenen Einfälle augenblicklich erfolgversprechender scheinen (s. in Kap. 3). Der Klient sollte den endgültigen Erfolg seiner eigenen Aktivität zuschreiben können; dies ist eine wesentliche Basis für positive Selbstverstärkungsmuster und Selbstver-

trauen. In krassen Fällen, wo auch mit Symptomverschreibung gearbeitet wird (s. Kap. 4), muß der Klient das Gefühl bekommen, *trotz*, nicht dank des Therapeuten sein Problem gelöst zu haben.
Gelingt diese Aktivierung, fällt auch die Beendigung der Therapie nicht so schwer. Für manche Klienten ist die Therapie so verstärkend, ja möglicherweise die wichtigste Verstärkung, daß sie am Ende der Therapie neue Symptome produzieren. Durch explizite Absprachen, die peinlich genau eingehalten werden müssen und optimierte Vorbereitung auf den Zustand nach der Therapie kann dies vermieden werden. Manchmal sind es aber auch die Therapeuten, die in einer mißverstandenen »Heilungs«-Erwartung immer neue Symptome entdecken.
Es ist sehr wichtig, daß wir unsere eigenen Grenzen als Therapeuten kennen. Das bedeutet nicht nur, daß wir gewisse Aversionen oder Vorlieben gegenüber bestimmten Klienten haben und mit bestimmten Problemen einfach schlechter umgehen können, sondern auch, daß unsere Fähigkeiten Grenzen haben, daß wir für bestimmte Bereiche nicht ausgebildet sind. Nur weil wir eine Grundausbildung in Verhaltenstherapie haben, kommen wir noch lange nicht mit allen Störungen zurecht. Ist aber ein Kollege in Partnertherapie besser ausgebildet, soll er die Klienten behandeln. Angesichts der miserablen psychotherapeutischen Versorgung der Bevölkerung stellt sich das Problem der Überweisung leider viel zu wenig. Es genügt nicht, nur theoretisch mit verhaltenstherapeutischen Techniken vertraut zu sein. Nur systematisches Üben, Supervision und häufigere Selbstkontrolle zeigen uns, was wir wirklich ausrichten. Dies führt nicht selten zu inkongruentem Therapeutenverhalten: Wenn ein Therapeut z. B. versucht, sogenanntes »Jammern« zu löschen, indem er nichts sagt, aber freundlich schaut und eifrig nickt! Gerade dieses Auseinanderklaffen von verbalem und nichtverbalem Ausdruck führt zur Verwirrung des Klienten.
Es wäre künstlich und irreal anzunehmen, Therapeuten würden mit ihrem Werte-System die Therapie nicht beeinflussen. In den seltensten Fällen ist das wirklich notwendig. Oft ist eine offene Erklärung des eigenen Standpunktes besser. Bei absoluter Unverträglichkeit ist eine Überweisung ins Auge zu fassen. Man sollte aber auch nicht in das Extrem verfallen, das Wertesystem der Klienten immer unangetastet zu lassen. Natürlich soll den Klienten kein fremdes System oktroyiert werden; andererseits können wir in unserer Verhaltensanalyse oft finden, daß bestimmte Bewertungskriterien der Klienten wesentlich zur Störung beitragen. Man denke an Sexualtabus, die Selbstaufopferung mancher Ehefrauen, Selbstverdammung eingeschüchterter Homosexueller oder die oft unreflektierten Normgebundenheiten selbstunsicherer Klienten.
In diesem Zusammenhang wird gewöhnlich auch die Frage der Anpassung diskutiert, meist völlig abgehoben von der Praxis. Eine ge-

wisse Realitätsanpassung muß immer ein Ziel der Therapie sein. Dies muß aber auch die Fähigkeit zur kritischen Reflexion fremd- und selbstgesetzter Ziele sein. Meist wird die Frage aufgrund seltsamer soziologischer Modelle diskutiert. Individuum und Gesellschaft werden sich gegenübergestellt, Befreiung als Befreiung *von* der Gesellschaft konzipiert, so als ob Individuen anders denn als Gesellschaftsteilnehmer konzipierbar seien. Der Traum, die Therapiezimmer als Ausgang gesellschaftlicher Veränderungen nehmen zu wollen, ist ebenfalls illusorisch. Gesellschaftliche Veränderungen müssen an anderer Stelle in Gang gesetzt werden.

Das schließt aber keineswegs aus, daß Klienten in der Therapie am »privaten Unglück« allgemeine Lebensbedingungen analysieren können, die sie mit anderen teilen und gemeinsam erleiden. Als Therapeuten tun wir gut daran, unsere eigene Stellung und Funktion unter diesem Aspekt zu reflektieren.

Zur Frage des Eklektizismus

Brauchen wir noch weitere Techniken und Theorien außer der Verhaltenstherapie? Viele Praktiker versuchen, sich von überall das »Beste« zusammenzuklauben und so eklektizistisch zu arbeiten. Wir möchten vor einem unreflektierten Pragmatismus warnen, weil dabei allzu schnell die Systematik der Arbeit und der Zusammenhang mit verhaltensanalytischen Hypothesen verlorengeht. Die unüberschaubar große Zahl psychotherapeutischer Schulen verdeutlicht diese Gefahr. Ihr ist nur durch systematische Forschung zu begegnen. Damit geben wir selbstverständlich zu, daß wir mit dem Erreichten nicht endgültig zufrieden sein wollen. Im Dienste der Verbesserung der Gesundheitsversorgung ist es eine wichtige Aufgabe, ökonomischere effektive Methoden zu finden. Es ist denkbar, daß auf lernpsychologischer Basis und auch durch Anregung von nicht-lernpsychologisch orientierten Schulen neue effektive Techniken entwickelt werden. Entscheidend ist die Sauberkeit des Denkens und die Exaktheit der Überprüfung. Es gibt im Moment kein überzeugendes Beispiel für erfolgreiches zweigleisiges Denken, bei dem z. B. Psychoanalyse zur Diagnostik und Verhaltenstherapie zur Behandlung verwandt werden. Es ist allerdings denkbar, daß Techniken, die nicht von Verhaltenstherapeuten entwickelt wurden, sich als hoch effektiv erweisen (z. B. das Rollenspiel). Außerdem sagt ja die Effektivität einer Technik absolut nichts über die Korrektheit der zugrundeliegenden Theorien. So ist die Desensibilisierung eine wichtige effektive Technik: Wolpes Theorie dazu wurde jedoch durch die empirische Literatur als nicht mehr hinreichend abgewertet.

Wir hoffen, daß deutlich geworden ist, daß wir kein Rezeptbuch liefern wollen und daß Verhaltenstherapie keine Methodensammlung ist, sondern ein eigenes Modell, mit abgesicherten Prinzipien und einem bestimmten wissenschafts-historischen Entwicklungsstand, der sich hoffentlich weiterentwickeln wird. Deshalb haben wir auch keine Bilderbuchfälle vorgestellt. Das Buch soll helfen, praktische Sensibilität zu entwickeln und in der *kreativen Fähigkeit*, Prinzipien auf immer neue Fälle wissenschaftlich verantwortbar anzuwenden.

1. Die Behandlung eines Klienten mit Arbeits- und Studienschwierigkeiten

von Margarete Reiss

Diese Behandlung wurde ausgewählt, weil es sich um einen recht typischen Fall von Arbeitsstörung handelt, wie sie speziell bei Studenten, Oberschülern und auch bei geistig arbeitenden Berufstätigen auftritt.
Herr Michael K. suchte die Studentenberatungsstelle auf Veranlassung von Freunden auf. Er ist Student im 10. Semester; davon studierte er drei Semester katholische Theologie und anschließend Germanistik und Pädagogik. Er brach vor etwa einem Jahr alle bis dahin besuchten Seminare ab, weil er für die geforderten Referate nichts zu Papier bringen konnte. Er las auch keine Bücher mehr. Etwa ein halbes Jahr vor seinem Studienabbruch zog er mit Freunden auf einen Bauernhof außerhalb der Stadt.
Im Fragebogen zur Lebensgeschichte gibt er als Hauptbeschwerden an: »...vollkommener Abbruch irgendeiner zusammenhängenden Denktätigkeit... Keine Perspektive, kein Ziel. Vermutlich zur Kompensation übersteigerte sexuelle Phantasie mit zeitweilig triebhafter Onaniepraxis. Beides führt nun dazu, daß das stabilitätsverleihende intensive Verhältnis zur Partnerin langsam, aber regelmäßig erschüttert wird...« Er hat seit zwei Jahren eine Freundin, die Französisch und Deutsch studiert und sich gerade im Staatsexamen befindet. Der Vater bezahlt ihm 300,– DM monatlich. Außerdem »jobt« K. hin und wieder. In der ausführlichen Exploration schilderte Herr K. zunächst typische Situationen, die ihn zum *Studienabbruch* veranlaßten.

a) Vor etwa zwei Jahren absolvierte er eine Aufnahmeprüfung für ein Hauptseminar über das Thema »Aufklärung«. Der Professor war ihm ganz sympathisch. Das Seminar wurde von 30 Leuten besucht, die in Dreiergruppen arbeiteten. Im Plenum ärgerte er sich oft über das »Imponiergehabe verschiedener Beteiligter«.
Er arbeitete mit zwei Studenten zusammen, von denen einer für das Staatsexamen arbeitete, der andere weniger engagiert war. Ihre Aufgabe bestand darin, Thesen zu formulieren, wobei ihm die Literatur bis auf einen Artikel nicht zusagte. Da er oft alles komplizierter formulieren wollte als die anderen, die seine Vorstellungen als »blödsinnig und abartig« bezeichneten, stieg er eine Woche vor dem Abgabetermin des Referats aus dem Seminar aus. Als weiteren Grund für den Abbruch des Seminars gibt er an, daß er im Plenum immer »Fundamentales« sagen wollte, »aber wenn ich etwas sagen wollte, war es so wenig«. Nach seinem Ausstieg aus dem Seminar ging er zu dem Professor, weil er den Schein wenigstens für die Aufnahmeklausur haben wollte, um das Seminar wiederholen zu können. Er sprach mit dem Professor über seine Schwierigkeiten und dieser zeigte viel Verständnis und sagte, er könne jederzeit wiederkommen.
b) Ein Jahr später hielt der gleiche Professor ein Seminar über den »Mann ohne Eigenschaften« von Musil (1700 Seiten). Michael las das Buch mit

Interesse und war von einigen Passagen so fasziniert, daß er noch kurzfristig in die Aufnahmeklausur einstieg und diese auch schaffte. Im Seminar traf er einen Studenten, den er von seiner Schulzeit her kannte und sehr schätzte und akzeptierte. Er glaubte, daß dieser »den großen Durchblick« in der Germanistik hätte. Zusammen mit einem dritten Kommilitonen, dem er aber nicht so viel zutraute, bildeten sie eine Arbeitsgruppe mit dem Ziel, sich in vier Wochen auf ein bestimmtes Thema vorzubereiten. Während Herr K. Literatur dazu sammelte, stieß er zufällig auf einen Artikel, der sich kritisch mit der Interpretationsweise des Dozenten auseinandersetzte. Rückblickend meint er, daß dieser Artikel zu »hoch« für ihn gewesen sei und daß er sich damit übernommen habe. Es gelang ihm aber, ein Konzept zu entwickeln, mit dessen Ausarbeitung er dann sehr zufrieden war und das er in der ersten Sitzung der Dreiergruppe mit großer Erwartung vortrug. Er fand aber nicht das erhoffte Interesse, speziell bei dem von ihm geschätzten Kommilitonen. Darüber war er so enttäuscht, daß er alles hinwarf und sich auf die nächste Sitzung schon nicht mehr vorbereitete. Erst in dieser zweiten Sitzung ging sein Schulfreund auf einen Vorschlag ein, akzeptierte ihn voll, lobte K. für seine Ideen und seine Arbeit und brachte auch eigene Vorschläge dazu. Doch »nun war es zu spät«. Die Enttäuschung war zu groß, besonders auch, weil er vorher mit dem Schulfreund über seine Probleme – Abbruch des vorigen Seminars – gesprochen hatte und sich auch verstanden glaubte. In den nächsten zwei bis drei Sitzungen der Dreiergruppe, die er noch besuchte, schildert er sich dann als depressiv, bockig und still. Als die Situation sich zuspitzte, er gar nichts mehr für die Sitzungen tat, auch immer weniger folgen konnte und dann die Ergebnisse getippt werden mußten, zog er sich völlig zurück. Der Schulfreund besuchte ihn dann, er wollte »ihn zwingen, er wollte ihm auch helfen, wenn er es allein nicht schaffte«. Diese Mauschelei hielt K. aber für eine Schiebung und für nicht akzeptabel. Er stieg deshalb ganz aus dem Seminar aus.

Seither hat er nichts mehr zu Papier gebracht, außer drei oder vier tagebuchartigen Schilderungen über Gespräche mit Freunden, in denen seine Situation erörtert wurde.

c) Als weiteres Beispiel nennt er ein Sexualpädagogikseminar, mit dem er nicht einverstanden war wegen der »Pauschalität, mit der Sachen abqualifiziert wurden«. Er konnte jedoch auch keine Argumente finden, um seine Meinung zu artikulieren. Wenn andere Leute sich in einer Weise äußern, die auf »Durchblick« schließen läßt, er jedoch dann merkt, daß nichts dahintersteckt, reagiert er aggressiv. »Ich war dann immer total frustriert und tippelte von dannen.« Auf weitere Befragung räumt er ein, daß er in kleinerem Rahmen (bis zu fünf Leuten) argumentieren könne.

d) Als eine weitere Situation, die schließlich zum Studienwechsel führte, schildert er ein Seminar bei einem ihm sympathischen Veranstalter. Es war während seines Theologiestudiums. Die Aufgabe bestand in der Interpretation eines lateinischen Textes. Nachdem er die Arbeit lange Zeit vor sich hergeschoben hatte, fing er eines Abends um 18 Uhr an und arbeitete die ganze Nacht hindurch. Am anderen Morgen war er von seiner Leistung, die »unheimlich kompakt« war – er hatte »die ganze Welt hineingepackt« – sehr begeistert. Als er die Arbeit dann abgab, übte der Dozent aber Kritik und

meinte, er müsse sich an bestimmte philologische Richtlinien halten und Klassiker zitieren. Daraufhin wechselte K. das Studienfach.
Als Erklärung für seine verschiedenen Abbrüche bietet K. sein Bestreben an, immer eine »Weltanschauung in die Thesen hineinprogrammieren« zu wollen: »Wenn ich etwas sage, muß ich mit der ganzen Person dahinterstehen; ich kann das nicht bereits eine Woche später Scheiße finden.« Pragmatisches, studienzielgerichtetes Vorgehen liege ihm nicht.
Sein bisheriges *Arbeitsverhalten* schildert er als völlig programmlos. Er werde sehr schnell mutlos und habe bisher eigentlich noch nie richtig gearbeitet. Was ihn bisher im Studium direkt interessierte, habe er alles abgebrochen. Die Scheine, die er bisher gemacht habe, seien nur »Kleckersachen und Zwischenlösungen« gewesen, wobei lediglich Stoff aus irgendwelchen Papieren reproduziert werden mußte.
Seine Freundin reagierte auf seine häufigen Abbrüche zunächst völlig neutral und sprach sachlich und verständnisvoll mit ihm darüber. In den letzten Wochen habe er jedoch den Eindruck, daß sie ihn mit »Liebesentzug« bestrafe. Er räumt jedoch auch ein, daß er seine mangelnde Beschäftigung durch sexuelle Phantasien kompensiere.
Als optimales Arbeitsverhalten, das er gerne lernen möchte, bezeichnet er planvolles, zielorientiertes Arbeiten in umgrenzten Bereichen. Als Modelle dafür nennt er seine Freundin, seinen Vater, seine Schwester und seinen Schwager. Gegenmodelle waren für längere Zeit seine Freunde auf dem Bauernhof, die auch lange Zeit nicht gearbeitet und nur gemalt oder diskutiert haben. Inzwischen haben aber kürzlich alle diese Freunde »den Dreh gefunden« und lernen Berufe oder studieren.
Von zu Hause ist er finanziell abhängig, wird aber voll akzeptiert. Der Vater ist höherer Beamter. Die Eltern wissen nichts von seinen Arbeitsstörungen. Er erzählt ihnen, daß er sich auf das Examen vorbereite. Er meint, dieses Rollenspiel nicht mehr lange durchhalten zu können. Seinem Auszug aus dem Elternhaus ging folgende Situation voraus: Er saß an seinem Schreibtisch und stellte sich vor, er wollte auf einen Bauernhof auf dem Lande ziehen, die halbe Woche mit Steinen basteln und die andere Hälfte der Woche als Lkw-Fahrer arbeiten. Daraufhin ist er gleich losgefahren und hat auch ein Zimmer auf einem Bauernhof gefunden, auf dem auch die anderen jungen Männer wohnten. Er fand es auch eine zeitlang sehr schön dort. Sie diskutierten nächtelang und versuchten die Lösung ihrer Probleme zu finden. Da aber die anderen nun wieder arbeiten, ist K. sehr unzufrieden, »so einfach nur rumzugammeln«.
Nun möchte K. wieder studieren, weiß aber nicht, wie er es anfangen soll, weil er so lange gar nichts getan hat. Er möchte Studienrat werden und Deutsch in der Oberstufe geben. Ein Realschullehrerexamen möchte er nicht machen, weil er sich intellektuell dem Staatsexamen durchaus gewachsen fühlt, und außerdem sei es natürlich eine »Prestigeangelegenheit«. Trotzdem könne er sich nie zum *nur* studienbezogenen Arbeiten bereitfinden. Ideales Arbeiten für sich selbst sei in erster Linie von seinem Interesse an einer Sache abhängig. Bei Interesse kennt er kein Zeitgefühl und glaubt, auch acht bis neun Stunden täglich arbeiten zu können.
Zu seinen Jobs: Er hat als Taxifahrer, Zugbegleiter und Interviewer gearbeitet, aber nie länger als drei bis vier Wochen. Gleichförmige Bürotätigkeit findet er schrecklich.

Befragt, wie er sich am liebsten in zehn Jahren sehen würde: Er wäre gerne Filmregisseur, der Filme in der Art von Ingmar Bergmann macht, er möchte in Stockholm wohnen und mit seiner Freundin verheiratet sein, aber keine Kinder haben. Er hat aber bisher nie gefilmt.
Inhaltlich kann er keinen realen Stoff für sein Arbeitstraining nennen, er habe jedoch kein Interesse an Sachen, die mit dem Studium zusammenhängen. (Die Anamnese ist nur in Ausschnitten wiedergegeben.)

Verhaltensanalyse (verkürzte Form)

Analyse des symptomatischen Verhaltens

Als *Verhalten, das zu selten* bzw. *gar nicht mehr auftritt*, ergibt die Analyse folgendes: Bücher lesen, die mit dem Studium zusammenhängen; Referate schreiben; in Seminare gehen; mit mehr als fünf Teilnehmern diskutieren; arbeiten, wenn die Arbeit nicht seinen Vorstellungen entspricht (Interesse, Standard); ohne sofortige Verstärkung arbeiten; Kritik ertragen.
Verhalten, das zu häufig auftritt: Diskussionen über psychologische und philosophische Probleme, sofern sie sein eigenes Leben berühren; zielloser Zeitvertreib (auf Instrumenten herumklimpern, z. B. Gitarre und Klavier); Zeitschriften und Zeitungen lesen; Tagträumen, eigenbezogene sexuelle Aktivitäten (Phantasien und Masturbation).
An *Reizbedingungen für Arbeiten* können nur solche aufgeführt werden, die früher wirksam waren, da K. das studienbezogene Arbeiten völlig eingestellt hat.
Vorausgehende Reizbedingungen: Zeitdruck (in der Schulzeit und für Scheine); Interesse am Thema oder an kompetenten Beurteilern seiner Leistung.
Nachfolgende Reizbedingungen: Besonders wirksam ist für ihn Selbstverstärkung, die für ihn Erreichen seines Standards bedeutet.

Leistung $> =$ Standard $\rightarrow$ C +
Leistung $<$ Standard $\rightarrow$ C −

(s. Kanfer und Philipps 1970)

Darüber hinaus verstärkt ihn die Anerkennung durch kompetente Beurteiler. Entsprechend bedeutet für ihn soziale Ablehnung ein C−, das zu Flucht- und dann zu Meidungsverhalten führt. Das Flucht- und Meidungsverhalten wird operant verstärkt, einmal durch die direkte negative Verstärkung, daß er sich aus der für ihn unangenehmen Situation entfernt oder sich ihr gar nicht mehr aussetzt, zum anderen wird es auch positiv verstärkt durch soziale Zuwendung.
Dies soll im folgenden durch einige Verhaltensketten für die in der Exploration geschilderten Situationen verdeutlicht werden.

S = vorausgehende Reizbedingung; R = Reaktion, Verhalten; C + = positive nachfolgende Reizbedingung; C − = negative nachfolgende Reizbedingung; ₵ − = Wegnahme einer negativen nachfolgenden Reizbedingung; mit $\bar{S}$ bezeichnen wir eine komplexe Reizkonstellation, die dem Verhalten vorausgeht und sich zumeist als Gedanke dann unmittelbar verhaltensauslösend findet; als $\bar{R}$ bezeichnen wir eine komplexe Verhaltenskette, die in sich eine geschlossene Einheit bildet.

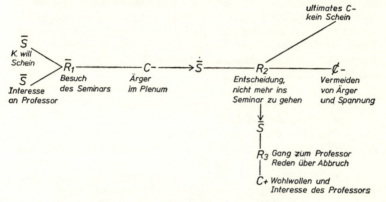

Abb. 1: Beispiel a) *Seminar »Aufklärung«*

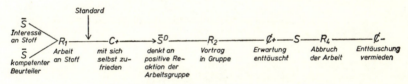

Abb. 2: Beispiel b) *»Musil« — Seminar*

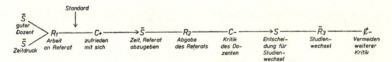

Abb. 3: Beispiel c) *Theologie-Seminar*

Selbstkontrolle
Es gelingt ihm nicht, sein Verhalten auf irgendeine Art zu kontrollieren. Er scheint durch Modelle beeinflußbar zu sein.

Organismusvariable
Es finden sich keine Anhalte für eine Beeinflussung seines Verhaltens durch Organismusvariablen. Eine ärztliche Untersuchung ergab keinen Befund.

Prinzipielle Therapieplanung
Das Arbeitsverhalten muß durch schrittweise Annäherung neu aufgebaut werden, d. h. es müssen Reize für den Arbeitsbeginn gesetzt werden, und dem Arbeitsverhalten müssen unmittelbar Verstärkungen folgen. Die Verstärkungen für Meidungsverhalten müssen entfallen. Diese Verstärkungen könnte man z. T. an das Arbeitsverhalten anschließen. Auch das fachorientierte Diskussionsverhalten muß durch schrittweise Annäherung neu ausgeformt werden, zugleich müssen die aversiven Verbindungen gelöst und durch positive ersetzt werden. Die Angst vor Besuchen der Seminare sollte durch Unterbrechung der Verkoppelung der angstauslösenden Reize und der Angst angegangen werden.

Auswahl der »target responses« (Zielverhaltensweisen)
und Beschreibung der Soll-Lage
1. Anleitung zum examensorientierten systematischen Arbeiten;
2. Erniedrigung des Standards gegenüber sich selbst (lernt, über den Dingen zu stehen); Abbau der Überschätzung anderer, von Diskussionspartnern (läßt sich von Leuten, die angeblich den »Durchblick« haben oder von Leuten, die »schwafeln«, nicht mehr irritieren);
3. Abbau von Unsicherheit im Diskussionskreis (»Mut zur Lücke«); Erlernen von konstruktiver Diskussionsteilnahme;
4. Angemesseneres Verhalten gegenüber Kritik (er soll lernen, sich mit der Kritik sachlich auseinanderzusetzen und nicht mehr mit Rückzug zu reagieren).

Diagnostische Voruntersuchungen
1. Intelligenztest (kann er das Studium schaffen?)
2. Konzentrationsleistungstest (liegt eine Konzentrationsstörung vor?)
3. Freiburger Persönlichkeitsinventar (zur Abklärung der emotionalen Lage und zur Therapiekontrolle)
4. Differentieller Interessen-Test (DIT) (ist möglicherweise die Studienrichtung falsch?)

Methoden der Therapiekontrolle
1. Freiburger Persönlichkeits-Inventar (FPI)
2. Baseline und Diagramme. Diagramme dienen gleichzeitig als therapiebegleitendes Verfahren und Verstärker.

Konkrete Therapieplanung

1. Programm der sukzessiven Annäherung für Arbeitsverhalten mit positiver Verstärkung. Es wird mit sehr kleinen zeitlichen Einheiten angefangen, die dann gesteigert werden. Die Arbeitseinheiten müssen

an feste diskriminierende Reize geknüpft und sofort nachher belohnt werden. Die Arbeitseinheiten sind in Diagramme einzutragen.
2. Rollenspiel (behavior rehearsal) und Selbstbehauptungstraining. Hier soll in zunehmendem Maße gelernt werden, Kritik zu ertragen und sich mit »Schwaflern« angemessen auseinanderzusetzen. K. soll lernen, auch dann an Diskussionen teilzunehmen, wenn er den Stoff nicht vollkommen beherrscht. Auch das Rollenspiel soll in Form eines Annäherungsprogramms durchgeführt werden, d. h. die gespielten Situationen werden im Schwierigkeitsgrad gesteigert; angemessenes Verhalten wird sofort belohnt. Dadurch soll K. in die Lage versetzt werden, seine Flucht- und Meidungstendenzen unter Kontrolle zu bekommen. Es ist zu vermuten, daß aus diesen Situationen auf reale Lebenssituationen generalisiert wird.
3. Entspannungstraining und evt. systematische Desensibilisierung. Dadurch soll K. in die Lage versetzt werden, auch für ihn unangenehme Situationen zu ertragen und Seminare wieder zu besuchen.

Vor Beginn der Therapie soll ein ausführliches Gespräch mit dem Klienten stehen. In diesem Gespräch sollen ihm zunächst das verhaltenstherapeutische Modell und verhaltenstherapeutische Termini (wie z. B. Verstärker, diskriminierender Reiz etc.) erklärt werden. Es soll sodann diese Verhaltensanalyse mit ihm durchgesprochen werden. In diesem Zusammenhang soll deutlich über das Problem der Anpassung gesprochen werden, die eine Therapie bedeuten würde. Er soll sich die Therapieziele noch einmal klar vor Augen führen und dann selbst entscheiden.

Falls er sich für die Therapie entscheidet, sollen ihm die einzelnen geplanten Therapieschritte erklärt und ihm versichert werden, daß ihm auch hinfort jeder einzelne Therapieschritt auf seinem theoretischen Hintergrund erklärt werden wird, damit er mit der Zeit sein eigener Therapeut werden kann. Der Klient stimmte dem Therapieplan zu.

Therapie

Zunächst wurde K. gebeten, für eine Woche in Stichworten Tagesläufe aufzuschreiben, um herauszufinden, zu welchen Tageszeiten man am besten mit dem Arbeitstraining beginnen könnte oder an welche täglich wiederkehrenden Ereignisse man das Arbeitstraining knüpfen könnte. Weiter wurde er gebeten, sich ein Buch auszusuchen, das dann inhaltlich als Stoff für das Arbeitstraining benutzt werden sollte. K. lehnte ein Buch aus dem germanistischen Bereich ab und dachte eher an ein philosophisches oder politisches Buch. Er sollte sich ein Buch aussuchen, das ihn zumindest etwas interessieren sollte, aber es sollte nicht zu dick sein und keinen ausgesprochenen »Pauk«-Stoff enthalten, damit die Motivation nicht zu schnell absinken würde.

Zur nächsten Therapiesitzung hatte sich K. »Die deutsche Ideologie« von Karl Marx ausgesucht, da dieses Buch in einer politischen Gruppe diskutiert werden sollte, die er besuchen will. Als diskriminierenden Reiz schlug er selbst einen Zeitreiz, nämlich morgens um neun Uhr, vor. Die Therapeutin äußerte Bedenken, da aus den Tagesläufen ersichtlich war, daß K. zu sehr unregelmäßigen Zeiten aufstand. K. möchte diese Zeit jedoch für eine Woche versuchen.
Es wurde vereinbart, daß K. seinen Arbeitsplatz von allem ablenkenden Material — wie andere Bücher, Zeitschriften etc. — befreien und sich jeweils schon abends das Buch auf den Schreibtisch legen sollte. Pünktlich um neun Uhr soll er zu arbeiten anfangen. Die Arbeitszeit wird zunächst auf eine halbe Stunde festgelegt. Nach dieser halben Stunde muß er aufhören und sich sofort mit einem selbstgewählten Verstärker belohnen. Er hat die Wahl zwischen folgenden Verstärkern:
Zehn Minuten Gitarre oder Klavier spielen. Zehn Minuten malen, zwei »Spiegel«-Artikel lesen. Es wird zunächst kein Wert auf die Effektivität des Lesens gelegt, sondern belohnt wird lediglich, daß er eine halbe Stunde am Schreibtisch gesessen und gelesen hat.
Um zu vermeiden, daß K. während des Lesens dauernd auf die Uhr sieht, soll er sich eine Kurzzeituhr beschaffen, die nach einer halben Stunde läutet. K. wird erklärt, auf welche Weise er das Diagramm führen soll, in das er seine täglichen Arbeitszeiten einträgt. Ferner wird deutlich gemacht, daß seine Initiative bezüglich der politischen Arbeitsgruppe durchaus begrüßenswert ist, daß er sich aber zu diesem Zeitpunkt damit eventuell zu viel belastet und dann die Gefahr eines erneuten Fluchtverhaltens besteht. K. argumentiert, daß er jetzt zu Beginn des Semesters damit anfangen müsse, sonst hätten die anderen Teilnehmer einen Wissensvorsprung vor ihm.
Aus diesem Grund wird deshalb bereits für die nächste Stunde ein Rollenspiel geplant, in dem soziale Verhaltensweisen in Diskussionsgruppen trainiert und verstärkt werden sollen. Außerdem findet sich eine Gruppe von vier Psychologiestudenten bereit, mit ihm im verhaltenstherapeutischen Rollenspiel auch inhaltlich das Buch durchzudiskutieren. Für das Rollenspiel wird zunächst folgende Hierarchie mit K. zusammen aufgestellt:

	Schwierigkeits-rangreihe
Information erfragen und geben	1
Korrigieren	2
Sich zur Wehr setzen	3
Erklären	4
Zusammenfassen	5
Sich konkret äußern	6
Gegenteilige Meinungen verstehen, sich zuwenden	7

Während sich diese Verhaltensweisen auf K's. eigenes Verhalten beziehen, stellt er auch eine Hierarchie für die Verhaltensweisen von anderen Gruppenmitgliedern auf, wie sie ihn am meisten beunruhigen.

(Die Schwierigkeitsgrade sind w. = wenig beeinträchtigend, m. = mittelschwer beeinträchtigend, s. = schwer beeinträchtigend):

w.: hektisches Reden, man hat Mühe, dazwischenzukommen;
»akademisches« Reden;
m.: ihn ignorieren;
Ironie gegen ihn;
verbal ausgedrückte starke Erwartungshaltung;
»Labern«, die Gruppenmitglieder reden aneinander vorbei;
s.: indirekte Kritik und Ironie;
Partner grinsen sich verständnisvoll an;
Kopfschütteln über eine Bemerkung von ihm;
»in-group«-Verhalten der übrigen, sie reden über etwas, aus dem er sich ausgeschlossen fühlt;
seine Argumente werden übergangen;
die anderen lachen über ihn.

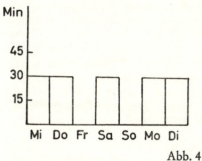

Abb. 4

Der Klient kommt in dieser Woche zweimal zum Erlernen der Entspannungstechnik nach Jacobson. Zur nächsten Sitzung erscheint K. mit einem Diagramm, aus dem hervorgeht, daß er zwar fünfmal in der Woche für eine halbe Stunde gearbeitet hat, aber sich davon nur zweimal an den Zeitreiz neun Uhr gehalten hat.

Es wird deshalb besprochen, daß doch vielleicht besser die letzte Tasse Kaffee des Frühstücks (wann immer er es einnimmt) als diskriminierender Reiz für den Arbeitsbeginn gewählt werden sollte. Der Klient ist einverstanden. Die Verstärkungen wurden als sehr angenehm empfunden.

K. betont, es sei gut gewesen, daß er bei den Verstärkungen zwischen verschiedenen Tätigkeiten wählen konnte, so hätte er z. B. nicht immer

Lust zum Gitarrespielen gehabt. Zu Beginn der Arbeit habe er es als beruhigend empfunden, daß er bloß eine halbe Stunde zu lesen brauchte. Dann hätte er aber manchmal gern weitergelesen, sich aber strikt an die Anweisung gehalten und aufgehört. Es wird das erste Rollenspiel durchgeführt. Außer dem Klienten nehmen drei Psychologie-Studenten daran teil. Sie realisieren die Punkte »hektisches Reden« und »akademisches Reden«. K. muß die Punkte »Information erfragen« und »Korrigieren« verwirklichen und wird dafür von der Therapeutin durch ein akustisches Signal verstärkt. Als Thema wählt der Klient aus einer Reihe von Vorschlägen »Die Physiologie der Entspannung«, weil er sich dafür interessiert und er Psychologiestudenten, ohne an seinem Selbstwertgefühl zu leiden, bei diesem Thema einen Wissensvorsprung einräumen kann.

Das Rollenspiel dauerte etwa zehn Minuten. Es wurde auf ein Tonband aufgenommen, auf dem auch die akustischen Verstärkungszeichen zu hören sind. (Anm.: Inzwischen sind wir dazu übergegangen, alle Rollenspiele mit der Videoanlage aufzunehmen. Dies hat sich sehr bewährt, weil die Klienten dadurch auch ein feedback für ihre nichtverbalen Reaktionen bekommen können.) Nach dem Rollenspiel wird das Tonband, auf dem das Rollenspiel aufgenommen wurde, mit dem Klienten besprochen. Die Stellen, die durch ein akustisches Signal verstärkt wurden, werden – im Sinne des Unterscheidungslernens – nochmals besonders betont. Der Klient soll selbst die Stellen herausfinden, in denen er sein Verhalten nicht optimal fand. Diese Teile werden nach Verbesserungsvorschlägen des Klienten noch einmal nachgespielt, so lange, bis er sein Verhalten selbst adäquat findet.

Es werden in dieser Woche zwei weitere Sitzungen zum Erlernen der Entspannung verabredet. Es wird außerdem eine Hierarchie für die Desensibilisierung aufgestellt, da der Klient Angst hat, sich dem germanistischen Seminar zu nähern.

Hierarchie-Items »germanistisches Seminar«:
1. Parken auf dem Platz in der Nähe des Seminars
2. Gehen vom Platz bis zur Brücke
3. Gehen von der Brücke zum Haupteingang
4. Gehen vom Haupteingang zur Garderobe
5. Gang von Garderobe bis Eingang Seminar, es begegnet ihm Wolfgang (unangenehm, weil dieser mit ihm angefangen hat, aber jetzt weiter im Studium ist)
6. wie 5., aber es begegnet ihm ein Assistent, von dem er eine abfällige Bemerkung bezüglich der Länge seines Studiums befürchtet
7. Betreten des Seminars, Schlüssel erbitten, Tasche einschließen
8. Im Gang zum Seminarraum begegnet ihm Rainer (ein »Klugscheißer«)
9. Im Seminarraum sitzen, vor Beginn des Seminars.

Dritte Therapiestunde: Das Diagramm weist aus, daß K. an sechs Tagen der Woche je eine halbe Stunde direkt nach dem Frühstück gearbeitet hat. Er möchte jetzt mehr tun, um mit dem Lesen besser vorwärts zu kommen. Die halbe Stunde wird auf 45 Minuten verlängert.

K. berichtet von seinem ersten Besuch bei einer politischen Arbeitsgruppe. Er habe selbst kaum etwas gesagt. Es sei für ihn aber eine recht unangenehme Atmosphäre gewesen, da einige »Typen« da waren, die sich durch »Labern« in den Vordergrund spielten. Er habe aber trotzdem ausgehalten und sich durch Malen und Aufschreiben aggressiver Bemerkungen über andere abreagiert. Die sogenannte »Marx-Gruppe« der Psychologiestudenten sei für ihn dagegen sehr befriedigend verlaufen. Er möchte diesen Versuch weiterführen. Diese »Marx-Gruppe« sowie alle Rollenspiele wurden intensiv vorbereitet, mögliche Argumente vorweggenommen und das für K. kritische Verhalten eingeübt.

Da das letzte Rollenspiel über »Physiologische Aspekte der Entspannung« für den Klienten offenbar zu leicht war, werden nun schwierigere Hierarchiepunkte gewählt. Als Thema wählt der Klient »Diskussion über den Film ›Der Tod in Venedig‹«. Bei diesem Diskussionsthema meint er, dazu müsse er als Germanist was sagen können.

Die Mitspieler sind instruiert, die vom Klienten als »mittelschwer« eingestuften Hierarchiepunkte zu verwirklichen. Der Klient wird aufgefordert, die Punkte zwei bis drei (korrigieren, sich zur Wehr setzen) zu verwirklichen und wird dafür verstärkt. In diesem Rollenspiel wird klar, daß der Klient sich sehr schwer zur Wehr setzen kann, ohne ausfallend aggressiv zu werden und die anderen vor den Kopf zu stoßen. Deshalb wird nach Durchsprechen des Tonbandes zunächst im Rollentausch, mit ihm nochmals geübt, wie er sich auf adäquatere Weise zur Wehr setzen kann.

Gerade in solchen Rollenspielen mit Rollentausch kann man oft diagnostische Einsichten gewinnen, die einem bei einer noch so exakten Befragung entgehen würden.

Vierte Therapiestunde: Das Diagramm weist aus, daß der Klient an jedem Tag der Woche 45 Minuten gearbeitet hat. Er selbst spricht von »stabilisierender Wirkung« dieser regelmäßigen Arbeitszeit, die auch das Verhältnis zu seiner Freundin gebessert und normalisiert habe. So wird eine zweite Arbeitszeit, wieder zunächst mit einer halben Stunde beginnend, für abends eingeplant. Diskriminierender Reiz: der Augenblick, in dem am Spätnachmittag das Licht angeknipst wird (es ist Dezember).

Ein weiteres Rollenspiel von ca. 15 Minuten Dauer wird durchgeführt. Thema: Diskussion über »Leben mit der Freundin in einer Wohnung – Leben in einer Wohngemeinschaft«. Bei diesem Rollenspiel wird erstmals ein Aggressor eingeführt. Dafür wird dem Klienten ein »Adlatus« beigegeben, der ihn notfalls mit Argumenten unterstützen kann, sich aber zurückhält, wenn der Klient selbst dem Aggressor adäquat begegnet. Die dritte Person wird neutral gehalten und kann sich, wenn der Klient sich gut verteidigt, auf seiten des Aggressors schlagen. Aggressor und evt. auch der Neutrale verwirklichen Verhaltensweisen aus dem Katalog, den der Klient als sehr schwer beeinträchtigend bezeichnete. Der Klient wird jeweils verstärkt, wenn er diesen Verhaltensweisen gut begegnet.

K. beherrscht die Entspannung nun soweit, daß mit der Desensibilisierung begonnen werden kann. Die Desensibilisierung ist nach fünf Sitzungen abgeschlossen und wird zu einem verabredeten Termin, soweit realisierbar, in vivo durchgeführt. Natürlich konnte man nicht die in der Vorstellung vorkommenden Personen bestellen. Immerhin bucht der Klient es als einen Erfolg, daß er bis zu dem Punkt: »Im Seminarraum sitzen und auf das Seminar warten« angstfrei alle Situationen bewältigen konnte. (Er durfte danach nach Hause gehen.)
Die »Marx-Gruppe« lief sechs Stunden lang. Als Fazit meint K., er habe gelernt, zuzuhören, sich in die Gedanken anderer einzufühlen, es nicht als persönlichen Angriff zu werten, wenn gegenteilige Meinungen geäußert werden und adäquat darauf zu reagieren. K. hat weiterhin einmal pro Woche die politische Arbeitsgruppe besucht. Er hat sich zunehmend daran beteiligt, obwohl er mit den »Typen« durchaus nicht immer einverstanden war. Nach der 6. Sitzung berichtet er folgende Szene:
Der Diskussionsleiter verhielt sich nach K's. Meinung zu lasch. Es war keine klare Linie der Diskussion zu erkennen. Deshalb widersprach K. ihm und wies ihn auf seine Fehler hin. Daraufhin wurde der Diskussionsleiter aggressiv gegenüber dem Klienten. K. hörte ruhig zu und begründete dann seine Behauptung. Es kam daraufhin zu einer fruchtbaren Diskussion.
Dieses Verhalten wurde dem Klienten in Form folgender Verhaltenskette aufgezeigt:

$\bar{S}$————R_1————C-————$= S$————R_2————$\cancel{C}+$

Diskussion | K. übt | Diskussions- | erneuter | Straffere
lahm | Kritik | leiter begegnet | Widerspruch | Diskussion
 | | K. aggressiv | K's. |

Abb. 5

Früher verliefen seine Verhaltensketten:

$\bar{S}$————R_1————C- $= S$————R_2————$\cancel{C}$-

Diskussion | K. übt | andere | Flucht
lahm | Kritik | begegnen K. | K's.
 | | aggressiv |

Abb. 6

Das eigentliche Arbeitstraining verläuft programmgemäß. K. hält sich strikt an die Arbeitszeiten. Als Belohnung setzt er jetzt mehr und mehr Malen ein. Er berichtet, daß er lange Zeit überhaupt nicht mehr habe malen können und es ihm jetzt sehr viel Freude mache. Die Arbeitszeit am Morgen ist inzwischen auf eine Stunde erhöht, die am Abend auf 45 Minuten.
Nun wird eine dritte Arbeitszeit am Nachmittag mit dem diskriminierenden Reiz: Ende der Radiosendung »Mittagsmagazin« eingeführt (zunächst eine halbe Stunde, dann auf 45 Minuten gesteigert). Für diese Nachmittagszeit wird nun als von K. gewählter »Pauk-Stoff«, ein Französisch-Lehrbuch eingeführt, und es wird nun mehr auf Effektivität geachtet. Nachdem K. bisher an Büchern arbeiten konnte, die seinen Interessen entgegenkamen, hielten wir es für an der Zeit, daß er nun lernte, auch unangenehmere Arbeiten zu erledigen. Wir besprachen dieses Problem mit K. Er stimmte zu, daß neben zwei Arbeitseinheiten eines Stoffes, der ihm Spaß machte, eine weitere weniger interessante Arbeitseinheit zu bewältigen wäre. Die Vokabeln werden in Fünferpäckchen geteilt (fünf Vokabeln zu Beginn der Arbeitszeit, fünf zum Ende), dazwischen Übersetzungen und Grammatikübungen. Es wird ein Programm regelmäßiger Wiederholungen ausgearbeitet. Lektüre am Abend: ein Buch von Stojanovic, das ihn interessierte. Einen Teil der später auf eine Stunde erhöhten Arbeitszeit muß er für das Anfertigen von Exzerpten verwenden. Wichtig dabei ist, daß er etwas zu Papier bringt (gleichgültig, ob er es für gut hält oder nicht) und dann trotzdem genau nach einer Stunde auf Klingelzeichen aufhört.

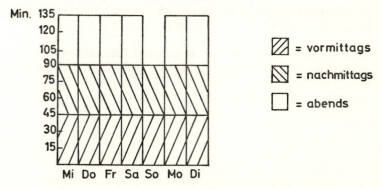

Abb. 7: *Arbeitsdiagramm nach zehn Behandlungsstunden*

In den weiteren Stunden wird auch die Schwierigkeit der Rollenspiele gesteigert. Nach zehn Behandlungsstunden zieht K. auf Aufforderung eine Zwischenbilanz:

Er arbeitet regelmäßig. Allein die Tatsache, daß er arbeitet — wie effektiv auch immer — hält er für sehr stabilisierend und wertet sie als einen Erfolg. Er kann sich in Diskussionen besser beteiligen und durchsetzen. Die anderen Leute ärgern ihn nicht mehr so, er kann ihr »Gelaber« besser ertragen. Er kann ins Germanistische Seminar gehen. Die Beziehung zu seiner Freundin hat sich wesentlich gebessert.
K. wird nochmals auf die verhaltenstherapeutischen Hintergründe der Behandlung aufmerksam gemacht und meint, er werde jetzt selbst wissen, was er weiter machen müsse.

Katamnese nach sechs Monaten

K. hat inzwischen erfolgreich ein Semester hinter sich gebracht. Zunächst hat er versucht, an einem Germanistikseminar teilzunehmen. Es habe ihn aber aus rein sachlichen Gründen so gestört, daß er — ohne daß der Sinn für ihn ersichtlich wäre — Alt- und Mittelhochdeutsch lernen müsse, daß er sich kurz entschlossen auf die Pädagogische Hochschule umimmatrikuliert habe.
Dort habe er die Schwerpunkte Deutsch und Kunst gewählt. Er habe fünf (!) Referate abgegeben und dafür fünf Scheine erhalten. Damit habe er fast alle Scheine, die er für sein Studium brauche. Er lege jetzt Wert darauf, daß er bald fertig werde. Auf der Universität sei er zu sehr in Verzug gewesen und habe kein Ende abgesehen. Auf der Pädagogischen Hochschule gehe es schneller und außerdem fände er das Arbeiten dort sinnvoller, so daß es ihm richtig Spaß mache. Er sähe es aus politischen Gründen nun auch als einen gewissen Hochmut an, daß er nur Deutsch in der Oberstufe habe unterrichten wollen. Das Verhältnis zu seiner Freundin sei nunmehr harmonisch und gut.

Aus einem Brief drei Jahre nach Abschluß der Behandlung: »... habe gestern die 2. Lehrerprüfung für Grund- und Hauptschule bestanden... Bis zum letzten Tag habe ich noch den kleinen Wecker aufgezogen — nicht regelmäßig — aber wenn es heiß wurde im Gemüt...«

2. Behandlung einer Klientin mit Dunkelangst

von Margarete Reiss

Die Darstellung dieser Therapie soll zeigen, wie wichtig auch in der Verhaltenstherapie die Berücksichtigung der Lerngeschichte sein kann und wie notwendig die Zusammenarbeit des Therapeuten und des Klienten mit der sozialen Umwelt ist. Die Behandlung wird bewußt sehr ausführlich beschrieben, da in den meisten Büchern sehr viel über die Theorie der systematischen Desensibilisierung, aber sehr wenig Konkretes über ihre praktische Durchführung geschrieben wird.

Es handelt sich um die 22jährige Studentin der Soziologie Helga L. Sie ist mit einem Studenten der Germanistik verheiratet. Sie leidet unter einer starken Angst, die sie daran hindert, das Haus im Dunkeln zu verlassen. Außerdem hat sie Angst, wenn ihr Ehemann nach Einbruch der Dunkelheit nicht rechtzeitig nach Hause gekommen ist.

Exploration zur Dunkelangst

Helga berichtet, daß ihre Angst nicht an eine bestimmte Tageszeit gebunden ist. Die Angst setzt mit Hereinbrechen der Dunkelheit ein. Die Art der Straßenbeleuchtung und die Menge der Leute, die noch unterwegs sind, spielt eine Rolle dabei, ob ihre Angst stärker oder schwächer ist. Ihre Wohnung liegt in einer an ein Industrieviertel angrenzenden Straße, die schon früh am Abend fast leer ist. So kann sie abends allein nicht das Haus verlassen oder nach Einbruch der Dunkelheit allein nach Hause kommen. Dadurch wird sie stark in ihren Aktivitäten behindert. Sie hat es mit dem Fahrrad versucht, aber solches Herzklopfen und Angst bekommen, daß sie auch das aufgab.
Ein Angsterlebnis aus der vergangenen Woche: Helga hatte eine Veranstaltung besucht und mit ihrem Mann vorher ausgemacht, daß sie ihn anruft und er sie abholt. Als sie telefonierte, war er nicht da. Sofort setzte panikartige Angst mit Herzklopfen ein. Sie überlegte, wie es wäre, wenn sie allein zum Taxi gehen müßte (sie hat immer Geld für ein Taxi dabei), dabei spielen dann immer Männer eine Rolle, allein oder – noch schlimmer – in Gruppen, die sie anrempeln und sie körperlich angreifen wollen. Sie versuchte sich zu beruhigen, indem sie sich sagte, es sei ja nur ein kleines Stück zum Taxi. Diese Beruhigungsversuche halfen für wenige Minuten, dann kam die Angst wieder. Schließlich bat sie eine Veranstaltungsteilnehmerin, mit ihr bis zum Taxi zu gehen.
Sehr spät – nach 22 Uhr – ist sie zuletzt im Sommer vergangenen Jahres allein draußen gewesen, als noch viele Leute unterwegs waren. Bis vor etwa drei Monaten konnte sie abends noch Zigaretten aus dem Automaten holen, der neben dem Haus hängt, aber auch das kann sie jetzt nicht mehr.
Helga hat außerdem Angst, allein in den Keller zu gehen. Diese Angst belastet sie aber nicht so sehr, und sie geht trotzdem, wenn sie sich »zusammen-

reißt«. Ihre Angst ist immer Angst davor, daß ihr jemand etwas antun könnte, also Angst vor physischem Schaden. Diese Angst vor physischem Schaden hat sie auch manchmal bei ihrem Mann. Wenn er einmal zu spät nach Hause kommt, hat sie Wut auf ihn, und greift ihn im Affekt schon einmal körperlich an. Ihr Mann ist stärker als sie und hält sie dann fest. Dann stellt sich bei ihr »dies fürchterliche Gefühl« ein, sich nicht wehren zu können. Da ihr Mann sie dann stets beruhigt, verschwindet es aber in diesen Situationen bald wieder. Sie fühlt sich überhaupt immer körperlich unterlegen und meint, es könne ihr helfen, wenn sie einmal das Gefühl körperlicher Überlegenheit erlebte. Helga hat schon daran gedacht, zur Selbstverteidigung z. B. Judo zu erlernen, den Gedanken aber wieder aufgegeben, weil sie davon ausgeht, auf jemanden treffen zu können, der auch Judo beherrscht und deshalb wieder im Hintertreffen zu sein. Außerdem dauert ihr die Zeit des Lernens zu lange. Selbstverteidigungssprays, an die sie ebenfalls gedacht hat, scheiden deshalb aus, weil ein Angreifer ihr das Spray wegnehmen und gegen sie richten könnte.

Nach den *Reaktionen* ihrer Umwelt befragt, erzählt Helga, daß alle ihre Freunde und Bekannten von ihrer Angst wissen und, genau wie ihr Mann, ihr viel Verständnis entgegenbringen. Es steht eigentlich immer jemand bereit, um sie zu begleiten. Sie glaubt aber, daß ihr nichts an Aufmerksamkeit durch die Umwelt fehlen würde, wenn sie keine Angst mehr hätte. Die anderen wären sicher froh, nicht mehr so viel Rücksicht auf sie nehmen zu müssen. Sie fühle sich durch ihre Angst in ihren Aktivitäten behindert und müsse dadurch auf vieles verzichten.

Genese

Die Dunkelangst ist im 17. Lebensjahr zuerst aufgetreten. Helga ist damals häufig ausgegangen, hat sich aber meistens jemanden gesucht, der sie entweder im Auto wegbrachte oder zu Fuß begleitete, wenn es bereits dunkel war und sie nach Hause wollte. Zur Not hat sie sich damals auch noch allein im Dunkeln auf den Heimweg gemacht, dann jedoch nicht ruhig gehen können, sondern rennen müssen. Dabei hat sie Herzklopfen bekommen und hinter jedem Baum irgendjemanden vermutet, der ihr etwas antun wollte.

Im Laufe der Zeit hat sich das Symptom verstärkt. Seit dem ersten Auftreten des Symptoms hat sie mit allen Mitteln zu vermeiden versucht, in die Situation zu kommen, allein eine dunkle und unbelebte Straße entlang gehen zu müssen. Sie wisse gar nicht mehr, wie sie sich allein in der realen Situation »Dunkelheit plus unbelebte Straße« verhalten würde. Ihr wird jedoch schon schlecht, wenn sie nur daran denkt: Herzklopfen setzt ein, ihr bleibt die Luft weg, und sie denkt, sie würde ohnmächtig.

Als sie noch allein rausgehen konnte, sei sie hin und wieder im Dunkeln von Männern angesprochen worden. Sie habe sich dann sehr erschrocken und sei weggerannt. Im Alter von 13 Jahren ist ihr gegen 18 Uhr, als es schon dunkel war, in einem Buswartehäuschen ganz in der Nähe des Elternhauses ein Exhibitionist begegnet. Sie ist sehr erschrocken, geschockt und fassungslos gewesen. Sie weiß nicht mehr, ob damals Herzklopfen aufgetreten ist, sie weiß nur noch, daß sie schnellstens nach Hause gerannt ist. Dort hat ihre Mutter sie in die Arme genommen, gestreichelt und ihr gesagt, daß es nicht schlimm

sei, daß der Mann krank sei und ihr bestimmt nichts tun wollte. Die Mutter hat ihr gesagt: Du kannst dich doch wehren, du schreist um Hilfe, und dann passiert dir nichts.
Helgas Angst hat sich gesteigert, als sie ihren jetzigen Mann kennenlernte. Sie brauchte abends nicht mehr allein zu gehen und konnte ihrer Angst freien Lauf lassen, weil mit ihrem Freund, der ganz in der Nähe wohnte, immer jemand da war, der sie begleitete, wenn sie ihn darum bat. Ihr Freund hat allenfalls manchmal gesagt: »Das Stück kannst du auch allein gehen«, ist dann aber immer auf ihre Bitte eingegangen.
Helga erklärt sich die Steigerung ihrer Angst damit, daß sie auf Grund der Bereitwilligkeit ihres Freundes, sie abends immer zu begleiten, nicht mehr in die Situation kam, im Dunkeln allein gehen zu müssen und es deshalb auch gar nicht mehr versucht hat. Sie vermutet, daß sie es damals noch gekonnt hätte, aber da sie es nicht mußte, hätte sie es nicht getan, und deshalb könne sie es jetzt nicht mehr.
Angst vor physischem Schaden hatte Helga bereits als kleines Mädchen. Eine besonders wichtige Erfahrung sei hierbei gewesen, daß ihr Bruder ihr immer körperlich überlegen war. Auf den Hinweis, daß ihr Bruder 1½ Jahre jünger ist als sie und die körperliche Überlegenheit erst später dagewesen sein könnte, erwidert sie, die körperliche Überlegenheit habe bereits mit etwa 7 oder 8 Jahren eingesetzt. »Wir waren ja immer nur so ein bißchen auseinander.« Sie wurden von den Eltern immer gleich behandelt und auf gleiche Weise bestraft, gleichgültig, wer etwas angestellt hatte.
Ihr Bruder konnte es nicht vertragen, daß sie ihm in einigem, etwa im schulischen Bereich, überlegen war. Für ihn habe es einen ziemlichen Knacks bedeutet, als sie auf das Gymnasium gekommen war, er aber wegen schlechter Schulleistungen keine Aussicht darauf hatte. Er habe oft zu Hause »herumgewütet« und die Mutter und sie beschimpft. Während die Mutter sich alles sagen ließ, hat Helga das Verhalten ihres Bruders »fürchterlich gereizt«. Wenn sie daraufhin verbal aggressiv wurde – darin war sie ihm überlegen – hat der Bruder ihr das mit Prügel vergolten, auch noch, als sie 17/18 Jahre alt war.
Es ist nicht vorgekommen, daß ihr Bruder sie abends im Dunkeln verprügelt hat, jedenfalls kann sie sich an eine solche Situation nicht erinnern. Manchmal hat Helga ihren Bruder abends zum Schutz mitgenommen. Wenn sie ins Kino wollte, hat sie ihm die Eintrittskarte bezahlt, damit er mitging. Sie hat in der elterlichen Wohnung mit ihrem Bruder ein gemeinsames Zimmer gehabt, das durch Schränke in zwei Bereiche geteilt war. Ihr Bruder hat sie manchmal aus dem gemeinsamen Zimmer vertrieben. Manchmal hat er ihr mehrmals am Tag gesagt: »Dich schlag ich auch noch tot« oder »dich kriege ich auch noch kaputt«. Sie wußte zwar, daß er seine Drohungen nicht wahr machen würde, konnte aber nicht genau einschätzen, wie das gemeint war, was er gesagt hatte, zumal sie sich bei seinen Prügeleien nicht wehren konnte. Besonders wenn er sie umklammert hielt oder ihre Hände festhielt, fühlte sie sich völlig gelähmt.

Exploration zur Angst um den Ehemann

Angst um ihren Mann tritt immer ein, wenn er unerklärlich lange ausbleibt. Beispiel: Sie weiß, daß er sich in einer Gaststätte aufhält, die um 1 Uhr

schließt. Bis 1 Uhr ist sie ruhig. Wenn er dann nicht gleich nach Hause kommt und sie sich nicht erklären kann, wo er sich aufhält, setzt die Angst ein. Wenn ihr Mann sich verspätet, ist Helga meist nicht mehr in der Lage zu arbeiten, sondern stellt sich ans Fenster und schaut auf die Straße. Manchmal beschäftigt sie sich auch mit Aufräumearbeiten oder blättert in Zeitschriften. Wenn ihr Mann dann die Wohnung betritt, macht sie ihm Vorwürfe und wird auch mal körperlich aggressiv. Ihr Mann versucht dann sachlich mit ihr zu reden und sie zu beruhigen. Er akzeptiert ihre Sorge um ihn als Fürsorglichkeit.
Helga sieht keinen Zusammenhang zwischen ihrer Angst, allein abends über eine unbelebte Straße zu gehen und der Angst, die sie um ihren Mann hat. Die Angst um ihren Mann glaubt sie von ihrer Mutter übernommen zu haben, die in ähnlichen Situationen auch immer Angst um ihre Familienangehörigen gehabt hat.
Die Angst, allein über unbelebte Straßen zu gehen, sei viel stärker als die Angst um ihren Mann. Bei Angst um ihren Mann treten auch keine körperlichen Beschwerden auf.

Andere Ängste hat Helga nicht. Sie hat auch keine generelle Angst vor Männern. Zu den Männern muß die Dunkelheit hinzukommen. In geschlossenen Räumen flößen ihr Männer, auch Fremde, keine Angst ein. In einer Gaststätte oder in der Universität macht es ihr nichts aus, von einem fremden Mann angesprochen zu werden. Da könnte sie ja entsprechend reagieren. Dagegen würde sie im Wald auch nicht tagsüber allein spazierengehen. Auf die Frage nach evtl. einsetzbaren Verstärkern gibt die Klientin an: Kinobesuch, mit ihrem Mann spazieren oder gut essen gehen, Pralinen.

Verhaltensanalyse zur Dunkelangst

Die Verhaltensanalyse wird hier in sehr gekürzter Form in den wesentlichen Teilen wiedergegeben.

Beschreibung des Symptoms

Es handelt sich um eine Angst, nach Eintritt der Dunkelheit auf die Straße zu gehen. Diese Angst ist gekennzeichnet als eine Angst vor physischen Schäden. Sie ist häufig verbunden mit Herzklopfen, dem Gefühl, keine Luft mehr zu bekommen oder ohnmächtig zu werden. Die Angst tritt *immer* auf, wenn die entsprechende Situation gegeben ist. Sie steigert sich, je dunkler die Straßen sind und je weniger Menschen unterwegs sind. Die Angst trat früher auf der Straße selbst auf, äußert sich aber jetzt als Erwartungsangst.

Vorausgehende Reizbedingungen: Die vorausgehenden Reizbedingungen sind das Alleinsein auf dunklen Straßen, das Auftauchen männlicher Gestalten im Dunkeln.

Nachfolgende Reizbedingungen: Der Ehemann und Bekannte zeigen viel Verständnis für die Angst. Besonders das Meidungsverhalten wird erheblich operant verstärkt. Diese positiven Konsequenzen des Meidungsverhaltens können als gedanklich herbeigeholte ultimate positive Konsequenzen auch die Angst selbst positiv verstärken. Das Meidungsverhalten wird außerdem durch den Wegfall der negativen Konsequenzen des Alleingehens negativ verstärkt.

Selbstkontrolle: Als Selbstkontrolle wird zuweilen Selbstverbalisation eingesetzt. Sie wirkt nur kurzfristig.

Genese

Die Angst vor physischem Schaden scheint eine weit zurückgehende Konditionierungsgenese zu haben. Es ist zu vermuten, daß sie in engem Zusammenhang mit den Prügeleien durch den Bruder steht, dem sich die Klientin hilflos ausgeliefert fühlte und gegen den sie sich nicht wehren konnte. Aus dieser wiederholten Erfahrung dürfte im Laufe der Lerngeschichte eine Generalisierung auf alle Männer, die sie im Dunkeln angreifen könnten, erfolgt sein. Die Genese der Erwartungsangst scheint bereits in dieser frühen Zeit zu beginnen. So finden sich Angaben in der Exploration, daß sie Angst vor dem Bruder in der Dunkelheit des gemeinsamen Schlafzimmers hatte und deshalb oft ins Wohnzimmer flüchtete. Der Bruder scheint auf sie ständig als potentieller Angreifer gewirkt zu haben. Da der Bruder sie auch immer wieder einmal prügelte, wurde die Löschung verhindert. Diese Lerngeschichte geht bis ins achte Lebensjahr zurück.
Zwei weitere Ereignisse sprechen für die klassische Konditionierung der Dunkelangst: Im Alter von 13 Jahren begegnet sie in der Dunkelheit einem Exhibitionisten, erschrickt und bekommt Angst; im Alter von 15 oder 16 Jahren wird sie in der Dunkelheit von einem Autofahrer angesprochen, erschrickt sehr und bekommt Angst. Damit könnte auf der Grundlage einer erhöhten Erregbarkeit der vorher neutrale Reiz »Dunkelheit« zu einem konditionierten Reiz geworden sein.

UCS	UCR
Furchterregende Erlebnisse mit Männern in Dunkelheit auf Straße	Erschrecken, Angst

CS	CR
Dunkelheit auf Straße	Angst

Damit dürften die Dunkelangst und die damit verbundene Erwartungsangst als klassisch konditioniert betrachtet werden. Sie entwickelt ein typisches Meidungsverhalten, das auch noch operant positiv verstärkt wird, besonders als sie ihren jetzigen Ehemann kennenlernt (mit 18 Jahren). Der Freund zeigt sich besorgt; sie kann sich durch die Angst seiner — ihr angenehmen — Begleitung versichern, sie kann sein Verhalten kontrollieren.

Die Hemmung, sich gegen physische Angriffe zu wehren, dürfte klassisch durch das Verhalten des Bruders konditioniert sein.

UCS	UCR
Bruder schlägt sie,	Beklemmung, Gefühl
hält sie fest,	der Hilflosigkeit,
Schmerzen, Bedrohung	Angst vor Schädigung

CS	CR
Körperlicher Angriff	Angst, kann sich
	nicht wehren

Vorläufiges funktionales Bedingungsmodell

Aus den in der Genese beschriebenen Gründen ist anzunehmen, daß die Dunkelangst klassisch konditioniert wurde. Das Meidungsverhalten wurde zunächst (durch den Wegfall der negativen Konsequenzen) negativ verstärkt. Durch das Verhalten des Ehemannes und ihrer Freunde findet jetzt jedoch zusätzlich eine erhebliche positive Verstärkung statt.

Verhaltensanalyse zur Angst um den Ehemann

Beschreibung des Symptoms

Diese Angst äußert sich in Unruhe, ist aber zumeist nicht begleitet von körperlichen Symptomen.

Vorausgehende Reizbedingungen: Die Klientin ist abends allein zu Hause. Der Ehemann kommt nicht zur verabredeten Zeit. Sie stellt sich Situationen vor, die ihm zugestoßen sein könnten.

Nachfolgende Reizbedingungen: Auch hier können ultimative positive Konsequenzen eine Rolle spielen: die Klientin kann das Verhalten ihres Mannes besser kontrollieren; Zuwendung und Zärtlichkeit des Ehemannes beim Nachhausekommen.

Genese

Das Symptom dürfte durch Modellernen entstanden sein. Auch die Mutter der Klientin hatte Angst um Familienangehörige.

Selbstkontrolle: Zeitschriftenlesen, nur kurzfristig wirksam.

Zusammenhang zwischen den Symptomen

Die Klientin selbst sieht keinen Zusammenhang zwischen der Dunkelangst und der Angst um den Ehemann. Hypothetisch könnte jedoch angenommen werden, daß beide Symptome eine verstärkte Zuwendung des Ehemannes bewirken. Hinzu kommt, daß die *Organismusvariable* einer ärztlich festgestellten Kreislaufflabilität, die zur Zeit ärztlich behandelt wird, das allgemeine Erregungsniveau der Klientin angehoben und so die Angstschwelle erniedrigt hat.

Zielanalyse

Besonders das Symptom der Dunkelangst engt den Verhaltensspielraum der Klientin erheblich ein. Ein Wegfall des Symptoms würde also auf der einen Seite einen Gewinn für sie bedeuten. Auf der anderen Seite wäre es möglich, daß durch den Wegfall beider Symptome die Zuwendung des Ehemannes und der Bekannten reduziert würde. Es wäre auch denkbar, daß der Ehemann die Symptome schätzt (»Beschützerrolle«). Deshalb ist eine Zieldiskussion mit der Klientin und ihrem Ehemann dringend erforderlich.

Prinzipielle Therapieplanung

Da es sich bei der Dunkelangst offenbar um ein klassisch konditioniertes Symptom handelt, soll die Verbindung S — R unterbrochen und durch eine Alternativreaktion ersetzt werden. Die Unfähigkeit, sich zu wehren, sollte durch schrittweise Annäherung und operante Verstärkung eines gegenteiligen Verhaltens angegangen werden. Die Verstärkung auf das Meidungsverhalten (Zuwendung des Ehemannes) soll wegfallen. Dafür soll ihr Mann sich ihr bei angstfreiem Verhalten zuwenden.

Konkrete Therapieplanung

Die Verbindung von angstauslösenden Reizen und Angst soll durch systematische Desensibilisierung gelöst werden. Mit dem Ehemann soll besprochen werden, daß er Angstverbalisation und Meidungsverhalten nicht mehr operant verstärkt, sondern nur noch angstfreies Verhalten. Das angstfreie Verhalten soll ferner durch die Therapeuten und durch

Diagramme verstärkt werden. Die Angst vor physischer Beeinträchtigung soll durch nichtverbales Selbstsicherheitstraining behandelt werden. Auch zu dieser Behandlung muß der Ehemann hinzugezogen werden, da er die schrittweise Verhaltensausformung von Verteidigungsverhalten übernehmen soll.

Therapiebegleitende Kontrollmessung
Diagramme;
Maudsley Personality Inventory (um die Frage der Konditionierbarkeit zu prüfen);
Manifest Anxiety Scale (zur Kontrollmessung der Angst);
Freiburger Persönlichkeitsinventar (zur Vergleichsmessung).

Reihenfolge der Behandlungsschritte: Es soll zunächst die Angst vor physischem Schaden in der Dunkelheit und die damit verbundene Hemmung, sich zu wehren, behandelt werden. Es ist zu erwarten, daß bei Abklingen der Dunkelangst die Erwartungsangst von selbst verschwindet. Die Angst um den Ehemann soll erst in zweiter Linie behandelt werden. Die Reihenfolge der Behandlungsschritte:
Erlernen der Entspannung nach Jacobson oder des autogenen Trainings
Aufstellen von Hierarchien
Systematische in-sensu-Desensibilisierung
In-vivo-Desensibilisierung
Gleichzeitig: Einsatz des Ehemannes zur operanten Verstärkung des angstfreien Verhaltens und zum nichtverbalen Selbstsicherheitstraining.

Begründung

Da die Angst vor physischem Schaden und damit die Angst, abends nicht allein auf die Straße zu gehen, die Klientin am meisten belästigt, und bei vorsichtigem Vorgehen wahrscheinlich auch schnell Erfolge erzielt werden könnten, soll dieses Symptom zuerst angegangen werden. Die Klientin müßte dann schon bald kleinere Strecken allein gehen können. Man könnte die Zuwendung des Ehemannes dann als Verstärker für angstfreies Verhalten einsetzen und so das Meidungsverhalten durchbrechen. Eventuell hätte das Verhalten des so geschulten Ehemannes dann auch Einfluß auf die Angst der Klientin um ihn. Diese Angst könnte auch durch das Erlernen einer Entspannungstechnik und damit Herabsetzung des Erregungsniveaus beeinflußt werden.

Therapieverlauf

Erste Therapiestunde vom 3. 11.: In der Zeit zwischen Exploration und erster Therapiestunde war der Klientin aufgetragen worden, sämt-

liche Angsterlebnisse und ihren situativen Kontext, die in der Zeit auftraten, zu notieren, damit eine Baseline vorhanden war. Ferner wurden ihr die Entspannungsübungen nach Jacobson in vier Sitzungen gezeigt und ihr aufgetragen, diese zweimal täglich zu üben. Die Klientin berichtete dabei, daß sie zum ersten Mal ihren Körper bewußt erlebe. Dies könnte vielleicht eine aufschlußreiche Feststellung im Zusammenhang mit ihrer Angst vor körperlicher Unterlegenheit sein.
Die Klientin schilderte in der Therapiestunde folgende Angsterlebnisse der letzten Woche: Am Dienstagabend etwa um 20 Uhr ist sie allein ein kurzes Stück zum Schloßpark gegangen. Sie ist vor einem Auto, das in der Nähe fuhr, davongerannt. In erster Linie angstauslösend waren jedoch die Dunkelheit und das Alleinsein, die ihr Herzklopfen verursachten. Sie stellt sich manchmal vor, in solchen Situationen in Ohnmacht zu fallen. Sie ist auch wegen Ohnmachtsanfällen in ärztlicher Behandlung. Sie treten bei großer Erregung und Schrecken auf und hängen mit Kreislaufstörungen zusammen.
Am Samstagabend wollte sie noch Zigaretten haben, war jedoch darauf angewiesen, sie allein zu holen, da sich ihr Mann gerade die Haare gewaschen hatte. Sie ging also selbst. Ihr Mann mußte jedoch oben am Lichtschalter stehenbleiben und sofort unten die Haustüre öffnen und das Licht anmachen, wenn die Klientin zurückkam.
Der eigentliche Angstschock trat auf beim ersten Schritt über die Schwelle der Haustür, dann beruhigte sie sich ein wenig und holte »ganz schnell und fahrig« Zigaretten aus dem neben der Haustür befindlichen Automaten. Sie sah sich dabei immer um, ob auch niemand in der Nähe war.
Am Donnerstagabend schlief sie ein, ohne zu wissen, ob ihr Mann schon da war. Sie hatte vorher Entspannung geübt. Um fünf Uhr morgens wachte sie auf und hat sich voller Angst vergewissert, ob ihr Mann zurück war. Dann ist sie ruhig wieder eingeschlafen.
Am Montagabend plagte sie die Vorstellung, daß sie am Dienstagabend zu einer Arbeitsgruppe müsse und ihr Mann sie nicht abholen könne. Sie hat verschiedene Möglichkeiten erwogen, wer sie nach Hause bringen oder ob sie mit dem Bus nach Hause fahren könnte. Als sie mit ihrem Mann darüber sprach, wurde die Angst stärker, sie wollte unbedingt von ihm abgeholt werden, zumal sie ein wenig wütend auf ihn war, weil er sie nicht abholen konnte.
Ihrem Mann gegenüber wird die Klientin nicht nur in Angstsituationen tätlich, sondern allgemein bei schwierigeren Meinungsverschiedenheiten. Wenn sie wütend wird, hält ihr Mann sie ganz hart an den Handgelenken fest, was in ihr ein Gefühl der Ohnmacht und Verzweiflung auslöst, ganz ähnlich den Gefühlen bei früheren Auseinandersetzungen mit ihrem Bruder. Trotzdem empfindet sie ihre Aggressionen als sehr befreiend. Generell scheint ihr Mann viel Verständnis dafür zu haben.
Der Klientin wird zu Ende der Stunde das Prinzip der Desensibilisie-

rung erklärt. Es wird ihr auch die Skalierung der Ängste von 0 bis 100 erklärt und sie wird gebeten, sämtliche Ängste zunächst ungeordnet aufzuschreiben und dann gemäß der Skalierung zu numerieren.
Sie soll ferner ein Diagramm in folgender Weise führen:
Auf der X-Achse werden die Tage abgetragen.
Auf der positiven Y-Achse werden die Situationen eingetragen, bei denen sie früher Angst erlebte, in diesem Falle aber nicht. Auf der negativen Y-Achse werden die Situationen abgetragen, in denen sie noch Angst erlebt hat.

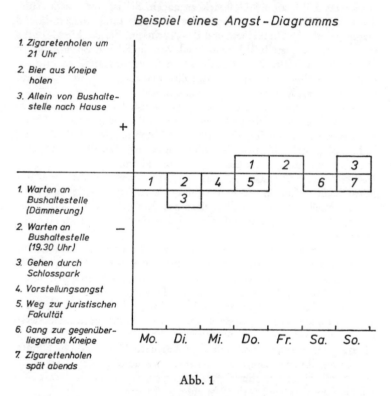

Abb. 1

Auf diese Weise kann während der Therapie der Erfolg für die Klientin augenscheinlicher dargestellt werden und damit eine Therapiefunktion als Verstärker haben. Die einzelnen Situationen sollen numeriert und auf einem extra Blatt inhaltlich geschildert werden. Die Klientin soll weiterhin zweimal täglich Entspannung üben.

Zweite Therapiestunde vom 10. 11.: Die Klientin berichtet, daß sie die Entspannung jetzt bereits recht gut beherrscht und als angenehm

empfindet. Sie schildert folgende angstbesetzte Situation der vergangenen Woche:
Am Dienstagabend um 19.30 Uhr mußte sie allein an der Bushaltestelle warten. Es war etwas unübersichtlich (Regen). Von weitem hat sich eine Gestalt genähert, die sie nicht genau erkennen konnte. Die Angst, die sie in dieser Situation empfand, steigerte sich beim Näherkommen der Gestalt. Der Bus kam dann sehr schnell.
Ebenfalls am Dienstagabend, etwa um 20 Uhr, mußte die Klientin wieder das kurze Stück am Schloßpark gehen. Sie hatte sich vorgenommen, keine Angst zu haben. Als sie dennoch Angst bekam, versuchte sie, Entspannung einzusetzen. Die Angst blieb zwar bestehen, sie ist aber nicht wie früher losgerannt, sondern war in der Lage, gleichmäßig kontrolliert zu gehen. Die Angst ist auch nicht wie sonst weiter angestiegen.
Am Sonntag um 20 Uhr erlebte sie eine nur leichte Angst, als sie Zigaretten geholt hat. Im Augenblick, als sie das Haus verließ, hat sie einen Schreck bekommen, sich aber dann entspannt, und dann ließ die Angst nach. Ihr Mann hat hinter der Haustüre gewartet.
Eine weitere nur schwach angstbesetzte Situation war am Montag, als sie in der Dämmerung an der Bushaltestelle gewartet hat. Sie hat ein Kind gesehen, welches um diese Zeit noch auf der Straße war. Da kam sie sich lächerlich vor.
Im weiteren Verlauf der Therapiestunde werden dann die Hierarchien besprochen. Die Klientin betont dabei, daß sie sich Situationen, die über einem Angstwert von 70 lägen, nie aussetzen würde.
Alle Situationen, die über einem Angstwert von 50 liegen, hat sie schon seit langer Zeit gemieden. Sie bestehen also nur noch als Vorstellungsängste, während die Ängste unterhalb des Wertes von 50 auch in der Realität vorkommen.

Die von der Klientin zu Hause erarbeitete Angsthierarchie

Im November			Angstwert
20 – 21 Uhr		Zigarettenholen	10
20 Uhr		allein an der Bushaltestelle warten	20
24 Uhr		Zigarettenholen	30
20 – 21 Uhr		durch wenig belebte oder schwach beleuchtete Straßen gehen	20–30
20 – 23 Uhr		mit dem Fahrrad fahren	40
		später mit dem Fahrrad fahren (nach 23 Uhr)	60
ab 21 Uhr		durch belebte Straßen gehen	50
		tagsüber im Wald	60
20 – 22 Uhr		durch Grünanlagen gehen	80
nach 22 Uhr		durch Grünanlagen gehen	90–100

Bei diesem von der Klientin mitgebrachten Material handelt es sich zunächst um eine grobe Information, die man so nicht zum Desensibilisieren bietet. Man unterscheidet zwischen Inhaltshierarchien und Annäherungshierarchien (eine Inhaltshierarchie wäre z. B. eine Hierarchie, die gemischt die Angst vor Mäusen, Ratten, Hamstern zum Inhalt hat; bei einer Annäherungshierarchie handelt es sich um räumliche oder zeitliche Annäherung an ein angstauslösendes Objekt). Die Hierarchie-Items werden unter folgenden Gesichtspunkten ausgewählt:
a) sie sollen in kurzer Zeit in vivo angehbar sein,
b) die angstbesetzten Situationen müssen während der Phase der systematischen Desensibilisierung solange vermeidbar sein, bis sie in der Vorstellung angstfrei sind, da sonst ein zu starker Angsteinbruch zu befürchten ist (ein Grund, warum man z. B. Kinder mit Schulangst in den Ferien desensibilisieren sollte).

Diese Gesichtspunkte wurden mit der Klientin besprochen. Die Klientin soll bis zur nächsten Stunde möglichst konkrete Hierarchie-Items auf Kärtchen schreiben, und zwar zu folgenden Annäherungshierarchien:
a) Zigarettenholen zu verschiedenen Zeiten;
b) vom Bus allein nach Hause gehen zu verschiedenen Zeiten. Die Diagramme sollen weiter geführt werden. Entspannung soll weiter geübt werden.

Die Klientin wird gefragt, ob sie damit einverstanden sei, beim nächsten Mal ihren Ehemann mitzubringen, einerseits um die Exploration zu vervollständigen, andererseits um ihn eventuell mit ihrer Zustimmung und ihrem Wissen als Hilfe bei der Therapie einzusetzen. Die Klientin ist einverstanden.

Dritte Therapiestunde vom 17. 11.: Die dritte Therapiesitzung setzt sich aus drei Teilen zusammen: einem Gespräch mit dem Ehemann allein, einem Gespräch mit der Klientin und ihrem Mann zusammen, Therapiesitzung für die Klientin allein. Im Gespräch mit dem Ehemann allein soll geklärt werden, wie er die Angst seiner Frau sieht und wie er darauf reagiert. Die Klientin schlug selbst vor, daß wir zunächst mit ihrem Mann allein reden sollten, weil er sich vielleicht in ihrer Gegenwart anders äußern würde. Das Gespräch mit der Klientin und ihrem Mann zusammen soll dem Erarbeiten gemeinsamer Behandlungsstrategien dienen.

Gespräch mit dem Ehemann der Klientin
Der Mann hat die Angst seiner Frau »nie so recht gut« gefunden. Da er jedoch die Gründe seiner Frau in etwa einsah, hat er sich bemüht, die Angst zu berücksichtigen, und zwar dadurch, daß er sich bemühte, verständnisvoll mit ihr darüber zu sprechen oder daß er sie abends nach Hause gebracht und oft angerufen hat, wenn vorauszusehen war, daß er sich verspätet. Er sah jedoch, daß die Angst sich verstärkte

und auf immer mehr Situationen übergriff. Das Verhalten seiner Frau in konkreten Angstsituationen kann er nur wenig schildern, da die Angst in der Dunkelheit nicht auftritt, wenn er dabei ist. Wenn er jedoch spät nach Hause kommt, merkt er oft, daß seine Frau starke Angst gehabt hat. Diese Angst ist dann noch nicht völlig verschwunden: die Klientin ist dann oft noch völlig aufgelöst und sehr verkrampft. Sie geht auf seine Erklärungen kaum ein und sagt in etwa: »Du weißt doch genau, daß ich solche Angst habe.« Er reagiert dann teilweise sehr heftig und macht ihr wegen ihrer Angst Vorwürfe. Sie beruhigt sich dann entweder und erklärt, warum es für sie wichtig ist, daß er anruft bzw. pünktlich ist, oder aber sie reagiert noch heftiger und wird tätlich. Wenn sie versucht, ihn zu schlagen, hält er sie fest. Oft jedoch fällt ihm bereits auf dem Weg nach Hause ein, daß er einen Fehler gemacht hat, d. h. daß er nicht angerufen hat. Er hat dann Schuldgefühle, entschuldigt sich und versucht, sie besonders liebevoll zu beruhigen. In etwa der Hälfte der Fälle reagiert er heftig. Er meint, das liege wohl daran, daß er, wenn er einsieht, daß er sich falsch verhalten hat, sein Verhalten ändern muß, dies jedoch empfindet er als Beschneidung und Einengung seines Verhaltens. Bezüglich der Angst im Dunkeln verhält er sich in ca. 80 Prozent der Fälle verständnisvoll; sofern es eben möglich ist, holt er sie abends ab.

Manchmal kommt es auch vor, daß seine Frau keine Angst gehabt hat, wenn er zu lange fortgeblieben ist. Er ist sich jedoch nicht sicher, daß es so war oder ob sie die Angst nur verheimlichte. Er belohnt seine Frau nicht für solche angstfreien Situationen, z. T. auch weil er meint, daß z. B. der Satz »Na, hast du heute keine Angst gehabt?« von ihr als Zynismus ausgelegt werden könnte.

Zweimal hat er auf die Angst seiner Frau gar nicht zu reagieren versucht. Einmal stand sie dann auf und wurde sehr heftig, das andere Mal war sie den ganzen nächsten Tag über nicht anzusprechen. Er empfindet die Angst seiner Frau um ihn als recht beeinträchtigend für sich.

Aus dieser Exploration des Ehemannes resultierende Ergänzungen zur Verhaltensanalyse: Die Vermutung, daß der Ehemann als Verstärker für die Angst und die Angstverbalisation fungiert, hat sich bestätigt. Er belohnt ihre Dunkelangst, indem er ihr fast ständig zum Abholen zur Verfügung steht und liebevoll Verständnis für ihre Dunkelangst hat. Die Angst um den Ehemann wird durch diesen intermittierend verstärkt, indem er Schuldgefühle zeigt, sich entschuldigt und sie besonders liebevoll beruhigt. Andererseits ergibt die Exploration, daß es nicht ratsam erscheint, die Angst durch Nichtbeachten in der bisherigen Weise zu löschen, sondern daß es eher möglich sein wird, den Ehemann als »Belohner« für angstfreies Verhalten einzusetzen.

Da der Ehemann die Angst seiner Frau um ihn als recht beeinträchtigend empfindet, und wir ihn zur Mitarbeit gewinnen möchten, wäre es zu empfehlen, dieses Symptom — entgegen dem Therapieplan — schon jetzt anzugehen. Da die Beseitigung des Symptoms für ihn positive Konsequenzen haben würde, ist eine gute Mitarbeit von seiner Seite zu erwarten.

Gespräch mit der Klientin und ihrem Ehemann
Mit beiden Ehepartnern wird folgende Strategie besprochen: Wenn die Klientin abends Angst um ihren Mann gehabt hat, hängt sie einen Zettel an die Türe ihres Zimmers (die beiden wohnen in getrennten Räumen), und ihr Mann geht dann, wenn er nach Hause kommt, direkt in sein Zimmer. Er darf nur in ihr Zimmer gehen, wenn sie keine Angst gehabt hat, also kein Zettel an der Tür hängt.
In der nächsten Zeit soll er grundsätzlich anrufen, wenn er sich verspäten wird. Später sollen diese Anrufe nach einem genauen Plan intermittierend abgesetzt werden. Beiden Partnern werden die Lernprinzipien, die hinter dieser Strategie stehen, genau erklärt, wie ihnen vorher schon die vermutlichen Bedingungen, die die Angst aufrecht erhalten, am lerntheoretischen Modell erklärt wurden. Ferner wird beiden Partnern folgende Strategie zur Beseitigung der Angst vor körperlicher Unterlegenheit vorgeschlagen:
Der Ehemann soll sich mindestens zweimal in der Woche »nur zum Spaß« mit seiner Frau kabbeln. Er soll sie dabei nicht festhalten, sondern ihr beibringen, wie sie gezielt zuschlagen kann. Er soll sich zunächst gar nicht verteidigen, sondern sie loben, wenn sie trifft. Es ist zu erwarten, daß einerseits durch das »nur zum Spaß« in einer entspannten Atmosphäre Schlagen eine gewisse Habituation ihrer Angst eintritt und daß andererseits durch zunehmende Treffsicherheit und Belohnung des Treffens, ihre motorische Hemmung abgebaut wird. Diese Übungen dienen ausschließlich dem Abbau der Hemmung und sind nicht etwa zur Verteidigung im Ernstfall gedacht. Beide Ehepartner sind mit den vorgeschlagenen Strategien einverstanden.

Therapiesitzung mit der Klientin: Die Klientin berichtet von zwei Angstsituationen in der letzten Woche und einer Situation, in der kaum Angst auftrat. Zunächst die fast angstfreie Situation: Dienstag abend gegen 20 Uhr mußte die Klientin zu einer Veranstaltung in eine Gaststätte in der Nähe des Busbahnhofes. In der Vorstellung erschien ihr der Weg sehr dunkel und gefährlich, und sie bekam Angst. Sie dachte daran, daß ihr hier erklärt worden war, daß ihr Meidungsverhalten ihre Angst nur verstärkt habe und nahm sich dann vor, mit dem Bus zum Bahnhof zu fahren und von da aus zu laufen. Sie machte sich auch wirklich auf den Weg und fand, daß es gar nicht so schlimm war, wie sie gedacht hatte, daß noch viele Leute unterwegs waren, und daß sie auch die Dunkelheit stark überschätzt hatte. Sie war zwar sehr vorsichtig und beobachtete sehr genau, empfand den Weg jedoch

als wirkliche Erleichterung gegenüber der Vorstellung. Die Klientin schildert dann noch zwei weitere angstauslösende Situationen.
Die Klientin übt regelmäßig zweimal täglich die Entspannung und beherrscht die Übungen schon recht gut. Deshalb wurde nun mit der Aufstellung von Angsthierarchien begonnen.
Als realitätsnah und deshalb auch in vivo übbar wurden das Zigarettenholen und der Gang vom Bus nach Hause herausgegriffen. Die Klientin hatte die Zigarettenholsituation mit folgenden Angstwerten bezeichnet:

		Angstwert
um 20.30 Uhr	allein Zigaretten holen	10
um 22 Uhr	allein Zigaretten holen	30
um 24 Uhr	allein Zigaretten holen, wenn jemand oben am Türöffner wartet	50
um 24 Uhr	allein Zigaretten holen	70

Da die Situation »Zigarettenholen« zu komplex und zu lang ist, um sie sich vorzustellen, wurde sie in folgende Einzelglieder aufgeteilt (räumliche und zeitliche Annäherungshierarchie):
a) im Zimmer sitzen und Entschluß fassen, Zigaretten zu holen;
b) Treppe hinuntergehen bis zur Tür;
c) vor der Tür stehen und zögern;
d) Tür öffnen und hinausgehen;
e) zum Automaten gehen, Zigaretten ziehen;
f) zur Tür zurückgehen und aufschließen.
Diese Stufen bedeuten in sich wieder eine Steigerung der Angst, die am stärksten ist, wenn sie die Tür erreicht und aufschließt.
Zur Situation »vom Bus nach Hause gehen« gibt die Klientin folgendes an: Der Bus hält auf einer relativ gut beleuchteten Straße. Sie muß von der Haltestelle ca. 100 m bis zu einer Ampel zurückgehen, dort biegt sie in die schlecht beleuchtete Straße ein, in der sie wohnt und kann von dort schon ihr Haus sehen. Die Angst beginnt schon, wenn sie noch im Bus sitzt und sich vorstellt, daß sie gleich durch die Dunkelheit gehen muß. Die Angst ist am stärksten, wenn sie aus dem Bus aussteigt. Während des Laufens bleibt die Angst bestehen, auch wenn das Haus bereits zu sehen ist.

Desensibilisierung vom 20. 11.: Der Klientin wurde zunächst in verständlicher Sprache der theoretische Hintergrund des Verfahrens klargemacht. Es wurden sodann die einzelnen Szenen der Zigarettenholen-Hierarchie nochmals eingehend durchgesprochen. Als sogenanntes Ruhebild wählte die Klientin: sie liegt bei Sonne ganz entspannt im Sand am Meeresstrand. Es wurde dann zunächst mit der Klientin an einer neutralen Szene geübt, wie lange sie braucht, um eine Vorstellung plastisch vor sich zu haben: 20 Sekunden. Um sich wieder ganz auf die Entspannung zu konzentrieren: ca. 25 Sekunden. Die Klientin wurde darauf hingewiesen, daß sie eventuelles Auftreten von Angst sofort durch leichtes Anheben eines Fingers der rechten Hand signalisieren soll. Danach legt sich die Klientin in den Entspannungssessel, entspannt sich und signalisiert Entspannung mit leichtem Anheben eines Fingers der linken Hand.

Szene 1: »Es ist 20.30 Uhr. Sie sitzen am Schreibtisch und entschließen sich, Zigaretten zu holen.« 20 Sekunden; kein Angstsignal. »Nun konzentrieren Sie sich wieder ganz auf die Entspannung.« 25 Sekunden.

Szene 2: »Nun verlassen Sie die Wohnung und gehen die Treppe hinunter.« 20 Sekunden; kein Angstsignal. Nach der Rücknahme der Vorstellung winkt die Patientin mit beiden Händen ab und steht auf. Sie sagt, die Entspannung sei nicht mehr da, sie habe ein Kribbeln in den Armen und Beinen und verkrampfe sich. Außerdem sei sie durch Geräusche von draußen gestört worden. Die vorherige Entspannung bezeichnet die Klientin als »mittel«. Bei der ersten Szene (Schreibtisch) war die Klientin verwirrt, da sie nicht genau wußte, wie sie sich die Szene vorstellen sollte, indem sie sich selbst da sitzen sah oder als in der Situation befindlich. Sie entschloß sich zunächst zu ersterem, entdeckte dann aber, daß sie gefühlsmäßig doch stärker beteiligt war und erlebte sich dann selbst am Schreibtisch sitzend.

Es wird ihr erklärt, daß es sehr wichtig ist, sich selbst immer ganz in der Situation zu erleben, da sonst der angstauslösende Reiz und damit der Angstwert ein ganz anderer ist und die Hierarchie dann nicht mehr in den entsprechenden kleinen Schritten gestuft ist. Die Vorstellung der zweiten Szene gelang in den Anfängen — Wohnung verlassen, auf der oberen Treppe sein — noch ganz gut, dann verwischte sich die Vorstellung und wurde unklar. Der Klientin fiel bei der Nachbesprechung ein, daß sie sich auf der Treppe gesagt habe: »Es ist ja erst halb neun, du brauchst keine Angst zu haben.« Sie habe wohl dann aber doch Angst bekommen.

Der Klientin wurde deutlich gemacht, daß sie in der Vorstellung die Angst nicht unterdrücken, sondern sofort signalisieren soll, damit dann sofort die Vorstellung abgebrochen und Entspannung eingesetzt werden soll. Es wurde ihr also erklärt, daß es normal sei, wenn während der Angst die Entspannung nachläßt und die Zeit nach der Rücknahme der Vorstellung dazu diene, die Entspannung — auch mit Hilfe der Ruheszene — wieder aufzubauen.

Die Klientin muß lernen, ihre Angst zu erkennen, um sie signalisieren zu können, sie soll sie nicht rational unterdrücken. Es muß der Klientin der Übergang von angstbesetzter Vorstellung (verbunden mit Entspannungsabbau) und Aufbau der Entspannung danach möglichst leicht gemacht werden. Nach dieser Besprechung wurde erneut mit der

Desensibilisierung begonnen. Szene eins und zwei gelingen dieses Mal ohne Zwischenfälle, bei Szene drei signalisiert die Klientin Angst. Es wird zu Szene zwei zurückgegangen, die auch diesmal angstfrei ist und die Sitzung beendet. Die Klientin berichtet, daß die Entspannung diesmal gut gewesen sei. Bei Szene drei erscheint ihr die Formulierung »Sie stehen vor der Tür und zögern« durch das Zögern zu angstimplizierend. Außerdem seien 20 Sekunden für diese Szene zu lang. Deshalb wird beschlossen, für die nächste Sitzung die Hierarchie folgendermaßen umzubauen: Szene eins bleibt bestehen. Szene zwei beinhaltet nur den Gang vom zweiten Stock, in dem die Wohnung der Klientin liegt, bis in den ersten Stock. Szene drei Gang vom ersten Stock bis zum Öffnen der Tür (ohne Zögern).
Weitere Desensibilisierungssitzungen für die »Zigaretten-Hierarchie« finden am 23., 24. und 26. 11. statt. In diesen Sitzungen wurden sämtliche Hierarchien bis »24 Uhr« aufgearbeitet. Der Verlauf soll hier nicht ins einzelne gehend geschildert werden. Nachdem in jeder Hierarchie einige Male Angst signalisiert worden war, waren alle Hierarchien am Schluß in sensu angstfrei. Obwohl die höchste Angststufe, nämlich Zigarettenholen um zwei Uhr nachts, noch nicht in Angriff genommen war, drängte die Klientin nun darauf, die Szene in vivo zu erleben. Bericht darüber s. Therapieprotokoll vom 1. 12.

Vierte Therapiestunde vom 24. 11.: Die Klientin berichtet von zwei Angsterlebnissen und einer bedeutsamen angstfreien Bewältigung einer vormals angstbesetzten Situation. (Aus Raumgründen hier nicht wiedergegeben.)

Angst um den Mann
Diese Angst ist bislang nicht mehr aufgetreten. Sie hat durch Entspannung das Aufkommen von Beunruhigung verhindern können. Auch zum Einschlafen hat sie Entspannungsübungen eingesetzt. Der Hinweiszettel an der Tür ist also bisher nicht gebraucht worden. Sie selbst hat aber einen Hinweiszettel an der Tür angebracht, der mitteilt, daß sie keine Angst gehabt hat. Allein dieses Anbringenkönnen des Zettels wird von ihr gewissermaßen als Selbstbelohnung empfunden. Die Klientin wird vom Therapeuten dafür verstärkt, daß sie eigene Ideen zur Durchführung der Therapie einbringt, die zeigen, daß sie die der Therapie zugrundeliegenden Lernprinzipien erfaßt hat.

Zu den Selbstverteidigungsübungen
Der Ehemann hat in der letzten Woche etwa zwei- bis dreimal mit ihr Boxen geübt. Sie konnte zunächst nur unkontrolliert um sich schlagen, hat aber im Verlauf der Woche schon einige Übungserfolge gehabt und lernt jetzt kontrolliertes Schlagen und Treffen, Stoßen mit dem Knie

und Treten sowie Befreiung aus der Umklammerung. Sie erwägt wieder, doch einen Judokurs zu absolvieren.
Sie soll zunächst noch mindestens zweimal in der Woche für jeweils etwa 10 Minuten diese Boxübungen mit ihrem Mann durchführen. Sie machen ihr auch sehr viel Spaß, zumal der Mann sich nicht wehrt. Später soll diese Verstärkung nur noch intermittierend gegeben werden, und der Mann soll sich zeitweise wehren.
Die Therapiestunden vom 1., 8. und 15. 12. werden hier aus Raumgründen nur sehr verkürzt wiedergegeben. Zu Beginn der Stunde wurden jeweils die Diagramme besprochen. Die angstbesetzten Situationen sind weniger, die angstfreien mehr geworden. Sie hat die Hierarchie »Zigarettenholen« in vivo geübt. Bei dem Versuch um 21 Uhr fand sie die Situation zunächst als Experiment komisch, hat jedoch keine Angst gehabt. Anders als sonst empfand sie die Dunkelheit als »vertraut«.
Am nächsten Tag um 22 Uhr fand sie die Situation »ganz normal«. Um 23 Uhr hat sie am Automaten einmal die Vorstellung gehabt, es könne jemand hinter ihr stehen. Sie hat dann kurz Luft geholt, und die Vorstellung war wieder verflogen.
An einem späteren Tag ist sie spontan heruntergegangen, um Zigaretten zu holen, ohne ihrem Mann vorher etwas zu sagen. Sie hat versucht, ganz entspannt zu sein, was ihr auch gelang.
Manchmal geht sie jetzt abends raus, ohne daß sie überhaupt merkt, daß es dunkel ist. Da sie über diesen Wandel sehr erstaunt ist, wird ihr das Prinzip der Generalisierung und der kognitiven Umstrukturierung erklärt.

Desensibilisierung
Als nächster Schritt soll die Situation »mit dem Bus nach Hause fahren und allein von der Haltestelle zum Haus gehen« desensibilisiert werden.

Die Hierarchie sieht so aus:		Angstwert
20.30 Uhr	allein nach Hause	10
21 Uhr	allein nach Hause	30
22 Uhr	allein nach Hause, am Fenster wartet jemand	50
23.30 Uhr	allein nach Hause, am Fenster der Wohnung wartet jemand	80
23 Uhr	allein nach Hause, niemand wartet	100

Da die Hierarchie wegen der zu komplexen Situation so nicht zu desensibilisieren ist, wird sie in folgende räumliche Annäherungshierarchie umgebaut, bei der der Zeitfaktor aber jeweils in der Vorstellung eine Rolle spielt:

1. der Bus fährt von der letzten Ampel bis zur Haltestelle;
2. der Bus hält, die Klientin steigt aus;
3. die Klientin geht von der Haltestelle aus bis zur ersten Ampel, von der aus sie das Haus sehen kann;
4. sie geht von der ersten Ampel aus über eine zweite Ampel bis auf die linke Seite ihrer Wohnstraße;
5. sie geht auf der linken Straßenseite nach Hause, an einer Tankstelle vorbei;
6. sie steht vor der Tür, schließt auf und betritt das Haus.

Da die Klientin bereits nach zwei Desensibilisierungssitzungen darauf drängt, die Situation in vivo zu erproben und glaubt, es sicher zu schaffen, wird folgende Anordnung getroffen:

Die Klientin soll sich vor 21 Uhr von ihrem Mann mit dem Auto in die Stadt an eine Bushaltestelle bringen lassen. Er fährt dann zurück und erwartet sie für sie sichtbar am erleuchteten Fenster der Wohnung. Sollte Angst sich andeuten, soll sie sofort Entspannung einsetzen. Es soll jeder Weg zweimal angstfrei geschafft worden sein, bevor die Klientin den nächstschwierigen Weg in Angriff nimmt. Sowohl der Mann wie die Klientin sollen bei allen drei Wegen mit Trillerpfeifen ausgestattet sein. Sollte Angst auftreten, so wird die Klientin ein Signal geben, das der Mann sofort beantwortet und ihr dann entgegenläuft. Für jeden angstfrei durchlaufenen Weg erhält die Klientin eine Spielmarke (»token«), so daß sie für das ganze Programm (drei Wege je zweimal) insgesamt sechs Tokens erwerben kann.

Für je vier Spielmarken kann die Klientin ins Kino gehen, mit ihrem Mann zum Essen ausgehen oder mit ihrem Mann einen längeren Spaziergang machen. Diese drei Verstärker werden kontingentiert, d. h. sie dürfen nur noch für jeweils vier Tokens in Anspruch genommen werden. Ohne Tokens darf die Klientin weder ins Kino, noch mit ihrem Mann zum Essen gehen, noch mit ihm längere Spaziergänge machen. Es wird der Klientin aber freigestellt, das Programm zu wiederholen, um weitere Tokens zu erwerben.

Diese Versuche klappen solange gut, als keine unerwarteten Zwischenfälle (wie plötzlich auftauchende Mopedfahrer o. ä.) eintreten. Deshalb wird eine »Zwischenfall-Hierarchie« aufgestellt:

	Angstwert
eine Frau kommt entgegen	10
ein Mann kreuzt in 10 m Entfernung die Straße	20
ein Auto biegt in die Tankstelle ein	30
ein Motorradfahrer steht an der Ampel und wartet	40
ein Mann bleibt stehen und die Klientin muß vorbeigehen	50
Mopeds kommen angebraust	60
eine Gruppe Männer kommt entgegen	70

Diese Zwischenfälle stellt die Klientin sich alle an bestimmten Stellen ihres Weges vom Bus nach Hause vor. Diese Inhalts-Hierarchie wird aber außerhalb der vorhergehenden räumlichen und zeitlichen Annäherungshierarchie des Nachhausewegs desensibilisiert, um diese nicht noch um einen weiteren Faktor zu komplizieren. Die Angstwerte dieser Hierarchie sind natürlich nur grob geschätzt und variieren auch mit der nächtlichen Zeit, zu der sie eintreten. Trotz der Kompliziertheit dieser Hierarchie gelang es, daß die Klientin bis Ende Januar den Weg vom Bus nach Hause auch ohne Anwesenheit des Mannes in der Wohnung angstfrei zurücklegen konnte. Auf die Einzelheiten wird aus Platzgründen nicht mehr näher auf diese Desensibilisierung eingegangen.

Boxen mit dem Ehemann
Das Boxen klappt ständig besser. Leichte Angriffe ihres Mannes kann sie durch Gegenangriffe in etwa parieren. Es wird verabredet, daß die Angriffe des Mannes nun zeitweilig etwas ernster werden sollen. Der Mann soll die Verteidigung aber nur langsam steigern und die Klientin weiterhin intermittierend verstärken. Es wird deshalb telefonisch mit ihm Kontakt aufgenommen. Darüber hinaus wird eine reine in-vivo-Desensibilisierung (also ohne vorhergehende systematische Desensibilisierung in der Vorstellung) geplant, um die Experimentierfreude der Klientin in verhaltenstherapeutisch vertretbare Bahnen zu lenken. Auch wenn die Variablen dabei nicht ganz kontrollierbar sind (z. B. unerwartete Zwischenfälle), ist zu erwarten, daß bei Gelingen der in-vivo-Desensibilisierung das angstfreie Verhalten besonders kräftig verstärkt wird, weil die Klientin besonders stolz über das Bewältigen sonst gemiedener Situationen ist.
Wie aus der Exploration hervorgeht, ist »allein ins Kino gehen« als Verstärker anzusehen. Die Klientin soll an einem Abend auf vier verschiedenen Wegen, die sich nach Dunkelheit und Belebtheit unterscheiden und z. T. durch eine schlecht beleuchtete Grünanlage führen, vom Psychologischen Institut aus in ein Kino gehen, in dem ein Film läuft, der sie interessiert. Wenn sie einen Weg angstfrei zurücklegt, erhält sie eine Spielmarke. Mit vier Tokens darf sie ins Kino gehen. Zu Anfang und Ende des Weges sowie an zwei Stellen neben dem Weg im Gebüsch und für die Klientin unsichtbar werden vier Studenten als Hilfstherapeuten postiert. Klientin wie Hilfstherapeuten werden mit einer Trillerpfeife ausgerüstet. Wenn bei ihr Angst auftritt, soll sie die Trillerpfeife gebrauchen. Der ihr am nächsten im Gelände postierte Hilfstherapeut trillert sofort zurück und eilt zu ihr. Es wird erwartet, daß ihre Angst sinkt, wenn sofort ein Rücksignal kommt. Außerdem ist so gesichert, daß kein Fluchtverhalten auftritt und daß sie in Begleitung und somit angstfrei zum Ausgangspunkt zurückkommt. Wenn auf einem schwierigen Weg Angst auftritt, soll sie den letzten angstfrei geschafften Weg noch einmal gehen, bevor sie sich wieder an dem schwierigen Weg versucht.

Auf diese Weise ist gesichert, daß bei der Klientin nicht so starke Angst aufkommt, daß daraus ein neuerliches Meidungsverhalten auftritt. Damit die ganze Maßnahme nicht zu lange dauert, soll die Klientin nach Beendigung eines Weges und bei Ankunft am Kino nach Erhalt eines Tokens jeweils wieder mit einem Auto zum Ausgangspunkt zurückgebracht werden. Der Therapeut geht bereits am Mittag dieses Tages mit der Klientin zusammen sämtliche vier Wege ab, damit sie sich bei Helligkeit auf diesen orientieren kann und abends weiß, welche Wege einzuschlagen sind.

In-vivo-Desensibilisierung vom 17. 12.
Äußere Bedingungen:
Zeit: 19 Uhr, dunkel, naßkalt, Nieselregen.
Die vier Wege sind mittags mit der Klientin abgegangen worden und mit folgenden Angstgraden hierarchisiert worden:

		Angstgrad
Weg 1:	zunächst über eine noch relativ belebte Straße, dann ein kurzes Stück (ca. 25 m) über die sogenannte »Promenade«, ein Weg, der nur für Fußgänger und Radfahrer zugelassen ist, rechts und links mit Bäumen und Gebüsch bestanden, ziemlich schlecht beleuchtet	10
Weg 2:	zunächst wie Weg 1, dann etwa 100 m über die Promenade	30
Weg 3:	diesmal gleich zu Beginn des Weges auf die Promenade, ca. 400–500 m	50
Weg 4:	zunächst ca. 50 m Promenade, dann nach rechts in die Promenade umgebende Grünanlage einbiegen, dabei einen ca. 30 m langen etwa 2,50 m breiten und von hohen Hecken umsäumten Gang durchgehen, durch die Grünanlage zum Kino.	100

Verlauf
Weg 1: Die Klientin geht den Weg 1 ohne Schwierigkeiten. Sie erhält ein Token, nachdem sie das letzte Stück des Weges (dunkle Promenade) noch einmal wiederholt hat. Das erfolgreiche Begehen des Weges entsprach den Erwartungen der Klientin, die sie äußerte, als mittags die Wege mit ihr begangen wurden.

Weg 2: Die Klientin geht den Weg 2 ohne Angst zu signalisieren zu Ende. Das entsprach nicht ihren Erwartungen. Es war für sie ein Erfolgserlebnis; sie sagt, die Dunkelheit sei ihr viel vertrauter erschienen. Sie erhält ein Token. An der kritischen Stelle — Einbiegen von der beleuchteten Straße in die dunkle Promenade — gingen vor der Klientin zwei Frauen. Die Klientin wurde dadurch viel sicherer. Beim zweiten Versuch signalisierte die Klientin beim Einbiegen in

die Promenade Angst. Der zunächststehende Therapeut pfeift sofort zurück und eilt zu ihr. Die Klientin beruhigt sich schnell.
Beim dritten Versuch geht die Klientin den Weg ohne Angst. Sie erhält ein Token. Sie äußert, daß es ihr angenehm sei, so auf der Promenade spazierenzugehen. Die Anwesenheit der Hilfstherapeuten gebe ihr Sicherheit.

Weg 3: Die Klientin signalisiert gleich zu Beginn des Weges Angst. Hilfstherapeut A (zu Beginn des Weges postiert) trillert sofort zurück und eilt auf sie zu. Die Klientin beruhigt sich schnell. Angstauslösend waren zwei Leute, die ein Fahrrad schoben, dessen Licht flackerte. Beim zweiten Versuch signalisiert die Klientin Angst bei etwa einem Drittel des Weges. Die Angst wurde ausgelöst durch zwei männliche Gestalten, die die Promenade überquerten. Hilfstherapeut B war zur Stelle, und die Klientin beruhigte sich schnell.
Beim dritten Versuch signalisiert die Klientin Angst im zweiten Drittel des Weges. Hilfstherapeut C trillert zurück und beruhigt die Klientin schnell. Angstauslösend war eine Mopedfahrerin, die auf dem Weg mit dem Moped stürzte.
Beim vierten Versuch geht die Klientin angstfrei und erhält ein Token.

Weg 4: Gleich der erste Versuch war erfolgreich. Die Klientin hatte jedoch vor sich zwei Frauen, deren Anwesenheit ihr vor allem das Passieren des »Ganges« zwischen den hohen Hecken erleichterte. Sie erhält ein Token und schlägt selbst vor, den Weg noch einmal zu gehen. Beim zweiten Versuch war die Klientin ganz allein. Sie legt den Weg ohne Angst zurück und erhält ein weiteres Token. Das Begehen des Weges vier war für die Klientin ein außerordentlich großes Erfolgserlebnis. Sie hatte es beim mittäglichen Begehen des Weges keinesfalls für möglich gehalten, diesen Weg, vor allem den »Gang«, gehen zu können.
Die Hilfstherapeuten gehen anschließend mit der Klientin ins Kino und bringen sie dann mit dem Auto nach Hause. Gleich zu Beginn des in-vivo-Experiments konnte festgestellt werden, daß die Angst vor Grünanlagen, abends gegen 19 Uhr, weitgehend abgebaut war. Angst wurde von der Klientin immer nur dann signalisiert, wenn sich die Klientin einer Situation gegenübersah, die sich vom rein optischen Eindruck her für sie nicht strukturieren ließ, in denen sie die Personen nicht deutlich erfassen konnte.
Zu Beginn des Eperiments konzentrierte sich die Klientin lediglich auf den vor ihr liegenden Weg. Später ging sie mehr und mehr dazu über, auch nach rechts und links zu schauen und nahm die Gegenstände ihrer Umwelt bewußt wahr. In einigen Situationen begegnete die Klientin aufkommender Angst mit Entspannung.
Wenn man bedenkt, daß das Begehen von Grünanlagen in Dunkelheit der höchste angstauslösende Reiz war und die Klientin zu Beginn

der Therapie gesagt hatte, daß sie sich solchen Situationen nie aussetzen würde, kann die in-vivo-Desensibilisierung als sehr erfolgreich angesehen werden. Allerdings wird die Klientin nun noch lernen müssen, den Weg a) ohne Hilfe der Therapeuten zurückzulegen und b) auch andere dunkle Wege zu gehen, damit eine Generalisierung gewährleistet ist.

Therapiestunde vom 22. 12.: Besprechung der Diagramme.
Die Klientin berichtet, daß sie sich nach der durchgeführten in-vivo-Desensibilisierung im allgemeinen viel sicherer gefühlt hat, und daß es auch zu keiner neuen Angstsituation gekommen sei. Sie glaubt, daß die drei angstfreien Situationen des Diagramms durchaus durch die in-vivo-Desensibilisierung mitbedingt seien. Es handelt sich dabei um folgende drei Situationen:
1. Sie ist mit ihrem Mann abends gegen 20 Uhr in einer für sie im Dunkeln unbekannten Gegend eines etwas abgelegenen Stadtviertels unterwegs. Sie geht die relativ dunklen Wege allein voraus, ihr Mann folgt ihr in einigem Abstand. Sie hat die Trillerpfeife in der Manteltasche, die ihr viel Sicherheit gibt, und geht den ganzen Weg angstfrei.
2. Bei der oben beschriebenen Situation handelt es sich um den Weg zu Bekannten, zu denen die Klientin mit ihrem Mann eingeladen ist. In der Wohnung der Bekannten erklärt sie sich gegen 22 Uhr bereit, alleine Bier zu holen. Sie geht den dunklen Weg zu der Gaststätte, auf dem ihr nur wenige Leute begegnen, wiederum allein, aber mit der Trillerpfeife. Ihr Mann und ihre Bekannten sind instruiert und warten an der Haustür, um ihr auf ein eventuelles Trillerpfeifensignal entgegenzulaufen. Zu einem Signal kommt es nicht. Sie bewältigt Hin- und Rückweg angstfrei.
3. Am Dienstag geht sie nach einer Arbeitsgruppe den sonst stark angstbesetzten Weg durch den Schloßpark allein und angstfrei.
Die Fähigkeit, diese drei Situationen angstfrei bewältigt zu haben, überrascht die Patientin selbst. Sie schreibt diese für sie erstaunlichen Erfolge vor allem der in-vivo-Desensibilisierung und der dadurch gewonnenen Sicherheit zu.
Die Klientin fragt, ob sie nicht während der Weihnachtsferien schon komplexere Situationen, etwa den ganzen Heimweg von der Arbeitsgruppe im Schloß, angehen könne. Dieses Vorhaben wird zurückgestellt, bis ein genaues Programm dafür erarbeitet ist. Es wird ihr erklärt, daß sie sich in diesem Stadium der Behandlung nicht massiver Angst aussetzen soll. Vor allem müssen für diesen Weg Sicherungen zur Reduktion eventueller Angst eingebaut werden.
a) Selbstverteidigung soll weiter mit dem Mann systematisch geübt werden,
b) Desensibilisierung.

Zur systematischen Desensibilisierung der »Zwischenfall«-Hierarchie wird die Hierarchie in folgender Weise umgearbeitet: Es werden zunächst zwei Straßen gewählt, die die Klientin auf ihrem Weg vom Schloß nach Hause durchgehen müßte, und es werden folgende Unterhierarchien gebildet:
Erste Straße
1) ein Mann kommt der Klientin entgegen, und beide gehen aneinander vorbei
2) ein Mann geht vor der Klientin her, und sie muß ihn überholen
3) ein Mann geht vor der Klientin her, bleibt stehen, dreht sich um, die Klientin geht an ihm vorbei
4) ein Mann geht hinter der Klientin her
5) ein Mann kommt auf die Klientin zu und fragt sie nach dem Weg.
Dabei ist 1) am wenigsten und 5) am meisten angstbesetzt. Wenn diese Hierarchie aufgearbeitet wird, soll die folgende stärker angstbesetzte in Angriff genommen werden:
Zweite Straße
1) drei junge Männer mit Motorrädern kommen der Klientin entgegen und fahren vorbei
2) drei junge Männer mit Motorrädern überholen die Klientin
3) ein Mann kommt der Klientin entgegen und macht eine Bemerkung im Sinne von »Na, Kleine, gehst du mit mir?«
4) drei junge Männer mit Motorrädern stehen an der Straße, und die Klientin muß an ihnen vorbei
5) eine Gruppe von drei jungen Männern steht auf dem Bürgersteig, und die Klientin muß an ihnen vorbei
6) eine Gruppe von drei jungen Männern steht auf dem Bürgersteig, und die Klientin wird im Vorbeigehen von ihnen angesprochen.
Diese Hierarchien sind in den folgenden Wochen in acht Sitzungen systematisch in sensu desensibilisiert worden.

Therapiestunde vom 5. 1.: An einem Abend um 22 Uhr ging die Klientin von der Wohnung ihrer Mutter zu einer Bushaltestelle. Sie war diesen Weg vorher schon mehrmals völlig angstfrei gegangen. Jetzt erschien ihr dieser Weg plötzlich unheimlich, und sie bekam leichte Angst. Sie nahm daraufhin ihre Trillerpfeife fest in die Hand: dies wirkte angstreduzierend. Das Auftreten der Angst kann die Klientin sich nur folgendermaßen erklären: die Mutter hatte beim Abschied gesagt: »Willst du da wirklich hergehen? Da ist es doch dunkel!« Außerdem trug sie zwei schwere Taschen und fühlte sich dadurch evtl. behindert.
An einem anderen Abend um 21.30 Uhr ging sie von einem Essen im China-Restaurant mit ihrem Mann nach Hause. Ihr Mann ging durch die dunklen Straßen auf Trillerpfeifen-Hörweite hinter ihr her, für sie nicht sichtbar. Sie gingen dann durch eine Grünanlage, wo ihr Mann

einen parallelen Weg, von ihr durch Büsche getrennt, ging. Es trat keine Angst auf, auch dann nicht, als in einer dunklen Seitenstraße ein Mann langsam vor ihr herging; sie hat diesen Mann überholt.
Sie hatte einige Male angstfrei Zigaretten geholt, einmal sogar um zwei Uhr nachts.

Angst um den Ehemann
Die Angst um den Ehemann ist nicht wieder aufgetreten. Als ihr Mann vorige Woche wegfuhr und drei Stunden länger blieb als vorgesehen, machte sie sich lediglich ein wenig Sorgen, weil es draußen so verschneit und glatt war. Diese Angst schien ihr jedoch durchaus berechtigt und nicht unangebracht. Es wird besprochen, daß sie zwar weiterhin Zettel vor die Tür hängen soll, wenn sie Angst um ihren Mann gehabt hat, damit er diese Angst nicht neu verstärkt. Sie soll jedoch den Zettel für angstfreie Situationen nun immer weniger vor die Tür hängen. In diesem Zusammenhang wird ihr die Bedeutung intermittierender Verstärkung (Löschungsresistenz) erklärt.

Therapiestunde vom 12. 1.: Besprechung der Diagramme und der »Bus«-in-vivo-Desensibilisierung. Freitag abend um 22 Uhr mit dem Bus nach Hause gefahren. Mann wartete in der Wohnung auf sie. Keine Angst.
Freitag abend um 22.30 Uhr allein in die Gaststätte gegenüber gegangen, um Bier zu holen. Keine Angst.
Sonntag abend um 21 Uhr allein von Bekannten in unbelebter Gegend zur Telefonzelle gegangen. Keine Angst, ganz selbstverständlich. In der gleichen Nacht um drei Uhr am Haus aus dem Automaten Zigaretten geholt. Angstfrei, jedoch mit Trillerpfeife.
Am Montagabend vom China-Restaurant (Token-Mahlzeit) allein zum Bahnhof, mit dem Bus nach Hause. Keine Angst.
An einem anderen Abend versuchte sie, allein von zu Hause zur Bushaltestelle zu gehen. Je mehr sie sich von zu Hause entfernt hat, um so unsicherer ist sie geworden, wenn auch keine direkte Angst auftrat. Der Rückweg war dann angstfrei. Es wird mit ihr besprochen, daß sie den Weg von zu Hause zur Bushaltestelle in folgender Weise üben soll: Der Mann steht zunächst am erleuchteten Fenster. Sie geht nur bis zur Ecke und wartet dort in Sichtweite des Mannes, bis der Bus zu sehen ist und geht erst dann um die Ecke zur Haltestelle. Die jetzt angstfreien Situationen sind für die Klientin zum größten Teil noch nicht selbstverständlich. Sie erlebt diese ganz bewußt und beobachtet genau ihre Umgebung. Es stört sie besonders, wenn Leute kommen. Allerdings glaubt sie indessen, sich wehren zu können, da ihr die Selbstverteidigungsübungen mit ihrem Mann immer mehr Sicherheit geben.

Das Token-System ist bisher nach Wunsch gelaufen. Die Klientin hat sich für jede als angstfrei erlebte Situation ein Token gegeben. Nun fangen die Tokens langsam an, sich zu häufen, und sie fürchtet, daß weder sie noch ihr Mann genügend Zeit und Geld (für auswärts essen) haben, um die zunehmende Menge einzulösen. Es wird daher vorgeschlagen, daß sie sich Tokens nur noch für wirklich »große Sachen«, die sie selbst klassifiziert, gibt. Sie wird dabei auch auf die Rolle der zunehmenden Selbstverstärkung sowie die Notwendigkeit des Fading-out, also eines Hochschraubens der Kriterien für Verstärkung und allmähliche Ausblendung der Verstärkung, aufmerksam gemacht.

In diesem Zusammenhang wird mit der Klientin zusammen eine Zwischenbilanz der bisherigen Therapie gezogen. Es hat ein Unterscheidungslernen eingesetzt. Früher war Dunkelheit allein schon angstauslösend. Jetzt tritt die Angst vor allem bei diffusen Ereignissen auf, die Gelegenheit zur Phantasietätigkeit geben. Sie hat alternative Verhaltensweisen für die Angst gelernt: Entspannung, Trillerpfeife. Dadurch meidet sie nun früher angstauslösende Situationen nicht mehr. Sie läuft nicht mehr in panischer Angst davon. In diesem Zusammenhang wird mit der Klientin besprochen, daß sie auf dem richtigen und erstrebenswerten Weg sei, ihr eigener Therapeut zu werden. Es wird sich auch nach abgeschlossener Therapie ergeben, daß immer einmal wieder Situationen auftreten können, und sie (und wahrscheinlich auch andere Menschen) in Schrecken versetzen. Sie soll dann die hier erfahrenen Lernprinzipien anwenden können, um nicht erneut Meidungsverhalten aufzubauen.

In-vivo-Desensibilisierung vom 14. 1. — 19.30 Uhr: Es wurden vier Wege über die Promenade und durch die sie umgebenden Grünanlagen ausgemacht. Davon waren die ersten beiden Wege identisch mit denen der ersten in-vivo-Desensibilisierung. Die beiden weiteren Wege waren noch dunkler und somit im Schwierigkeitsgrad gesteigert. Es nehmen wieder vier Hilfstherapeuten an dem Versuch teil. Sie sind wiederum wie die Klientin mit Trillerpfeifen ausgestattet. Die Therapeuten sind im Gebüsch versteckt und für die Klientin unsichtbar. Die Klientin ist vorher am Tage die Wege bereits abgegangen.

Die Bedingungen sind jetzt insofern geändert, daß die Klientin bei aufkommender Angst zwar mit der Trillerpfeife pfeift und die Therapeuten zurückpfeifen, jedoch erst bei einem zweiten Pfeifen ihrerseits zu ihr kommen. Am Schluß jedes angstfrei zurückgelegten Weges bekommt sie ein Token. Nach zweimaligem angstfreien Begehen des Weges soll sie auch den Rückweg zu Fuß zurücklegen.

Die Klientin legt alle Wege zurück. Nur einmal signalisiert sie Angst, als sie laute Stimmen von Jugendlichen hört. Dagegen hat sie keine Angst, als ein Mann sie anspricht und nach dem Weg fragt.

Therapiestunde vom 19. 1.: Der Weg vom Bus nach Hause ist inzwischen angstfrei, auch wenn der Ehemann nicht zu Hause ist. Unsicher ist sie jedoch noch auf dem Weg zur Haltestelle. Es ist für sie jetzt selbstverständlich, angstfrei bis 21 Uhr nach Hause zu kommen. Es werden zwei weitere in-vivo-Desensibilisierungen geplant:
Den Weg über die Promenade muß sie ohne Therapeutenhilfe angstfrei bewältigen. Für eine weitere in-vivo-Desensibilisierung soll sie sich weitere Wege aussuchen, die sie nach Schwierigkeiten staffelt, sonst aber unstrukturiert läßt. Der Therapeut nimmt sie nur jeweils am Ende des Weges in Empfang und gibt ihr die Tokens. Bei Angst soll sie alle angstreduzierenden Mittel anwenden, die ihr einfallen (Entspannung, Trillerpfeife, usw.). Die Klientin hält Tokens für überflüssig, weil ihr die Erleichterung nach bestandenem Weg schon Belohnung genug ist. In diesem Zusammenhang wird mit ihr nochmals die Frage der intermittierenden Verstärkung und auch die der Generalisierung (neue Wege, unstrukturiert) besprochen.
Die systematische Desensibilisierung der Hierarchie »angsterregende Männer in der Dunkelheit« wird fortgeführt. Die Klientin bittet um Hilfestellung, da sie glaubt, nicht genug Verhaltensmuster zu haben, um Männern, die sie ansprechen, begegnen zu können. Ein solches Verhalten wird mit ihr besprochen und im Rollenspiel mit vertauschten Rollen geübt. Sie soll auch selbst auf der Straße Leute ansprechen und sehen, wie diese reagieren (zunächst nur Fragen nach Weg usw.). Dies könnte im Sinne von Modell-Lernen wirken.
Die Boxkämpfe mit ihrem Mann sind nach ihrem Bericht weiter erfolgreich. Die Angst um ihren Mann ist nicht wieder aufgetreten.

In-vivo-Desensibilisierung vom 22. 1. — 19.30 Uhr: Das Verfahren wurde abgeändert. Es wurden nur noch zwei Therapeuten am Anfang und am Ende des Weges postiert. Die Klientin hatte den Weg ohne Zwischenposten zurückzulegen. Bei Auftreten von Angst sollte sie die Trillerpfeife benutzen, auf dem nächsten Weg von der Promenade auf eine belebtere Straße gehen und zu einem der Therapeuten zurückkehren. Sie wird darauf hingewiesen, daß sie erst immer noch einige Schritte weitergehen soll, tief durchatmen, Schultern fallen lassen, entspannen, keine Fluchtreaktion zeigen.
Die Klientin legte den Weg zweimal hin und zurück angstfrei zurück und erhielt dafür vier Tokens. Danach sollte sie den Weg ganz allein gehen. Die Therapeuten zogen sich von der Promenade zurück und erwarteten die Klientin in einer belebten Straße. Es kostete die Klientin eine ziemliche Überwindung, den ersten Weg alleine zu beginnen. Einmal auf dem Weg, überwand sie jede aufkommende Angst, vor allem in dem Mittelstück und legte den Hinweg ohne Ausweichversuche zurück. Sie beobachtete dabei aufmerksam ihre Umgebung und drehte sich auch ein paarmal um. Sie trat dann auch noch den Rück-

weg an. Auch hier kam beim mittleren Stück etwas Angst auf, die sie durch Entspannung überwand. Sie konnte dann auch das Ende des Weges absehen. Auch als ein Mann an ihr vorbeilief, kam keine Angst mehr auf. Sie erhielt vier Tokens. Im Sinne des Ausblendungsprogramms (Fading-out) bekommt sie immer weniger Spielmarken.

Therapiestunde vom 26. 1.: Die Klientin berichtet eine Reihe von Situationen, die früher angstbesetzt waren und die sie nun angstfrei bewältigte, u. a. die folgende: 19.30 Uhr. Die Klientin wollte von ihrem Seminar zum Bahnhof laufen, ein Weg von etwa 20 Minuten. Dabei mußte sie durch eine dunkle Geschäftsstraße, die in ihrer Vorstellung immer sehr angstbesetzt war und die sie deshalb seit langem gemieden hatte. Sie hatte sich vorgenommen, zehn Schritte auf dieser Straße zu gehen und umzukehren, falls Angst auftreten würde. Es trat jedoch überhaupt keine Angst auf, und die Klientin ging ohne Schwierigkeiten wieder weiter. Da die Klientin stets ihre Trillerpfeife mit sich führt und sie fest anfaßt, wenn die geringste Angst aufkommt, wird ein Ausblendprogramm für die Trillerpfeife besprochen: Sie soll sie zunächst mit einem Taschentuch umwickelt in ihrer Manteltasche mit sich führen, dann eingewickelt in der Handtasche aufbewahren, so daß sie immer schwerer zugänglich wird, und schließlich soll sie sie ganz zu Hause lassen. Da dieses Programm reibungslos abläuft, wird nicht mehr darauf zurückgekommen.

In-vivo-Desensibilisierung vom 28. 1. – 20.30 Uhr: Die Klientin sollte Situationen ausgesetzt werden, denen sie auch bei einem abendlichen Gang durch die Stadt in Wirklichkeit begegnet. Dazu gehört das Angesprochenwerden. Dies sollte in zwei verschiedenen Situationen stattfinden.
1. Ein Mann fragt die Klientin nach einer Straße oder einem Gebäude.
2. Ein Mann spricht die Klientin an, um mit ihr anzubändeln.
Für diese Rollen wurden zwei Studenten ausgesucht, die die Klientin nicht kennt. Diese Studenten können ihrerseits die Klientin sehen, wenn sie sich zur Vorbesprechung mit dem Therapeuten trifft. Es wird ein Weg von etwa einer Viertelstunde durch dunkle Straßen ausgesucht. Die Klientin soll diesen Weg zurücklegen, der Therapeut fährt mit dem Auto voraus und nimmt die Klientin am Schluß des Weges in Empfang. Die Klientin wird nicht über das Ansprechen informiert. Die Klientin bewältigte alle Situationen adäquat und angstfrei. Sie hielt alle Situationen für echt. Der gesamte Verlauf dieser in-vivo-Desensibilisierung wirkte sehr positiv auf die Klientin und sie registrierte sie in ihrem Diagramm als stark positives Erlebnis.

Therapiestunde vom 2. 2.: Es traten nur noch angstfreie Situationen auf. Am Dienstagabend etwa um 22 Uhr kam sie von Bekannten. Es regnete stark. Um schneller zu Hause zu sein, nahm sie eine Abkürzung durch eine Grünanlage. Zu ihrem Erstaunen hat ihr dieser Weg nichts ausgemacht, obwohl sie den gleichen Weg beim Hingehen vermieden hatte. Sie ist zu einer Veranstaltung gegangen, die um 22 Uhr zu Ende sein würde, mit dem Bewußtsein, allein nach Hause zu fahren. Es trat weder Erwartungsangst noch Angst beim Heimweg auf. Das gleiche wiederholte sich an einem anderen Abend der Woche.

Selbstverteidigung
Die Klientin führt mit Erfolg weitere Selbstverteidigungsübungen mit ihrem Mann durch. Diese haben den Effekt, daß sie sich stärker fühlt. Sie hat sich für die Ferien zu einem Judokurs angemeldet. Da die Klientin meint, daß die in-vivo-Desensibilisierungen die stärksten Wirkungen gehabt hätten, werden noch zwei weitere in-vivo-Strategien geplant. Mit der Klientin wird besprochen, daß dann die Therapie allmählich abgeschlossen werden könnte. In diesem Zusammenhang wird der Klientin klargemacht, daß es niemanden gibt, der völlig angstfrei durchs Leben geht, und daß es auch bei ihr wahrscheinlich ist, daß wieder einmal solche Situationen auftauchen werden. Sie soll dann nur Mittel in der Hand haben, ihnen zu begegnen und nicht von neuem Meidungsverhalten aufbauen. Sie muß auch zwischen realer, berechtigter Angst und ihrer früheren übertriebenen Angst unterscheiden lernen. Das heißt nicht, daß sie sich tollkühn in wirklich gefährliche Situationen begeben soll. Bei der nächsten Sitzung soll mit ihr ein Programm für die Ferien besprochen werden.

In-vivo-Desensibilisierung vom 2. 2. — 22.30 bis 23.30 Uhr: Es ging in dieser Therapie darum, die Klientin an einem späteren Zeitpunkt des Abends an Situationen zu gewöhnen, die von besonderer Relevanz für sie sind, also echte Nachhausewege, die sie öfters zurücklegen muß. Es wurden drei Wege besprochen. Der Therapeut brachte die Klientin jeweils zum Ausgangspunkt, fuhr mit dem Auto vor und erwartete sie dann am Endpunkt des Weges. Auf diesen Wegen begegneten der Klientin mehrmals Autos und Leute, die keine Angst auslösten. Lediglich als sie in einer recht dunklen Straße einem offenbar angetrunkenen Mann begegnete, kam leichte Angst auf (geschätzter Angstwert 20), die aber durch Entspannung schnell wieder verging. Sonst verliefen alle Wege angstfrei.

In-vivo-Desensibilisierung vom 8. 2. — 22 bis 23 Uhr: Die Klientin kam von einer späten Veranstaltung und hatte bereits einen kurzen Weg durch eine dunkle Unterführung und unter unangenehmen Bedingungen (Kneipen) angstfrei zurückgelegt. Es wurden drei weitere Wege besprochen. Vor einem dieser Wege hatte die Klientin starke Angst, weil sie ihn bisher in ihrer Vorstellung und auch einmal in der Realität (dunkle Geschäftsstraße) nur in umgekehrter Richtung zurückgelegt hatte. Es wurde deshalb besprochen, was die Klientin tun sollte, wenn Angst auftrat. Wenn Entspannung nicht helfen würde, sollte sie in eine besser beleuchtete Straße einbiegen. Die Klientin legte jedoch alle drei Wege angstfrei zurück. Sie lachte über ihre früheren Befürchtungen und meinte, sie könne wohl unter den gegebenen Bedingungen jetzt jeden Weg gehen.

Therapiestunde vom 9. 2.: In dem Diagramm der Klientin kommen nur noch angstfreie Situationen vor. Selbst im Sinne der Symptomatik außerordentlich kritische Situationen hat die Klientin angstfrei bestanden. Daher scheint eine vorläufige Beendigung der Behandlung zu diesem Zeitpunkt gerechtfertigt. Die Klientin erhält für die Semesterferien folgende Aufgaben: Das Diagramm soll weitergeführt werden. Nur für besondere Leistungen (nach eigener Beurteilung durch die Klientin) sollen noch Tokens erworben werden können. Selbstverteidigungsübungen mit ihrem Mann sollen langsam abgesetzt werden. Dafür nimmt die Klientin Judo-Unterricht. Die Klientin soll mindestens ein- bis zweimal wöchentlich durch dunkle Straßen gehen. Sollte bei einem Weg Angst auftreten, so soll sich die Klientin entspannen und sich das Ruhebild vorstellen. Am darauffolgenden Abend soll sie den gleichen Weg noch einmal zu einer früheren Uhrzeit gehen (um zu gewährleisten, daß nicht wieder Meidungsverhalten aufgebaut wird). Die Entspannungsübungen sollen mindestens einmal täglich weitergeführt werden.
Die Klientin schlägt selbst vor, daß sie ausprobieren will, auch in anderen Städten allein im Dunkeln zu gehen. Nach den Ferien soll die Klientin zur Katamnese wiederkommen. Sollte sich jedoch in der Zwischenzeit wieder starke Angst einstellen, soll sie sich sofort melden.
Es wird eine Abschlußexploration durchgeführt:
Spricht die Klientin anderen gegenüber noch öfters über ihre Angst?
Sie spricht heute weder mit Bekannten noch mit ihrem Mann über ihre Angst, vielmehr nimmt sie ihre Angstfreiheit jetzt als selbstverständlich hin.
Beobachtet sie, seit es ihr besser geht, Veränderungen im Verhalten ihrer Umwelt?
Während der Therapie beobachteten Ehemann und Bekannte die Fortschritte der Klientin und waren von diesen sehr angetan. Jetzt gibt es kaum noch Verstärkungen von dieser Seite. Alle betrachten ihr angstfreies Verhalten jetzt als selbstverständlich. Der Ehemann scheint erleichtert, daß er sie nicht mehr so oft abholen muß. Die Klientin sieht die Verstärkung vor allem in der Sache selbst, d. h. in den Vorteilen, die sich ihr durch ihre Symptomfreiheit bieten.
Wie wirkt sich die relative Angstfreiheit auf andere Lebensbereiche aus?

Die Klientin erlebt sich selbst als entschieden unabhängiger und beweglicher. Während sie früher durch ihre Angst sehr eingeschränkt war, kann sie jetzt abends überall hingehen, ihr Aktionsradius hat sich damit erweitert. So kann sie jetzt an Abenden an allen möglichen Veranstaltungen teilnehmen, ohne vorher die Frage des Nachhausekommens klären zu müssen. Sie selbst spricht davon, daß »sich sehr viel umstrukturiert« habe. Sie hat festgestellt, daß sie in letzter Zeit in Seminaren freier sprechen kann.
Auf die Bitte um Therapiekritik: Sie hatte zunächst Zweifel am Verfahren der Vorstellungsdesensibilisierung. Sie konnte sich nicht vorstellen, daß damit ihre Angst verschwinden sollte. Zunächst hatte sie dabei auch Schwierigkeiten mit der Vorstellung. Dann war sie sehr erstaunt, daß auch bei den Vorstellungen relativ starke Angst auftrat. Sie hatte dabei größere Erfolgserlebnisse und auch mehr Zutrauen zu diesem Verfahren. Sie habe es als sehr hilfreich empfunden, daß ihr auch der theoretische Hintergrund aller Schritte erklärt worden sei. Auf Grund dieser Erklärungen habe sich die Therapie gut für sie strukturiert und sei ihr durchschaubar gewesen, so daß sie selbst auch daran mitarbeiten konnte und sich nun ziemlich sicher fühlte, ihre eigene Therapeutin sein zu können. Am nächsten Tag wurden noch Tests zur Therapiekontrolle durchgeführt.

Erste Katamnese

Die Klientin hat in den Semesterferien einen Jiu-Jitsu-Kurs absolviert. Angst ist nicht wieder aufgetreten, auch kein Meidungsverhalten. Sie geht jetzt völlig selbstverständlich in der Dunkelheit allein. Als besondere Situation berichtet die Klientin die folgende:
Zu Ende der Semesterferien war sie zu einer Tagung in einer Jugendherberge, die an einem Waldrand lag. Als sie einmal abends bei völliger Dunkelheit noch Leute in einem anderen Haus der Jugendherberge besuchen wollte, wurde sie von einem Mädchen angesprochen, das sie bat, sie doch mitzunehmen, weil sie solche Angst habe. Erst bei dieser Gelegenheit habe sie sich erinnert, daß es früher für sie auch unmöglich gewesen sein würde, diesen Weg allein zurückzulegen.

Zweite Katamnese — ein Jahr nach Abschluß der Behandlung

Die Klientin hat inzwischen den Führerschein gemacht und fährt auch allein nachts in fremde Städte. So wertet sie es als einen großen Erfolg, daß sie allein in Berlin war, dort abends durch dunkle Straßen ging und dann allein nachts auf der Autobahn zurückfuhr. Als besonderen Zwischenfall berichtet sie: Eines Abends hatte sie Bekannte in den

Außenbezirken der Stadt besucht. Sie fuhr um zwei Uhr nachts allein zurück. Da streikte ihr Auto in einer dunklen und sehr unbelebten Straße. Sie brachte es auch nicht wieder in Gang. Da sah sie einen Mopedfahrer mit flackerndem Licht auf sich zukommen und hielt ihn an. Dieser half ihr freundlich, das defekte Auto wieder in Gang zu bringen. Sie habe diese Situation als völlig selbstverständlich genommen und keinerlei Angst gehabt. Erst hinterher habe sie gedacht, daß sie der Therapeutin unbedingt diese Situation berichten müsse.

Sie merke erst jetzt, wie sehr behindert sie eigentlich früher durch ihre Angst gewesen sei.

3. Probleme in der Therapie eines erwachsenen Stotternden mit seltener Symptomatik[1]

von Peter A. Fiedler

Wir halten es für außerordentlich nutzbringend, im Rahmen von Falldarstellungen Schilderungen von Fehlschlägen und Schwierigkeiten nicht auszuklammern. Erfahrungsgemäß werden gerade Mißerfolge häufig verschwiegen, obwohl erst sie eigentlich die Notwendigkeit von Verbesserungen und Wege zur Veränderung am deutlichsten aufweisen. In diesem Sinne ist auch der hier vorgestellte Fallbericht als eine kritische Bestandsaufnahme einer Reihe von Problemen zu sehen, die in Therapien generell dann auftreten können, wenn die Rate der Symptomatik von Klienten auf einzelne, seltene Ereignisse zurückgegangen ist (ein meßbarer Therapieerfolg also), andererseits aber diese seltenen Verhaltensereignisse für den Klienten größere Relevanz insofern besitzen, als sie weiterhin als sehr belastend erlebt werden.

Exploration

Reinhold M. ist 37 Jahre alt, von Beruf Steinmetz, seit 15 Jahren verheiratet, zwei Kinder.
Während des Vorstellungsgespräches in der Beratungsstelle und während der Exploration zu Beginn der Therapie spricht M. fließend ohne irgendwelche normabweichenden Sprachstockungen. Er selbst gibt an, stärker zu stottern; da ihn diese Explorationssituation nicht sonderlich belaste, könne er jedoch ohne Schwierigkeiten sprechen. Typische Situationen, in denen es – nach seinen Angaben – zu teils heftigen Stotter-Reaktionen käme, lägen immer dann vor, wenn er genau wisse, in kürzerer Zeit etwas sagen zu müssen, er aber noch eine gewisse Zeit lang zu schweigen habe. So wisse er morgens auf dem Weg zur Arbeit nicht, ob er beim Antreffen von Kollegen das »Guten Morgen« fließend herausbekäme. Die ganze Zeit auf dem Weg zur Arbeit überlege er meistens, wie er ein »flüssiges« Grüßen am besten hinbekäme. Dann steige in ihm immer eine große Angst, zu versagen, auf. Und wenn er dann schließlich einen Kollegen grüßen wolle, dann verzöge sich sein Gesicht (»sieht wahrscheinlich scheußlich aus«), sein Herz schlage ganz wild vor Aufregung, und zumeist käme dann nichts aus ihm heraus, woraufhin er oft beschämt zur Seite schaue. Weitere typische Situationen sind: Allein in einer Gastwirtschaft ein Bier bestellen, beim Metzger oder Bäcker etwas einkaufen, oder wenn in einer Gesellschaft reihum jeder herankommt und dann etwas sagen

---

[1] Diese Therapie wurde im Rahmen eines Forschungsprojektes unter Supervision des Autors durchgeführt; Hans-Joachim Hofmann, Horst Oertle, Roswitha Reincke und Renate Standop sei für ihre Mitarbeit gedankt.

muß, und man sich ausrechnen kann, wann man mit seinem Wortbeitrag an der Reihe ist. Besonders schlimm sei es für M. auch immer dann, wenn ein Fremder nach einem seiner Sprechfehler den Blickkontakt zu ihm aufrechterhalte und offensichtlich darauf warte, daß M. weiterspreche. Mit seinen Familienangehörigen spreche er fließend, weil er keine Angst vor Fehlern haben brauche. Das gleiche Gefühl habe er auch den Therapeuten gegenüber, weshalb er auch fehlerfrei sprechen könne.

Genese: Seine Mutter habe ihm gesagt, daß er seine Sprechstörungen seit einem Bombenangriff im Alter von drei Jahren habe. M. selbst glaubt, daß die Störung eventuell auch darin begründet sein könnte, daß sein Vater – dieser starb als M. sechs Jahre alt war – ihm früher Schläge an den Kopf gegeben habe. Im Alter von acht Jahren seien seine Sprechstörungen sehr ausgeprägt gewesen, so daß seine Mutter mit ihm einen Logopäden aufsuchte. Dieser habe ihm geraten, langsam Silbe für Silbe zu sprechen und immer regelmäßig Luft zu holen. Der Versuch, diese Technik anzuwenden, sei wenig erfolgreich gewesen. M. glaubt, daß sich die Stärke seiner Sprechstörung im Vergleich zu früher nicht geändert habe. Ehefrau und Mutter hingegen schildern, daß M. sich sehr gebessert habe. M. schränkt jedoch ein, ihnen gegenüber ja auch keine Sprechhemmungen zu besitzen.

Sozialbereich: M. hält sich selbst für äußerst kontaktarm, was er auf seine Sprechschwierigkeiten zurückführt. So hofft er, durch eine erfolgreiche Behandlung des Stotterns in die Lage versetzt zu werden, wieder eher Kontakte anknüpfen zu können, auf die er heute zumeist verzichtet, aus Angst, seiner Sprechunflüssigkeiten wegen »nicht ganz für voll genommen zu werden«.

Versuch einer Symptomprovokation

Auch während einer als Ergänzung der Exploration durchgeführten Verhaltensbeobachtung – der Klient mußte dazu drei Minuten lang einen mittelschweren Standardtext laut vorlesen sowie eine Zeitlang frei über ein vorgegebenes Thema sprechen – traten keine Sprechauffälligkeiten auf, die in irgendeiner Weise als »symptomatisch« hätten eingestuft werden können oder die der Klient als belastend hätte eingestuft haben wollen. Während der jeweiligen Beobachtungszeit wurden beim Vorlesen vier »normale« Wortunflüssigkeiten gemessen (Schwierigkeiten beim Lesen von Fremdworten), beim freien Sprechen keine bis auf ein zweimaliges »äh« beim Nachdenken. Der Klient berichtete weiter, keine der symptomatischen (Erwartungs-)Ängste erlebt zu haben.

Da es nun dennoch geboten schien, sich ein genaueres Bild von den tatsächlichen Symptomabläufen zu machen, vereinbarten die Therapeuten eine Verhaltensbeobachtung unter für den Klienten als mittelschwierig anzusetzenden Bedingungen. Um es vorweg zu nehmen: Unter den zunächst geplanten Bedingungen ergaben sich ebenfalls keine auffälligen Sprechstörungen; und auch die in der Folge unter »erschwerten« Bedingungen durchgeführten Beobachtungen ergaben stets ein gleichbleibend flüssiges und unauffälliges Sprachverhalten des

Klienten. Da die Beobachtungssituationen uns für Messungen bei ähnlicher Symptomatik (nicht immer ist ja Symptomfreiheit zu erwarten) jedoch als besonders geeignet erscheinen, seien sie kurz beschrieben:
1. *Sprechen nach Zeitverzögerung:* Um eventuelle Erwartungsängste zu provozieren, die der Klient beschrieben hatte, sollte er in Gegenwart zweier Personen auf Fragen jeweils erst nach genau 30 Sekunden Bedenkzeit antworten. M. bekam hierzu eine Stoppuhr in die Hand, die er im Anschluß an die gestellte Frage in Gang setzen sollte. Nach Ablauf von genau 30 Sekunden hatte er dann auf die Frage unmittelbar und kurz zu antworten. Eingeführte Erschwerung: Einer der Zuhörer übernahm die Stoppuhr und gab ein Zeichen, wenn die 30 Sekunden herum waren. Der Klient berichtete von leichten Erwartungsängsten (leichtes Aufgeregtsein, schnellerer Herzschlag), beantwortete jedoch fließend die Fragen.
2. *Rollenspiele bei gleichzeitiger Video-Aufzeichnung:* Im weiteren Verlauf der Therapie (vgl. unten) wurde mit dem Klienten ein Selbstsicherheitstraining mit Rollenspiel und Video-Feedback durchgeführt. Vor den ersten Video-Aufzeichnungen äußerte M. stärkere Erwartungsängste (die sich z. T. in beobachtbaren Schweißausbrüchen niederschlugen). Während der ersten Rollenspiele gingen diese Angstsymptome des Klienten zurück; das jeweilige Gespräch vor der Kamera verlief ohne Sprechstörungen.
3. *Beobachtungen unter natürlichen Bedingungen:* M. hatte hierzu in einer Konditorei (bei Anwesenheit eines Therapeuten) verschiedene Teilchen zu kaufen. M. berichtete weder von Angstgefühlen, noch kam es zu irgendwelchen Sprachauffälligkeiten.
Diese Verhaltensbeobachtungen nahmen bis zur vierten Therapiestunde breiten Raum ein. Während dieser ersten Wochen hatte der Klient in Diagrammen zudem Sprechsituationen und Sprechschwierigkeiten festzuhalten, die in der Zeit zwischen den einzelnen Sitzungen auftraten. Der Klient vermerkte regelmäßig Erwartungsängste sowie Vermeidungsverhalten gegenüber verschiedenen sozialen Situationen; dabei wurden die verschiedenen Angstreaktionen als um so heftiger geschildert, je mehr »Freiheit« dem Klienten verblieb, jeweils den Zeitpunkt des Sprecheinsatzes selbst festzulegen. Von den Situationen, in denen M. schließlich doch gesprochen hatte, berichtete er jeweils von kleinen bzw. wenig Schwierigkeiten, flüssig zu sprechen. Diese werden von M. auch als »nicht schwierig« eingestuft.

Therapieziele

Auf Grund der bis zur vierten Stunde vorliegenden Explorations- und Beobachtungsdaten war deutlich geworden, daß die Probleme des Klienten weniger in einer akuten Sprechstörung — für die gab es außer

den symptomhistorischen keine Hinweise – als vielmehr in den Erwartungsängsten gegenüber eventuellen Sprechstörungen in sozial relevanten Situationen zu suchen waren, sowie in einem hieraus resultierenden stärkeren Vermeidungsverhalten Sprechsituationen gegenüber. Dieses hatte nicht unerhebliche Rückwirkungen auf das Sozialverhalten des Klienten (neben den familiären und rein beruflichen gab es keine weiteren sozialen Kontakte). Mit dem Klienten sollten deshalb weitere therapeutische Schritte in Richtung auf folgende Ziele vereinbart werden:
1. Abbau der Erwartungsängste vor Sprechstörungen in sozial relevanten Situationen;
2. Verbesserung der sozialen und kommunikativen Fertigkeiten des Klienten, um so u. a. seine Sicherheit im Umgang mit angstbesetzten Situationen zu erhöhen;
3. Unterstützung des Klienten im Ausbau und bei der Aufrechterhaltung sozialer Beziehungen über den familiären Rahmen hinaus.

Probleme

Bei der Besprechung des möglichen weiteren Therapieverlaufes versuchten die Therapeuten dem Klienten ihren Eindruck zu vermitteln, daß eines seiner Hauptprobleme die Erwartungsangst sei und daß er offensichtlich in »schwierigen Situationen«, in denen er sich dann doch schließlich zum Sprechen durchringe, letztendlich jeweils doch flüssig und fehlerfrei spreche. Dieser Eindruck sei auf Grund der Beobachtungssituationen und auf Grund seiner Diagrammaufzeichnungen entstanden. Für die Wochen der Behandlung stimmte der Klient den Therapeuten grundsätzlich zu, führte jedoch als Grund für die »Symptomfreiheit« der letzten Wochen an, daß die Situationen »auch nicht so schwierig gewesen seien, als daß Symptome hätten auftreten können«. Mit dem Plan der Therapeuten, als nächste Therapieschritte mit ihm ein Selbstsicherheitstraining bezogen auf »sprechschwierige Situationen« durchzuführen, erklärte M. sich einverstanden. Doch äußerte er Bedenken, ob ein Selbstsicherheitstraining denn auch die richtige Methode sei, mit seinen Sprechschwierigkeiten fertig zu werden. Die Behebung seiner Sprechschwierigkeiten sei für ihn eigentlich von größerer Wichtigkeit als der Aufbau selbstsicheren Verhaltens. Daß das »Stottern« in den vergangenen Wochen »kaum« aufgetreten sei, besage keinesfalls, daß es nicht doch noch wieder auftreten könne.

Kritische Anmerkungen zum bisherigen Therapieverlauf

Im Anschluß an diese vierte Therapiestunde war deutlich, daß im diagnostisch-therapeutischen Vorgehen dieses Klienten bereits einige gravierende Fehler unterlaufen waren. Auf Grund der langwierigen und umständlichen (und dann erfolglosen) Suche über die verschiedenen Phasen der Verhaltensbeobachtung nach symptomatischen Sprechauffälligkeiten war der Klient in eine mißliche Situation geraten, an der die Therapeuten nicht unerheblich mit Schuld waren: Als Grund für die Anmeldung zur Therapie hatte M. »Stottern« angegeben und bei den ersten verhaltensanalytischen Gesprächen auch über heftige und belastende Begleitsymptome geklagt. Von Therapiestunde zu Therapiestunde nun kam er stets mehr in eine (für ihn offensichtlich peinliche) *»Beweisnot«* den Therapeuten gegenüber, seinen eingehenden Symptomschilderungen während der Exploration zu entsprechen.

Daß Klienten in solche Situationen gerieten, ist nicht selten in Therapien beobachtbar. Ein solcher Zustand, ist er einmal eingetreten, ist therapeutisch nicht unbedenklich und hat oft weitreichende Konsequenzen für die Therapie. Nicht selten verlassen Klienten gar die Therapie, weil sie den Eindruck gewinnen, daß ihren Schilderungen kein Glaube geschenkt wird, was in der Tat vermutlich oft auch der Fall sein dürfte. In den meisten Fällen wird jedoch davon auszugehen sein, daß — auch bei aktuell fehlender Symptomatik — die Symptomhistorie einen tiefen Eindruck bei den Klienten hinterlassen haben dürfte, so daß z. B. auf frühere Ängste zurückführbare Vermeidungsreaktionen auch bei abklingenden Ängsten stabil bleiben (wie beispielsweise oft bei Zwangssymptomen beobachtbar ist). Klienten widersprechen in solchen Situationen leicht den Ansichten der Therapeuten und fühlen sich (verständlicherweise, denn ihre Symptomatik ist ja genetisch begründbar) mißverstanden; von ihren Einsichten überzeugte Therapeuten geraten dadurch nicht selten ihrerseits in die mißliche Lage, die Klienten von ihrer »falschen« Sichtweise loszubekommen und sie für die (verhaltensanalytisch begründbare) therapeutische Linie zu gewinnen.[2] Überzeugenden Reden des Therapeuten — besonders dann, wenn dieser noch nicht ein »weises« Alter erreicht hat und gar jünger als der Klient selbst ist — begegnen Klienten eher aus kritischer Distanz und abwartend.

Nun — solche Situationen sind vermeidbar, wenn auch nicht stets voraussehbar. Bei unserem Klienten hätten die Therapeuten vermutlich von vornherein mit einer *Technik* aufwarten müssen, die sie dann gezielt auf die Behandlung der Sprechschwierigkeiten (vorhanden oder nicht vorhanden) hätten einsetzen können, z. B. Entspannungs- oder Atmungstechniken. Wenn dann während der ersten Behandlungswochen oder während der Verhaltensbeobachtung Symptome ausblei-

---

[2] Diese kommunikativ paradoxe Situation ist von Watzlawick, Beavin & Jackson bezeichnenderweise als *Gefangenendilemma* beschrieben worden (1969, 209). Diese Beschreibung und die von den Autoren angegebenen Lösungen seien zur ergänzenden Lektüre empfohlen.

ben, so könnte man dies, zumindest bei trainingsbereiten Klienten, als erste Auswirkungen des Verhaltenstrainings werten. Auf jeden Fall wäre der Klient nicht in eine solch extreme Beweisnot geraten wie nach dem bisherigen Behandlungsverlauf.

Konsequenzen

Was war im vorliegenden Fall zu tun? Nach einer sorgfältigen Analyse der bis dato geführten Gespräche mit dem Klienten erschien es sinnvoll, vorrangig dem Wunsch des Klienten nach Behandlung der Sprechstörungen nachzukommen und ihm dadurch ein möglichst akzeptables Mittel zur Bewältigung eventueller Sprachstockungen in die Hand zu geben. Diese Technik mußte — das war deutlich — vom Klienten als tatsächliche Hilfe für den Eventualfall akzeptiert werden. Auf diese Weise erhofften wir uns auch einen günstigeren Zugang zur Vermeidungsproblematik: Erst wenn der Klient sicher sein konnte, ein brauchbares Mittel »gegen« seine Sprechstörungen in der Hand zu haben, war zu erwarten, daß eine Behandlung seines Sozialverhaltens den gewünschten Erfolg haben würde, nämlich die Ausweitung der Kontakte auf Bereiche über den familiären Rahmen hinaus.

Für die Behandlung der Sprechstörungen wurde in Anlehnung an Azrin & Nunn (1974) ein aus Entspannungs-, Atmungs- und Sprechverzögerungsübungen bestehendes Verfahren zusammengestellt, daß dem Klienten unter dem Namen *E-A-S-Technik* als bereits mehrfach bei Stottern erfolgreich eingesetztes Verfahren vorgestellt wurde. Der Klient mußte dazu zunächst das um einige Atemübungen erweiterte Entspannungstraining von Jacobson (1938) einüben. Die E-A-S-Technik bestand nun — kurz beschrieben — darin, im Falle des Auftretens von Stottersymptomen mit dem Sprechen innezuhalten, sich körperlich zu entspannen, tief einzuatmen und dann mit dem Satz, in dem gestockt wurde, fortzufahren oder ihn neu zu beginnen. Über mehrere Behandlungsstunden hin wurde dieses Verfahren mit dem Klienten gründlich eingeübt, wobei sich M. zunächst über diese Möglichkeit der Symptombewältigung sehr zufrieden äußerte. Er brachte sie jedoch in den nächsten Wochen nie in Anwendung; sprach er nämlich unter »leichteren« Bedingungen, traten keine Stottersymptome auf, »schwierige« Situationen mied er wie früher. Nun, der bisherige Behandlungsverlauf konnte insofern als Behandlungserfolg angesehen werden, als der Klient bei weitaus mehr Gelegenheiten Gespräche mit den verschiedensten Leuten führte. Dies darf auf das Selbstsicherheitstraining zurückgeführt werden, das parallel mit dem Klienten durchgeführt wurde.

Nach weiteren acht Behandlungswochen teilte der Klient den Therapeuten mit, daß er die E-A-S-Technik für nicht besonders effektiv halte. Deshalb wende er sie auch nicht in schwierigen Situationen an und schweige lieber, wenn seine Angst größer werde. Als Grund gab er an, daß die notwendige Zeit für Entspannung und Einatmung vor dem erneuten Sprecheinsatz zu lange dauere und somit seine Sprechschwierigkeiten (»nach außen für alle sichtbar«) eher noch unterstreiche.

Zufall als Therapeut

Neben der Weiterführung der (bis dahin sehr erfolgreichen) Rollenspiele des Selbstsicherheitstrainings wurden daraufhin weitere Verfahren eingeübt, die auf die Bewältigung des Eventualfalles »Stottern« ausgerichtet waren. Es waren dies verschiedenste Verfahren zur Atemsteuerung, Variationen in der Lautstärke, aber auch Übungen zum Gedankenstopp bei Auftauchen der Erwartungsängste. Für den Klienten waren diese verschiedenen »Angebote« stets mehr oder weniger akzeptabel. Der eigentliche Therapiefortschritt vollzog sich derweil im Sozialverhalten auf Grund der kontinuierlichen Übungen zur Verbesserung der sozialen und kommunikativen Fertigkeiten. »Schwierige« Situationen mied der Klient jedoch auch weiterhin wegen der *noch stets vorhandenen Erwartungsängste*. In den Rollenspielen bewältigte er sie zwar stets erfolgreich (d. h. ohne Sprechschwierigkeiten bei zunehmender Interaktionsgewandtheit), Generalisierungseffekte auf die Zeit zwischen den Therapiestunden jedoch blieben — bis auf wenige Ausnahmen — auch weiterhin aus.
In der 13. Therapiestunde berichtete der Klient, daß ihm am Vorabend bei der Fernsehübertragung einer Bundestagsdebatte bei den Reden der Politiker aufgefallen sei, daß einige der Redner ihre Unsicherheiten offensichtlich ganz gut durch eine besonders langsame und bedächtige Sprechweise hätten kaschieren, Denkpausen und »Lücken« durch eine besonders geschickte Mimik und Gestik hätten überspielen können. Er schloß die Frage an, ob man damit nicht vielleicht auch seine Sprechunflüssigkeiten in den Griff bekommen könne. Dies wurde von den Therapeuten unmittelbar bestätigt und als eine »ausgezeichnete Idee« bezeichnet. Bei den folgenden Rollenspielen wurde daraufhin verstärkt das Sprachverhalten des Klienten kontrolliert und verbessert. In den Wochendiagrammen ging der Anteil der Vermeidungssituationen von bis dahin 30 % auf 10 % der sozialen Situationen zurück. Die Therapie wurde auf Wunsch des Klienten nach weiteren drei Wochen beendet, kurz vor Abfassung dieses Therapieberichtes, so daß katamnestische Daten leider noch nicht vorgelegt werden können.

Abschließende Bemerkungen

Als langsames und bedächtigeres Sprechen zu einem früheren Zeitpunkt der Therapie als Möglichkeit der Kaschierung von Sprechunflüssigkeiten von den Therapeuten vorgeschlagen worden war, bezeichnete dies der Klient als eine Notlösung, woraufhin die Therapeuten diese Möglichkeit nicht weiter verfolgten. Es kommt hin und wieder vor, daß Klienten »eigene« Ideen als Therapievorschläge unterbreiten, die vom Therapeuten schon einmal vorgeschlagen wurden: Es ist günstig, diese als Ideen der Klienten zu akzeptieren und (erneut) aufzunehmen, wenn sie den Therapievorstellungen im Prinzip auch weiterhin entsprechen. Der Hinweis darauf, daß man ja als Therapeut bereits früher einen ähnlichen Vorschlag gemacht habe, läßt unter Umständen die alten Gegenargumente wieder aufkommen; dies ist dem Autor in einer früheren Therapie schon einmal unterlaufen, woraufhin der damalige Klient erneut von seinem aktuellen Vorschlag Abstand nahm. Im vorliegenden Fall hat der Klient – ein von ihm gefundenes und therapeutisch akzeptables Mittel in der Hand – die Therapie zufrieden von sich aus beendet. Daß es hätte anders laufen können, steht außer Zweifel (s. auch Widlak & Fiedler 1976).

Ein Gefahrenpunkt, auf den wir hier jetzt abschließend verweisen wollen, ist das mehrfache Wechseln von Behandlungsverfahren innerhalb kürzerer Therapiezeit. Verhaltenstherapie ist zwar einem experimentellen Vorgehen vergleichbar und erlaubt – auch am Einzelfall – die Überprüfung (Falsifikation) stets neuer Verfahren. Hierin steckt aber auch eine Gefahr: Der Klient kann den Eindruck gewinnen, vom Therapeuten seien eine Unmenge von Techniken und »Tricks« zu erwarten, die man doch möglichst alle nacheinander ausprobieren sollte, um dann die für den eigenen Fall geeignetste herauszusuchen. Da viele verhaltenstherapeutische Verfahren – nicht nur die der Angstbehandlung – jedoch z. T. erhebliche Anstrengungen von seiten des Klienten verlangen, kann es vorkommen, daß der Klient bei dem Anwendungsversuch einer Methode zu früh aufsteckt, weil diese ihm zu schwierig erscheint und der Therapeut ja vielleicht doch noch eine »bequemere Pille« besitzt.

Auch wir waren im vorliegenden Fall auf dem besten Weg, uns immer andere Methoden ausdenken zu »müssen«. Daß schließlich in dem langsamen und bedächtigen Sprachverhalten eine therepeutische Möglichkeit für einen eventuellen Stotteranfall gesehen wurde, ist eher zufällig. In Situationen, in denen keiner der vom Therapeuten vorgeschlagenen Therapiewege so richtig begehbar erscheint, kann neben fehlerhaften diagnostisch-therapeutischen Schlüssen immer auch die kognitiv-motivationale Seite des Klienten den Therapiefortschritt hemmen. Der Therapeut sollte deshalb aufmerksam die Handlungsbereitschaft des Klienten eruieren, um bereits »halbe« Therapieschritte zu erkennen und diese durch Verstärkungen, Anregungen und Hilfestellungen zu unterstützen, auf keinen Fall jedoch halbwegs schlüssige Ideen des Klienten zugunsten des eigenen »besseren« Modells hintanstellen. Der Klient sollte seine Therapie erfolgreich abschließen; diese muß nicht stets zugleich auch ein Erfolg des Therapeuten sein.

4. Die Behandlung von zwei funktional verschiedenen Einschlafstörungen

von Dirk Zimmer

Zunächst wollen wir über die Therapie einer Einschlafstörung berichten, die mit einer Medikamentenabhängigkeit gekoppelt ist.
Um den engen Zusammenhang von Verhaltensanalyse und Therapieplanung zu demonstrieren, soll anschließend ein zweiter Fall dargestellt werden, dessen Störungsbild dem des ersten Falles ähnelt, dessen funktionales Bedingungsmodell jedoch völlig andere Interventionen erfordert.

Behandlung einer Einschlafstörung mit Medikamenten-Abhängigkeit (Hans B.)

Exploration

Herr Hans B. ist 27 Jahre alt, Student der Germanistik und Philosophie, ist seit 2 Jahren verheiratet und hat ein Kind. Seine Frau studiert ebenfalls. Sie sind mit ihrer kleinen Wohnung sehr zufrieden. Finanziell kommen sie zurecht, sie leben von DM 1200,– monatlich. Diese Summe setzt sich aus seinem Stipendium und der Unterstützung von ihren Eltern zusammen.
Herr B. berichtet, seit 1½ Jahren habe er starke Einschlafstörungen. Dies bedeutet, daß er durchschnittlich erst 2–3 Stunden nach Auslöschen der Nachttischlampe einschlafen kann. Während seine Frau beinahe sofort einschläft, wälzt er sich noch lange herum und ärgert sich sehr stark, daß er nicht einschlafen kann.
Gewöhnlich gehen sie zwischen 23 h und 2 h in's Bett, vorher lesen sie oder arbeiten noch für's Studium, sehen fern oder treffen sich mit Freunden. Morgens sind sie meist ab 7 h wach, da um diese Zeit das Kind anfängt zu schreien. Ohne die Schlafstörung wäre die Zeitspanne bis 7 h ausreichend, um das Schlafbedürfnis von B. – wie auch das seiner Frau – zu decken.
Schon beim Zubettgehen antizipiert B. die Einschlafschwierigkeiten und denkt voll Angst an die Erledigungen des nächsten Tages, für die er wieder viel zu unausgeschlafen sein wird.
Meist lesen beide noch eine halbe Stunde im Bett, bevor sie das Licht ausmachen. Wenn das Licht aus ist, ist B. für kurze Zeit ruhig und gibt seinen Gedanken-Assoziationen nach. Wenn ihm dann plötzlich klar wird, daß er immer noch nicht eingeschlafen ist, während seine Frau schon schläft, fängt er an, sehr unruhig zu werden: Er wird zappelig und kann nicht ruhig in einer Lage bleiben, sondern muß sich ständig herumdrehen und das Kissen mal so und mal anders zusammenknautschen. Langsam steigert sich die Erre-

gung, sein Herz schlägt schneller und er spürt Hitze in sich aufsteigen, er muß die Zähne zusammenbeißen, um nicht laut zu fluchen. Je länger dieser Zustand andauert, desto wacher wird er.

Normalerweise ist B. nicht geräuschempfindlich. Sobald er sich aber in die beschriebene Unruhe hineingesteigert hat, wird er ausgesprochen sensibel für alle denkbaren Geräusche: den Wecker, vorbeifahrende Autos, Heizungsknacken, das Atemgeräusch seiner Frau etc. Das Kind stört ihn nicht, da es in der Küche schläft.

Seine Gedanken kreisen um ungelöste Tagesprobleme. Dazu kommen drei größere Themenbereiche, die ihm beim Einschlafen Kopfzerbrechen bereiten:
– Studienwechsel: B. hat sich entschlossen, Volksschullehrer zu werden und sein Germanistik- und Philosophiestudium (5 Semester) abzubrechen. Prinzipiell steht er voll hinter der Entscheidung und bejaht sie.
– Tagsüber hat B. Schwierigkeiten, mit seiner Müdigkeit und Laschheit fertig zu werden. Er ist oft nervös, sehr vergeßlich und kann sich schwer konzentrieren.
– Wenn er so nervös ist, reagiert er sehr leicht gereizt auf seine Frau. Das führt zu *unfruchtbaren Streitereien*, die ihm nachher immer leid tun, die er aber nicht immer unter Kontrolle hat. Er ärgert sich, daß er sich ärgert und wird immer nervöser. Beide sehen dies als Folge der Schlafstörung an. Dadurch erhält das Einschlafen ein noch größeres Gewicht.

Ansonsten ist B. mit seiner Beziehung zu seiner Frau sehr zufrieden. Er kannte sie schon lange vor der Hochzeit. Das Kind war nicht der Grund zur Heirat. Auch in der sexuellen Interaktion waren keine Probleme, die für die therapeutische Intervention wichtig gewesen wären, zu finden. Er hatte meist keine sexuellen Phantasien bei seinen Wachträumen.

Wann und warum er einschläft, kann B. nicht genau angeben. Was dem Einschlafen unmittelbar vorhergeht, weiß er nicht. Er hofft jede Nacht erneut auf das »Wunder«. Wie lange er wach liegt, kann er nur grob schätzen. Denn er vermeidet es, auf den verhaßten Wecker zu schauen, weil der ihn nervös macht. Früher habe er alle 5 Minuten auf die Uhr gesehen. Er schätzt, daß er im Schnitt 2 bis 3 Stunden wachliege, wobei die Zeit zwischen einer halben und vier Stunden schwanken könne.

Zur Entwicklung der Störung

Das Problem entwickelte sich vor ungefähr 1½ Jahren. Sie lebten bei seinen Eltern und versuchten, sich dazu durchzuringen, eine eigene Wohnung zu nehmen, weil der Kontakt zu den Eltern zu eng und reibungsvoll war. Während dieser Zeit fing er auch an, sich darüber klar zu werden, daß ihn sein Studium doch nicht so stark interessierte, wie er früher angenommen hatte. Alle Entschlüsse fielen ihm schwer, und er konnte sich über seine beruflichen Ziele nicht klar werden.

B. wundert sich nicht, daß er Schlafstörungen entwickelte und führt sie auf die erwähnten Probleme zurück. Früher hatte er keine nennenswerten Schlafschwierigkeiten gehabt. Seine Hoffnung, daß die Störung verschwinden würde, wenn er eine eigene Wohnung und feste berufliche Pläne hätte, erfüllte sich nicht. Dies beunruhigte ihn sehr stark.

Seit etwa sechs Monaten nimmt er Schlaftabletten, die ihm ein Arzt verschrieben hat. Zunächst nahm er sie unregelmäßig, neuerdings aber beinahe jede Nacht, nachdem er vergeblich versucht hat, ohne sie einzuschlafen. B. fühlt eine starke *psychische Abhängigkeit* von den Tabletten und ist sehr unglücklich deswegen.
Seit drei Monaten hat B. auch wieder stärker Alpträume, die früher hin und wieder (einmal im Monat) auftraten. Zur Zeit wacht er beinahe jede zweite Nacht schweißgebadet auf, schläft meist aber nach einer halben Stunde wieder ein. Der tabletteninduzierte Schlaf ist nicht so erholsam wie der natürliche, und B. fühlt sich häufig genauso gerädert wie früher. Deswegen nimmt er die Tabletten erst, wenn er ohne sie nicht einschlafen kann, d. h. wenn er etwa eine Stunde wachgelegen hat.

Verhaltensanalyse

Folgende Problembereiche waren exploriert worden:
— Einschlafstörung und Medikamenten-Abhängigkeit
— Alpträume
— Studienprobleme
— Beziehungsprobleme
Während der gründlichen Exploration konnte B. plausibel machen, daß kein prinzipielles Beziehungsproblem besteht, und daß das momentane Hauptproblem in seiner Nervosität zu sehen ist. Die Entscheidungsschwierigkeiten beim Studium sehe er als gelöst an. Die ärztliche Untersuchung erbrachte keinerlei organischen Defekt.

Analyse des symptomatischen Verhaltens

Beschreibung
Nicht-Einschlafen-Können ist begleitet von motorischer Unruhe, erhöhtem physiologischen Erregungsniveau (sympathische Reaktionen des Autonomen Nerven-Systems (ANS): Herzschlag, Hitze-Gefühle und Verspannungen) und erhöhter zentralnervöser Tätigkeit (Grübeln und der zwanghafte Wunsch, einzuschlafen). Die Störung tritt jede Nacht auf.

Vorausgehende und nachfolgende Reizbedingungen
Einschlafen gelingt *schlechter*, wenn der Klient vorher
— keine Tablette genommen hat
— motorisch, physiologisch und kognitiv erregt ist.
Dies tritt vor allem auf, wenn er
— unbedingt einschlafen will,

- über Probleme grübelt
- und an seine Müdigkeit am nächsten Tag denkt.

Nicht-Einschlafen selber steigert die Erregung, die wiederum eine ungünstige Voraussetzung für Einschlafen darstellt.
Langfristig führt Nicht-Einschlafen zu negativen Konsequenzen:
- geringe Energie für die Erledigungen des Tages,
- Konzentrationsschwierigkeiten, Vergeßlichkeit,
- gereizte Atmosphäre bei Diskussionen mit seiner Frau.

Positive Konsequenzen durch Erleichterungen oder soziale Zuwendungen waren nicht zu eruieren.

Selbstkontrolle
Selbstkontrolle im strengen Sinn liegt nicht vor, Tabletten stellen einen schlechten Lösungsversuch für das Problem dar.

Bedingungsmodell

Einschlafen gehört zu der Klasse der *Spontan-Reaktionen* des menschlichen Organismus, die *nicht direkt erzwungen oder gewollt werden können,* aber durch indirekte Maßnahmen steuerbar sind. (Zu dieser Klasse gehören auch: Wohlbefinden, sexuelle Erregung, Erektion oder auf der negativen Seite Erröten, Handschweiß etc.)
Die Vorgänge beim Einschlafen sind theoretisch noch nicht genau erklärbar, wenngleich der Moment mit einem EEG überprüfbar ist (Birbaumer, 1975). Wir wissen aber, daß Einschlafen spontan unter günstigen, entspannten Bedingungen eintritt. Diese können durch klassisch konditionierte Reize ausgelöst oder gehemmt werden.

Gelöstheit
Entspannung
Müdigkeit
Ruhe
⎫⎬⎭ ⟶ Einschlafen

Andere Bedingungen hemmen das Einschlafen: Unruhe und Erregung. Sie werden durch »nicht schlafen« ausgelöst:

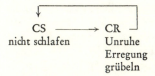

CS ⟶ CR
nicht schlafen Unruhe
  Erregung
  grübeln

Der Prozeß schaukelt sich solange hoch, bis entweder eine Tablette genommen wird oder schlichte physische Erschöpfung die Erregung dämpft und so zum Einschlafen führt.

SD ────────→ R ────────→ ¢–
erhöhte Panik.   Tablette nehmen   einschlafen
An Tabletten
denken.

Durch die Therapie sollte der Zustand zum diskriminativen Stimulus (SD) für Entspannung etc. statt für Tabletten-Einnahme werden. Das Bett wurde durch ständige Paarung zu einem konditionierten Auslöser für erhöhte Erregung und Ärger.

CS₁ ────────→ CR₁
nicht schlafen   Erregung,
  ↑   Panik-Gefühle
  | Ärger, Grübeln.
CS₂
Bett

CS₂ ────────→ CR₂
Bett   Erregung
(nicht schlafen) Unruhe

Das Modell veranschaulicht, wie sich die Erregung aufschaukelt und wie sich infolgedessen das Problem selber aufrechterhält, auch wenn die ursprünglichen Stressoren (Elternwohnung, falsches Studium) nicht mehr existieren.

Therapieplanung

Einschlafen sollte indirekt durch Schaffung günstiger Voraussetzungen ermöglicht werden. Dazu mußten inkompatible Reaktionen zu Unruhe und zum Grübeln geschaffen werden. Dies sollte erreicht werden durch
— Entspannung (gegen die motorische und physiologische Unruhe) und
— kognitive Gleichgültigkeit gegenüber »nicht-schlafen«.
Zur *taktischen* Durchführung: Es sollte
a. muskuläre *Entspannung nach Jacobson* trainiert werden;
b. über eine modifizierte *Atem-Konzentrations-Übung* (eine abgewandelte Meditationstechnik) eine inkompatible Verhaltensklasse zum Grübeln erlernt werden;
c. durch *Paradoxe Intention* (d. h. Symptomverschreibung) die Situation kognitiv so umstrukturiert werden, daß der starke Wunsch zum Einschlafen entschärft werden würde.

Anmerkung: Unter *Paradoxer Intention* oder Symptomverschreibung versteht man das bewußte Herbeiführen des Symptoms, anstatt – wie bisher – krampfhaft dagegen anzugehen. So wird ein Klient, der Angst hat, im Gesicht rot anzulaufen, versuchen, dies willkürlich zu erzeugen. Die Überlegung, die hinter der Technik steht, ist, daß sehr oft der krampfhafte Versuch der Symptomvermeidung ungünstige Bedingungen schafft, die das Symptom mit aufrechterhalten. Man denke an jemanden, der verzweifelt bei sich eine Erektion hervorrufen möchte. Zur lerntheoretischen Indikationsstellung sei noch angemerkt, daß diese Verfahren vor allem bei Symptomen angezeigt sind, die willentlich kaum oder nicht beeinflußbar sind, die also nicht absichtlich herbeigeführt oder verhindert werden können. Der verzweifelte Kampf gegen das Symptom verändert aber den hormonalen und vegetativ-nervösen Erregungszustand, welcher oft wiederum das Symptom mitproduziert. (Frankl, 1960, zum Einsatz der Technik bei Schlafstörungen siehe auch: Finke & Schulte, 1970.)

Um Mißerfolgserlebnisse zu vermeiden, die zu erneuter Verzweiflung und Erregung geführt hätten, schien es sinnvoll, diese drei Interventionen massiert auf einen Schlag einzusetzen.

Da die Tabletten momentan der einzige CS für Einschlafen waren und ersetzt werden sollten, wurde geplant, sie vom Zeitpunkt der Intervention an total abzusetzen.

Ablauf der Therapie

1. und 2. Therapiestunde: Exploration und Entspannungstraining bildeten die Hauptakzente der ersten zwei Stunden. Mit dem Entspannungstraining wurde bereits in der ersten Stunde begonnen, obwohl die Exploration noch nicht abgeschlossen war. Aber es waren genügend Hinweise auf Nervosität und Verspannungen beim Einschlafen da. Außerdem benötigen die meisten Klienten mindestens zwei Wochen, bis sie einen tief-entspannten Zustand relativ schnell erreichen. Herr B. mußte zweimal täglich üben, durfte die Entspannung aber noch nicht gezielt zum Einschlafen einsetzen, da er die kognitive Entspannung noch nicht beherrschte und vermutlich versucht hätte, zu forciert vorzugehen, was mit Sicherheit zu einem Mißerfolg geführt hätte.

3. Therapiestunde: Jetzt beherrschte er die Entspannung so gut, daß er innerhalb von 20 Minuten einen sehr zufriedenstellenden Zustand erreichen konnte. Nun übten wir die »innere Ruhigstellung«, die leider durch muskuläre Entspannung allein nicht gesichert ist. D. h. man kann auch in der Entspannung grübeln.

Die zu erlernende *Atem-Konzentrationsübung* sieht folgendermaßen aus (für weitere Anregungen: Pálos 1974):

In der Tiefentspannung konzentriert sich der Klient ganz auf die Atmung und versucht, leicht und gleichmäßig zu atmen, ohne die Atmung aktiv zu beeinflussen (analog zu der Vorstellung »Es atmet mich« beim Autogenen Training). Dann versucht er, nichts mehr zu denken. Dies ist im Wachzustand unmöglich. Deswegen wird als Gedanken-

ersatz die Aufmerksamkeit auf die Atem-Muskulatur gerichtet: Man beobachtet sie und fühlt, wie sich der Brustkorb hebt und senkt. Nun zählt man die Atemzüge, bei jedem Einatmen »eins« weiter. Diese Aufgabe, nicht zu denken, sondern nur zu beobachten und zu zählen, gelingt nur kurze Zeit, 2 bis 5 Atemzüge. Dann kommen wieder Gedanken auf.
Der Klient soll sie ohne Ärger zur Seite schieben, nicht beachten und wieder von vorn anfangen zu zählen. Man darf sich nicht entmutigen lassen. Der geduldige *Versuch,* die kaum einzulösende Aufgabe zu meistern, führt zu einer enormen zentral-nervösen Entspannung.
Herr B. war in der Lage, den Instruktionen zu folgen und berichtete ermutigend von einer tiefen inneren Ruhe.
Große Sorgen bereitete Herrn B. der Gedanke, es ohne Schlaftabletten versuchen zu müssen. Schließlich willigte er ein, die Tabletten seiner Frau in Verwahrung zu geben, sie 14 Tage nicht zu nehmen und den folgenden *Instruktionen* zu folgen:
Er sollte sich zur gewohnten Zeit ohne Tablette zu Bett begeben und sich vornehmen, nicht einschlafen zu wollen (paradoxe Intention), auch wenn er die ganze Nacht wach liegen würde. Wegen der Semesterferien schien dies nicht so tragisch. Er sollte in Kauf nehmen, eine Woche relativ wenig zu schlafen (was der Therapeut in Wirklichkeit nicht erwartete). Während er im Bett lag, sollte er in Tiefentspannung gehen und die Atem-Konzentrationsübung machen. Dazu bekam er folgende *Erklärung:*
Das Ziel des momentanen Therapieschrittes sei *nicht,* Einschlafen zu lernen, sondern die Voraussetzung dafür. D. h. zunächst müßten die Nervosität, das Grübeln und der zwanghafte Wunsch zu schlafen, im Wachzustand bekämpft werden. Darauf solle er sich konzentrieren. Deswegen sei es völlig egal, ob und wann er einschlafe. Wenn er nicht so viel schlafe, sei dies auch nicht so schlimm, weil die Tiefentspannung ein teilweiser Schlafersatz sei und hervorragend zur Regeneration der Kräfte tauge. Dies hatte B. bereits erlebt.
Außerdem solle er einen Notizblock und etwas zum Schreiben neben dem Bett liegen haben, um Inhalt, Qualität und Intensität möglicher Träume aufzuschreiben. Es wäre für unsere Arbeit wünschenswert, wenn er viele Alpträume hätte, damit wir diagnostisches Material für schnelle Eingriffe hätten. Mögliche Techniken des Entspannungs-Einsatzes, der Gegenvorstellung oder der Traum-Umkonstruierung wurden ihm kurz erklärt (Hersen 1972).

Begründung dieser Form der Intervention: Bei schweren Schlafstörungen mit größerer Nervosität hilft nur eine geballte Intervention.
Entspannung allein kann oft nicht genügen zur Ruhigstellung der kognitiven Aktivitäten und zur Blockierung des starken Wunsches nach Schlaf, der wohl der wichtigste Auslöser für Unruhe ist.

Entspannung plus Atem-Übung helfen hier schon weiter. Leider jedoch scheint die Wirkung bei hartnäckigen Fällen nicht auszureichen, obwohl sie Grübeln zu unterdrücken vermag. Aber nur halbverdrängte Hintergedanken wie »Hoffentlich wirkt es! Ich schlafe ja immer noch nicht! Wenn das jetzt auch nichts nützt!«, die immer wieder kurz durchscheinen, können die Mitarbeit gefährden. Sie stellen auch in der abgeschwächten Form noch einen Erregung-steigernden konditionierten Stimulus dar.
Paradoxe Intention oder Symptomverschreibung hilft deswegen sehr oft, auch bei schweren Störungen, weil die kognitive Umstrukturierung (»Ich will nicht unbedingt schlafen«) zu einer generellen Entspannung führen kann. Sie scheitert, wenn sie nicht akzeptiert wird, d. h. wenn die Klienten sie halbherzig annehmen, aber gleichzeitig alte innere Verbalisationen beibehalten: «O. k., ich will also nicht schlafen, aber hoffentlich hilft es und ich schlafe bald«. Dies kann durch die Einführung der Entspannung als »Schlafersatz« verhindert werden.

4. Therapiestunde: Herr B. berichtete, es sei alles ganz anders gekommen, als er erwartet hatte. Erst in der vierten Nacht sei es ihm gelungen, 40 Minuten wachzuliegen und die aufgetragenen Übungen zu machen. Sonst sei er immer gleich eingeschlafen. Er hätte auch zum ersten Mal seit drei Monaten eine ganze Woche lang keine Alpträume gehabt. Dabei hätte er versucht zu träumen, z. B. indem er sich vor dem Einschlafen an alte Alpträume erinnern wollte. Aber seine Versuche seien fehlgeschlagen.
Wir diskutierten das Problem des Einschlafens theoretisch und an seinem praktischen Beispiel, so daß ihm die Zusammenhänge klarer wurden. Das Ausbleiben der Alpträume wurde dadurch erklärt, daß er sie nicht mehr *vermeiden,* sondern aktiv anpacken wollte. Dies hatte den Charakter der Situation verändert.
Wir entschlossen uns, die Therapie vorläufig zu beenden, bis er es geschafft hätte, Alpträume zu produzieren und genauere Notizen anzufertigen.
Drei Monate später war ihm dies immer noch nicht gelungen.

Diskussion

Der Fall hätte ganz anders laufen können. Die Ausgangsbedingungen und das Bedingungsmodell hätten anders ausfallen können. Gute Kliniker sollten deswegen eine große Zahl von Interventionstechniken beherrschen, die sie für den individuellen Fall zu einer optimalen Strategie kombinieren sollten (Lazarus 1973). Welche anderen Möglichkeiten hätte es gegeben? Stichwortartig verkürzt sollen einige der Möglichkeiten skizziert werden:

1. Umkonditionierung des *Bettes* zu einem CS für Ruhe und Entspannung: Im Bett ist nur noch erlaubt, zu schlafen oder in Entspannung dazuliegen. Exzessives Grübeln und andere Aktivitäten wie Lesen, Arbeiten oder Musikhören sollen aufhören (sexuelle Aktivitäten selbstverständlich ausgenommen!). Kann man wirklich nicht schlafen oder entspannt daliegen, soll man aufstehen und ermüdende Tätigkeiten ausüben.
2. Man könnte den Zustand des »Im-Bett-Wach-Daliegens« und den damit verbundenen Zustand der Panik *desensibilisieren* und in diesem Sinne CS und CR trennen (Borkovec, Steinmark & Nau 1973, Weil & Goldfried 1973, Hersen 1972).
3. Als wirksam hat sich auch *reine Entspannung* herausgestellt, mit und ohne suggestiven Anteil (Borkovec & Fowles 1973, Finke & Schulte 1970). Autogenes Training und Autosuggestion haben sich auch sehr bewährt, zumal sie zusätzlich zur Körperentspannung zentral beruhigend wirken (Finke & Schulte 1970). Nicassio & Bootzin (1974) fanden keine Effektivitätsunterschiede zwischen Jacobson-Entspannung und Autogenem Training. Die Funktionen können auch von gezielten Atemübungen übernommen werden, wie sie gegenwärtig in Rotchina untersucht werden (Palós 1974).
4. Manchmal ist der Versuch »Mehr desselben« besser als gewaltsames oder feinfühliges Gegenangehen (Watzlawick, Weakland & Fish 1974). Es wäre also denkbar, die Grübeleien nicht zu unterdrücken, sondern systematisch auszuspinnen und dadurch in eine angenehme oder lustige Richtung zu bringen (ähnlich der Blow-up-Technik von Lazarus 1971). Dadurch verlieren die Grübeleien ihren Zwangscharakter und können als Wachträume in echte übergehen.
5. Grübeleien, die sich um wirkliche Tagesprobleme drehen, können oft auch durch einfaches Aufschreiben entschärft werden. Sie werden nicht vergessen, sondern verschoben und können später zu Ende gedacht werden.
6. Hartnäckige, zwanghafte Gedanken können eventuell auch durch ein *Gedankenstop-Training* (Wolpe 1972) angegangen werden. Dabei muß natürlich ein stummes Stopsignal konditioniert werden!
7. Man kann auch neue CS für Schlafen aufbauen, die über einen UCS (Schlaftablette oder besser ein schneller wirkendes intravenöses Medikament) konditioniert werden.
8. Schlaftabletten können auch in Placebos überführt werden, die meisten Barbiturate haben sowieso nach wenigen Wochen nur noch Placebo-Wirkung. Patienten fällt es leichter, sich von Placebos zu lösen, oder diese als harmlose Zuckerchen weiterzunehmen, als echte Medikation mit ihrer suggestiven Kraft abzusetzen.
9. Nicht zuletzt benötigen Klienten *Informationen* über Schlaf, die ihren Kathastrophenvorstellungen entgegenwirken! Schlaf ist gar nicht so wichtig, wie man allgemein meint, Schlafentzug gar nicht so tragisch.

Sehr oft schlafen Klienten, ohne es zu wissen, oder sie merken nicht, daß sie gerade aufgewacht sind usw.
Vielfach gibt es verschiedene Ansatzpunkte für die therapeutische Intervention. Oft kommen die besten Ideen auch von den Klienten selber. Ihnen fehlt dann nur die Systematik der Ausarbeitung. Die Auswahl des Ansatzpunktes könnte nach folgenden Kriterien geschehen:
1. Man sollte an der wichtigsten Variablen ansetzen, die nach dem Bedingungsmodell, das vorher unbedingt aufzustellen ist, ersichtlich ist.
2. Er sollte so schnell wie möglich Erleichterung bringen.
3. Zur Stabilitätssicherung für den Therapieerfolg sollten insgesamt möglichst viele derjenigen Variablen, die als Symptom aufrechterhaltend erkannt wurden, verändert werden (Lazarus 1973).
4. Der Ansatz sollte der vorliegenden experimentellen Literatur sowie den grundlegenden Lernprinzipien nicht widersprechen (Lazarus 1971).
Hier konnte nur ein Teil der Problematik dargestellt werden. Es sollte jedoch der Eindruck vermieden werden, als gäbe es Patentrezepte in der Verhaltenstherapie, mittels derer Störungen jeweils eine oder zwei Techniken zugeordnet werden könnten.
Aus diesem Grund soll unten ein weiterer Fall mit einer Schlafstörung dargestellt werden, bei dem die funktionale Verhaltensanalyse ein völlig anderes Bild ergeben hat:

Behandlung einer Ein- und Durchschlafstörung
(Doris P.)

Lebensdaten und generelle Informationen

Doris P. ist 20 Jahre alt, verlobt und arbeitet als Sekretärin und Empfangsdame in einem Versicherungsunternehmen. Sie lebt mit ihrer Mutter zusammen, die geschieden ist. Sie berichtet, insgesamt sei sie mit ihrem Leben recht zufrieden: Die Arbeit mache ihr Spaß, das Betriebsklima sei ausgezeichnet und mit ihrem Verlobten verstehe sie sich recht gut. Sie würden sich natürlich auch gelegentlich streiten, aber immer schnell wieder vertragen. Sexuell lägen keine Probleme vor, sie hätte auch keine Schuldgefühle, weil sie mit ihrem Verlobten regelmäßigen sexuellen Verkehr hätte.
Doris kam zur Beratungsstelle auf Anraten ihres Arztes, der sich weigerte, ihr weiterhin Schlaftabletten zu verschreiben. Er sagte ihr, es läge an ihren »Nerven«. Daraufhin machte sie sich rechte Sorgen, irgendwie »verrückt« zu sein.

Zusammenfassung der Exploration

Durchschnittlich brauchte Doris gute eineinhalb Stunden zum Einschlafen, dann war ihr Schlaf so schlecht, daß sie bis zu fünf oder sechs Mal aufwachte und jeweils wieder Schwierigkeiten hatte, einzuschlafen. Morgens wachte sie, meistens etwa eine Stunde bevor der Wecker klingelte, auf.
Das Problem hatte vor etwas mehr als einem Jahr angefangen. Zwei Ereignisse fielen in diese Zeit:
1. Sie hörte auf, ihre Abmagerungspillen zu nehmen.
2. Ihre Eltern ließen sich scheiden. Dies machte ihr gefühlsmäßig sehr zu schaffen. Die Ehe der Eltern war nie gut gewesen, soweit sie sich erinnern konnte. Dennoch wollte sie damals alles tun, um die Eltern zum Zusammenbleiben zu bewegen. Inzwischen hat sie den Eindruck, daß sich ihre Eltern viel besser vertragen, seit sie geschieden sind und nicht mehr zusammen wohnen.
Doris erinnert sich, als Kind oft nachts Angst gehabt zu haben, wenn der Vater betrunken nach Hause gekommen sei. Er sei da meist sehr laut und auch manchmal aggressiv gewesen. Ihr Bruder sei dann hin und wieder verprügelt worden. Gelegentlich habe sie versucht, zu vermitteln. Dies alles sei ihr sehr nahe gegangen. Sie sei sich nicht im klaren, ob ein Zusammenhang zur Schlafstörung bestünde. Eigentlich sei sie über diese Probleme hinweggekommen.
Doris erinnert sich an relativ viele Träume, hat aber in letzter Zeit keine Angst- oder Alpträume gehabt. Sie gibt an, beim Einschlafen auch keine besonderen Probleme zu wälzen. Es sei nur so ärgerlich, wenn sie schon abends wüßte, daß sie am nächsten Tag wieder unausgeschlafen sei.
Doris hatte die Abmagerungspillen erwähnt und schien Angst zu haben, in ihrem Gewichtsumfang zuzunehmen. Deshalb erkundigte ich mich nach ihren Eßgewohnheiten. Vielleicht aß sie zuviel am Abend. Es ergab sich folgendes Bild:
Gewöhnlich stand sie um 6 Uhr auf, zog sich an und war um 7 Uhr bei der Arbeit, ohne gefrühstückt zu haben. Mittags ruhte sie sich eine Stunde aus, aß aber ebenfalls nichts. Um 16.30 Uhr ging sie nach Hause. Das Abendessen bestand aus einem Joghurt oder einem Stück Schokolade. Wenn sie nichts mit ihrem Freund unternahm, las sie oder sah fern. Dabei wurden größere Mengen an Salzstangen und Erdnüssen verzehrt. Vor dem Zubettgehen sah sie am liebsten Krimis oder Horrorfilme. Ansonsten las sie im Bett am liebsten noch eine Gruselgeschichte. Das Aha-Erlebnis des Therapeuten war aber verfehlt: Sie erzählte, sie lese seit Jahren Gruselgeschichten und würde sich eigentlich gar nicht mehr gruseln, sie fände die Geschichten eher komisch.
Beim Lesen im Bett futtert sie Plätzchen. Sie kauft sie nicht selber, aber ihre Mutter hat immer welche im Haus. Sie weiß, wie gerne ihre

Tochter sie ißt. Doris liest auch gerne Zeitschriften im Bett und macht sich Musik, um es richtig gemütlich im Bett zu haben.

Wenn sie versucht zu schlafen und merkt, daß es ihr nicht gelingt, macht sie Licht und Musik wieder an und liest weiter. Wenn sie eingeschlafen ist, wacht sie etwa eineinhalb Stunden später wieder auf, weil sie dann immer auf die Toilette muß. Dabei muß sie durch die Küche gehen. Auf dem Rückweg kommt sie am Eisschrank nicht vorbei und futtert alles mögliche durcheinander: Salate, Eiscreme, Kuchen, manchmal macht sie sich noch ein Steak. Anschließend geht sie schuldbewußt wieder ins Bett, wo sie nach 30 bis 45 Minuten einschläft. Sie wacht meist noch drei bis fünf Mal auf und muß dann wieder lesen, essen und Musik hören, um sich nicht zu sehr zu ärgern, daß sie schon wieder wach ist. Meistens wacht sie eine Stunde vor dem Klingeln des Weckers auf und räumt dann ein bißchen in ihrem Zimmer herum.

Doris wunderte sich, daß ihre Eßgewohnheiten so genau exploriert wurden.

Tagsüber ist Doris oft unausgeschlafen. Sie fürchtet, diesen Zustand physisch nicht mehr lange durchzuhalten und bei der Arbeit nachzulassen.

Zur Verhaltensanalyse

Drei Problembereiche waren exploriert worden:
1. Das Schlafproblem
2. Die Eßgewohnheiten
3. Ihre Beziehung zu ihren Eltern

Nach gründlicher Diskussion wurde Punkt 3. aus den weiteren Überlegungen ausgeklammert, während zwischen Punkt 1. und 2. ein Zusammenhang vermutet wurde.

In beiden Bereichen muß das Verhalten als »unangemessen« bezeichnet werden. Die Essenszeit hat sich völlig auf die Abend- und Nachtstunden verschoben. Dies ist sowohl ungesund als auch störend für den Schlaf.

Frequenz

3 bis 4 Nächte pro Monat schläft sie überhaupt nicht. Sonst benötigt sie durchschnittlich eineinhalb Stunden zum Einschlafen. In 90 Prozent der Nächte wacht sie 3 bis 6 Mal auf und braucht 30 bis 45 Minuten (manchmal Stunden), bis sie wieder eingeschlafen ist. In rund 70 Prozent der Nächte wacht sie rund eine Stunde vor dem Klingeln des Weckers auf. Durchschnittlich schläft sie 3 bis 5 Stunden pro Nacht.

Vorausgehende und nachfolgende Reizbedingungen

Vor dem Einschlafen: Lesen, fernsehen, Musik hören, Plätzchen essen u. ä. Hungergefühle, Ärgergefühle über das Schlafproblem.

Nach dem Aufwachen: Stuhlentleerung
　　　　　　　　　　Essen in der Küche
　　　　　　　　　　Lesen und Musik hören
Neben diesen drei positiv zu wertenden Ereignissen muß die langfristige Konsequenz »Müdigkeit am nächsten Tag« angeführt werden.

Organismus-Variable
Organische Krankheiten liegen nicht vor. Medikamente waren abgesetzt. Eine wichtige Variable stellt die Hungerdeprivation beim Schlafengehen dar. Das Schlaf-Bedürfnis ist nach ihren Aussagen mit 7 bis 7½ Stunden anzusetzen.

Selbstkontrolle
Da sie merkte, daß sie schlechter einschlief, wenn sie sich stark ärgerte, versuchte sie, den Ärger durch lesen und essen zu reduzieren. Dadurch wurde das Problem aber nicht gelöst.

Bedingungsmodell

Fünf Hypothesen wurden aufgestellt:
1. Ärgern über »nicht-schlafen-können« behindert das Einschlafen.
2. Ihre schlechten Eßgewohnheiten führen zu einem Deprivationszustand, der mit dem Einschlafen interferiert und evtl. auch zum Wiederaufwachen führt.
3. Aufwachen und Aufstehen wurden positiv konditioniert durch a. Stuhlentleerung, b. unkontrolliertes Essen und c. Lesen und Musikhören.
Diese verstärkenden Aktivitäten waren so unmittelbar und stark, daß die langfristig negativen Konsequenzen keine verhaltenssteuernde Funktion übernehmen konnten.
4. Das Bett hatte seine Funktion als konditionierter Auslöser (CS) für Schlafen verloren und war zum diskriminativen Stimulus (SD) für angenehme Aktivitäten geworden.
5. Das *häufige Erwachen* war sowohl durch den anfänglichen Hunger als durch das maßlose Essen, das den Magen belastete, zu erklären.

Der normale Vorgang:
```
CS ———————→ CR
Bett        Entspannung ———————→ Einschlafen
            Ruhe
```
Nun war das Bett SD für Aktivitäten angenehmer Art:
```
SD ———————→ R₁₋₃ ————————————→ C+
Bett        lesen              ¢ —    (Ärgerreduktion,
Ärger       essen                      Hungerreduktion)
            Musik hören
```

Der mehr oder weniger verdorbene Magen führt zu wiederholtem Aufwachen:

CS $\longrightarrow$ CR = SD $\longrightarrow$ R$_1$ (Stuhlentleerung) ¢−
grummelnder   Aufwachen
Magen   Magendrücken

SD $\longrightarrow$ R$_2$ $\longrightarrow$ C+
Wachliegen   Essen
Appetit

SD $\longrightarrow$ R$_3$ $\longrightarrow$ ¢−
Wachliegen   Musik   Ärger
satt, leichter   anmachen   reduziert
Ärger über   Lesen   sich
Nicht-Schlafen

Diese Verhaltensketten können alternativ oder nacheinander ablaufen. Sie haben gemeinsam, daß sie zwar den aversiven Zustand mildern und das Wach-Daliegen angenehm werden lassen.
Indem das Aufwachen auch zum SD für angenehme Aktivitäten wurde, kam es zur positiven Tönung von CS und CR. Doris erlebte einen *grummelnden Magen* als angenehm, beinahe als *Aufforderung*. Dies galt hauptsächlich nachts. Tagsüber war ihre Angst vor dem Dickwerden stärker.

Ziel der Therapie

Doris wollte sieben bis siebeneinhalb Stunden ohne Unterbrechung schlafen und nach einem möglichen Gang zur Toilette gleich wieder einschlafen. Erst nach einiger Diskussion akzeptierte sie als Unterziel, daß normalere Eßgewohnheiten aufgebaut würden.

Therapie-Planung

1. Die Hunger-Deprivation beim Einschlafen sollte durch Aufstellen eines Eßplanes beseitigt werden. Angenehme Aktivitäten sollten als Verstärker kontigent an die Einhaltung des Eßplanes gebunden werden.
2. Das Bett sollte wieder zum konditionierten Auslöser für Entspannung und Schlaf werden. Dazu mußten alle anderen Aktivitäten außer »entspannt Daliegen« und Schlafen verboten werden.
3. Das nächtliche Wachsein war so positiv getönt, daß eine aversive Konditionierung unumgänglich schien. Dies kann dadurch geschehen, daß unangenehme Aktivitäten, die ermüdend sind, an nächtliches Wachsein gekoppelt werden.

Verlauf der Therapie

1. Therapiestunde: Nach der ersten allgemeinen Exploration wurde sie gebeten, in der folgenden Woche zu folgenden Fragen genaue Notizen zu machen und sie in die Therapiestunde mitzubringen:
— Zeit des Zubettgehens
— Aktivitäten vor dem Zubettgehen
— Über welche Probleme wurde beim Einschlafen gegrübelt?
— Wieviel Zeit verging schätzungsweise bis zum Einschlafen?
— Wie oft und wie lange wachte sie auf?
— Was tat sie, wenn sie aufwachte?
— Wann wurde wieviel von was gegessen, tagsüber und nachts?
Die Ergebnisse wurden teilweise bei der Zusammenfassung der Exploration berichtet.

2. Therapiestunde: Die Beobachtungsbogen zeigten bereits eine wesentliche Verbesserung, verglichen zu dem Bericht der ersten Stunde und können deswegen nicht als objektive Basis-Linie angesehen werden. Nun weiß man, daß Selbstbeobachtung und gezielte Aufmerksamkeit Verhalten ändern können. Hinzu kam aber noch, daß sie von sich aus ohne Aufforderung aufgehört hatte, nachts zu essen. Dafür aß sie jetzt mittags eine Kleinigkeit. Wir vereinbarten einen Essensplan, der vorsah, daß sie morgens eine Kleinigkeit, mittags eine kleine Portion und abends eine richtige Mahlzeit zu sich nehmen sollte. Nun hatte sie Angst, dicker zu werden. Wir vereinbarten, daß sie sich beraten lassen sollte, um nahrhafte, aber nicht zu kalorienhaltige Speisen zusammenzustellen. Außerdem wurde ihr klar, daß sie vermutlich bei einem geregelten Essensplan weniger zunehmen würde als bei ihren unkontrollierbaren Eßanfällen nachts.
Spätestens 30 Minuten vor dem Zubettgehen mußte sie mit dem Essen aufhören und alle Leckereien aus dem Schlafzimmer räumen.
Doris versprach, weiterhin Tagebuch zu den beschriebenen Fragen zu führen.

3. Therapiestunde: Doris hatte abgelehnt, Verstärker kontigent auf angemessenes Essen zu setzen, weil sie glaubte, daß Lernfortschritte selbstverstärkend und in sich selbst belohnend seien. Sie hatte sich große Mühe gegeben und berichtete, keine großen Schwierigkeiten mit dem Essen gehabt zu haben.
Ihr Schlaf war sehr unterschiedlich gewesen. Zum ersten Mal seit langer Zeit hatte sie zwei Nächte ohne Unterbrechung geschlafen, einmal 11, einmal 9 Stunden. Dafür hatte sie zwei Nächte überhaupt nicht geschlafen. Dies machte deutlich, daß die Stabilisierung des Eßverhaltens nicht ausreiche, um das Problem ganz zu beheben. Sie berichtete, in den schlaflosen Nächten abwechselnd verzweifelt im Bett

gelegen oder aber gelesen zu haben. Daraufhin wurde eine weitere Variable eingeführt:
Von nun an waren alle angenehmen Aktivitäten wie Essen, Lesen oder Musik hören im Bett verboten. Sie durfte nur ruhig daliegen oder schlafen. Hatte sie das Gefühl, im Moment wirklich nicht schlafen zu können, mußte sie aufstehen und etwas Langweiliges, leicht Aversives und leicht Ermüdendes tun. Sie entschied sich für: Schuhe putzen und langweilige Geschäftsberichte lesen.

4. Therapiesitzung: Doris betrachtete ihr Problem als gelöst und war sehr erleichtert. Wir diskutierten alle möglichen Bedingungen, die wieder zu einer Verschlechterung führen konnten, fanden aber keine, die sie nicht selber meistern konnte. Ihre Eßgewohnheiten hatten sich auch weitgehend stabilisiert. Wir vereinbarten ein Nachkontrollgespräch drei Wochen später.

Entwicklung der Störung:

	1. Std.	2. Std.	3. Std.	4. Std.
Zeit bis zum Einschlafen	90 Min.	15 Min.	9 Min.	8 Min.
Wie oft wachte sie auf?	3-6 Mal	0.8	0.4	0
Wie lange lag sie wach?	30-45 Min.	20 Min.	8 Min.	0
Gesamtstunden Schlaf pro Nacht	4-5	5.45	5.30 davon 2 x 0 1 x 11 1 x 9	7.15
	Vor der Therapie	Nacht Selbstbeobachtung und 1. Ansatz zur Änderung des Eßverh.	Nach syst. Änderung des Eßverh.	Nach Aversiv-Konditionierung des Wachseins

Nachkontrolle: Knappe vier Wochen nach Beendigung der Therapie war der Erfolg stabil geblieben. Exakte Daten konnten nicht erhoben werden, weil die Motivation zur genauen Tagebuch-Führung nach dem Erfolg verloren gegangen war. Aus der Tatsache, daß Doris sich nicht wieder meldete, ist zu schließen, daß auch in den folgenden Monaten kein Rückfall eingetreten ist. Sie selber hatte darum gebeten, bei einem möglichen Rückfall erneut zur Konsultation kommen zu können.

Diskussion

Die beiden Fälle haben gezeigt, daß ähnliche Störungsbilder von recht unterschiedlichen Bedingungen aufrechterhalten werden können. Andere Fälle mögen wieder andere bedingungsanalytische Bilder zeigen.
Wir haben uns hier um Schlafstörungen bemüht, bei denen kein unmittelbarer Zusammenhang zu anderen Symptomen zu finden war, selbst wenn er bei der Genese eine Rolle gespielt hat.
Sehr oft lassen sich aber derartige Verbindungen zwischen Symptomen vermuten. Es bedarf keiner tiefenpsychologischer Hypothesen, um gelegentlich zu vermuten, daß — um beim Bereich des Schlafes zu bleiben — ein weiteres Problem existiert, das den Klienten »nicht schlafen läßt«.
Hier muß vor kritischen Spekulationen gewarnt werden, die oft enorm plausibel und dennoch falsch sein können. Vielmehr gilt es, Hypothesen ruhig nachzugehen und zu versuchen, sie empirisch zu erhärten. Hier stehen wir vor einem häufig zu findenden Problem: Wo fange ich an, was nehme ich zum Ansatz der Therapie, welches Verhaltensproblem ernenne ich zur *Zielverhaltensklasse* (target response)?
Wie immer ich mich entscheide, wichtig ist, daß ich versuche, während der Therapie in einer permanenten Therapiekontrolle die verhaltensanalytischen Hypothesen und Entscheidungen zu verifizieren oder zu falsifizieren. Entscheidungen müssen oft rückgängig gemacht werden, weil während der Therapie wichtige Informationen hinzukommen oder sich Vermutungen nicht bestätigen.
Welche Kriterien genereller Art haben wir, um trotz einer gewissen Unsicherheit zu Beginn festzulegen, mit welcher Störung wir beginnen wollen, v. a. wenn der Klient eine ganze Reihe schwerwiegender Verhaltensprobleme hat, wie dies sehr häufig der Fall ist?
— Äußere Bedingungen: Steht ein Klient kurz vor der Prüfung, ist es sinnvoll, zunächst seine Prüfungsangst anzugehen, auch wenn er noch andere wichtige Probleme wie Selbstunsicherheit oder Zwangsgedanken hat. Denn das Nicht-Bestehen der Prüfung hätte langfristige negative Konsequenzen.
— Funktionaler Zusammenhang. Hängen die Symptome voneinander ab? Greift z. B. ein Alkoholiker immer dann zur Flasche, wenn er mit einem Partnerschaftskonflikt mit seiner Freundin nicht mehr fertig wird? Kann ein Klient nicht mehr schlafen, weil er dauernd über seine sexuellen Schwierigkeiten grübelt? Dennoch muß gewarnt werden: Einmal kann ein sekundäres Symptom sich verselbständigen. So kön-

nen Schlafstörungen auch unabhängig von den originalen Konflikten (falls vorhanden) weiterbestehen. Zum anderen kann das sekundäre Symptom so wichtig und problematisch sein, daß es die Arbeit am zentraleren Symptom behindert.
— Welches Symptom erzeugt im Moment den größten Leidensdruck? Oft ist der Klient nur zur Mitarbeit bereit, wenn zunächst einmal dort angesetzt wird, wo er am meisten leidet. Da wir keine solchen festen Abhängigkeiten annehmen müssen, wie sie die Psychoanalyse zwischen Symptomen postuliert, sollten wir dem dringenden Wunsch der Klienten nachgeben, wenn die Bedingungsanalyse uns nicht von der Fruchtlosigkeit des Unternehmens überzeugt.
— Durch welchen Ansatz kann dem Klienten möglichst schnell möglichst viel Erleichterung verschafft werden? Die beiden letzten Kriterien fallen oft zusammen. Andererseits kann man oft sehr schnell große Erleichterung erreichen, selbst wenn man nicht beim zentralen Symptom oder bei demjenigen ansetzt, das den größten Leidensdruck erzeugt, sondern dort, wo man mit minimalem Aufwand (z. B. Entspannungstraining) enorme Erleichterung bringen kann.
Auch hier gibt es also keine Waschzettelmethode, die Kriterien können nur eine Hilfe für eine rationale Überlegung im Rahmen des Bedingungsmodelles sein.
Liegen mehrere wichtige Symptome vor, kann (muß aber nicht) die Schlaftherapie in einer Partnerschaftstherapie oder der Behandlung von Prüfungsängsten bestehen. Andersherum mag es notwendig sein, zunächst einmal ein Schlafprogramm zu machen, bevor man die Konzentrationsstörung behandelt, die möglicherweise genetisch die Schlafstörung mitverursacht hat. Mit Lazarus ist zu sagen, daß absolute Prinzipien in der klinischen Psychologie die Arbeit eher behindern. Aber Flexibilität darf nicht Ergebnis privater Zufallskonditionierungen sein, denen der Therapeut erlegen ist, sondern muß sich aus der harten empirischen Prüfung der vielgestaltigen Problematik ergeben.

Interessenten seien folgende Bücher zum Selbst-Studium empfohlen

Grundlagen der Schlaf-Forschung:
N. Birbaumer 1975, Kap. 7, W. C. Dement 1974,
J. Finke & W. Schulte 1970

Traditionelle therapeutische Ansätze:
J. Finke & W. Schulte 1970

Verhaltenstherapeutische Ansätze:
Im Moment liegt kein Werk vor, das speziell für Schlafstörungen verhaltenstherapeutische und -praktische Ansätze zusammenfaßt. Hier muß auf die entsprechenden verhaltenstherapeutischen und klinischen Fachzeitschriften verwiesen werden (Ausschnitte s. u.).

5. Behandlung eines Klienten mit Ängsten und Atemnot mit verschiedenen verhaltenstherapeutischen Methoden

von Regina Krause

Vorbemerkung

Nachdem mehrere andere Methoden keinen stabilen Erfolg brachten, wurde in diesem Fall die Methode des flooding angewandt. Es sollen die vorherigen Behandlungsmethoden und die jeweiligen Behandlungsergebnisse kurz dargestellt werden. Hauptsächlich wurden Desensibilisierung in vivo und sensu und die Methode des flooding durchgeführt. Der dargestellte Fall erscheint besonders deshalb interessant, weil er zeigt, wie stark der Klient sein ganzes Leben »um das Symptom arrangiert hat«, d. h. wie stark die Vermeidungsverhaltensweisen seinen Lebensraum einschränken.[*]

Der Klient und der Grund der Anmeldung

Herr M. ist 45 Jahre alt und arbeitet derzeit als Bundesbahnsekretär. Seit einem Zugunglück, das er miterlebte, hat er starke Todesangst, verbunden mit physiologischen Begleiterscheinungen wie Herzrasen, Hitzewallungen Kribbeln der Hände, Beklemmungen in der Brustgegend und Atemnot. Die Atemnot steht bei diesen physiologischen Erscheinungen im Vordergrund.
Vorläufersymptome solcher Angstzustände sind Verspannungen in der Brustgegend.
Herrn M. belastet besonders seine Immobilität. Er kann sich innerhalb der Stadt nur in bestimmten ihm *vertrauten* Bezirken mit dem Auto, das er selbst fährt, bewegen. Neue Bezirke kann er sich nicht erschließen. Das löst bzw. könnte Angst auslösen. Ebenfalls kann er nicht aus der Stadt herausfahren, was Urlaubs- und Ausflugsfahrten unmöglich macht. Es ist Herrn M. auch innerhalb des vertrauten Bereiches nicht möglich, im Auto eines anderen mitzufahren oder mit Bus oder Bahn zu fahren.
Innerhalb seiner Familie hat Herr M. eine isolierte Position. Er vermeidet möglichst jeglichen Lärm, Ärger und Aufregung, da dies Ängste auslösen könnte bzw. das Auftreten von Ängsten erleichtert.
Wegen dieser Symptomatik, die insgesamt schon 15 Jahre besteht, war Herr M. schon bei mehreren Ärzten (auch Nervenärzten) und zwei Psycho-

---

[*] Die Therapie wurde abwechselnd von zwei Therapeutinnen (Frau Dipl.-Psych. Birgit Ebert und der Autorin) durchgeführt, in der Hoffnung, eine zu starke Abhängigkeit von dem behandelnden Therapeuten zu verhindern. Frau B. Ebert möchte ich an dieser Stelle für die gute Zusammenarbeit danken.

logen in Behandlung. Es konnten immer nur Teilerfolge erzielt werden, die nach Beendigung der Behandlung nicht lange anhielten. Vor ca. einem Jahr war Herr M. zwei Monate in der Nervenklinik stationär aufgenommen. Auch hiernach war kein anhaltender Erfolg zu erkennen. Nach Rückkehr in die belastende Umgebung stellte sich die Symptomatik jeweils in alter Stärke wieder ein.
Herr M. kam auf Grund eines Zeitungsartikels zu uns, in dem über Bio-Feedback-Behandlung berichtet wurde. Er meinte, das sei seine letzte Hoffnung.

Verhaltensanalyse

Analyse des symptomatischen Verhaltens

Die Bestandteile der Symptomatik sollen zuerst einzeln analysiert werden. Später soll der Zusammenhang der Symptome untereinander dargestellt werden.
Folgende Bereiche sollen getrennt analysiert werden:
1. Angst, keine Luft mehr zu bekommen — Todesangst
2. Erwartungsangst

1. Angst, keine Luft mehr zu bekommen — Todesangst

Qualitative und quantitative Analyse des symptomatischen Verhaltens
Es können hier drei unterschiedliche Ausprägungen von Herrn M. angegeben werden. Er nennt sie »Attacke 1-3«.
Attacke 1: Im Brustkorb und in der Halsgegend tritt eine Verspannung auf. Es ist, als würde eine Platte auf seinen Brustkorb gepreßt. Er ist dann kurzatmig und hat das Gefühl, nicht mehr richtig Luft zu bekommen. In den Fingern beginnt es zu kribbeln und die Füße werden eiskalt. Eine Wärmflasche oder Reiben der Füße nützt dann nichts. Handschweiß tritt auf. Es tritt noch keine Angst auf. Dieser Verspannungszustand kann nach seinen eigenen Angaben einige Stunden, aber auch einige Tage andauern.
Attacke 2: Die Verspannungen und die übrigen Symptome sind wie bei Attacke 1. Warme Stränge ziehen sich entlang der Halsschlagadern zum Kopf hoch, die Ohren werden warm, nicht aber der ganze Kopf. Im Hals hat er das Gefühl, als säße dort ein Kloß. Das Atmen wird noch schwieriger. Es tritt Angst auf.
Attacke 3: Panikattacke. Symptome wie bei 2, zusätzlich Herzrasen. Angst, sterben zu müssen. Er fährt dann so schnell wie möglich zur Nervenklinik. Bei der Fahrt mit dem Auto nimmt er seine Umgebung nicht richtig wahr, es ist alles verschwommen. Er sieht nur noch die Straße vor sich. Dabei kann er sich noch verkehrsgerecht verhalten und würde z. B. nicht bei Rot über die Ampel fahren. In ihm hämmert nur ein Gedanke: »Klinik, Klinik« Dort wird er dann von den Ärzten beruhigt.

Schon bei Beginn der Symptome beobachtet Herr M. die Atemfunktion und die anderen physiologischen Vorgänge sehr genau, was zu einer Erhöhung der Erregung beiträgt. Diese erhöhte Erregung und Angst bedingen nun wieder das Ansteigen der physiologischen Funktionen. Hier ergibt sich ein Aufschaukelungsprozeß.

Beispiel für einen Panikanfall:
Während einer Desensibilisierungssitzung bei einem früheren Th. war Herr M. ganz entspannt (autogenes Training), als plötzlich das Telefon klingelte. Dies erschreckte ihn so sehr, daß die Angst sofort in voller Stärke auftrat. Durch die tiefe Entspannung war er weder in der Lage zu schreien, noch sich zu bewegen. Er konnte auch die Augen nicht öffnen.
Nach dem Telefonanruf merkte der Th. an seinem schnellen Atmen, daß er Angst hatte, holte ihn durch Anweisung aus der Entspannung zurück und beruhigte ihn durch Sprechen.

(Dies Beispiel sei auch deswegen hier erwähnt, da diese Erfahrung des Kl. zu einer Modifizierung der durchgeführten Desensibilisierung führte und evtl. auch für den Mißerfolg dieser Methode mitverantwortlich war).
Solche *Panikanfälle* sind insgesamt sechs Mal in den 15 Jahren aufgetreten. Er versucht erfolgreich, sie so weit wie möglich zu vermeiden.
Attacken der Kategorie 2 gab es in den letzten drei Wochen ungefähr drei Mal.
Attacken der Kategorie 1 (Spannungszustände) treten häufiger auf und können dann auch länger anhalten.

Bestimmungsstücke für das funktionale Bedingungsmodell

Vorausgehende Reizbedingungen
Hier soll zwischen solchen Reizen unterschieden werden, die die Angst direkt auslösen und solchen, die zur Erniedrigung der Reizschwelle beitragen.

Auslösereize sind:
– Fahren mit Autobus oder Bahn, nicht schnell genug herauskönnen
– Beifahrer im Auto sein
– Im Fahrstuhl steckenbleiben (schon eingetreten)
– Im Verkehrsgewühl eingeklemmt sein
– Nicht schnell genug in die Nervenklinik bzw. einen Arzt erreichen können, wenn er z. B. von Münster wegführe
– Laute Geräusche

Die meisten dieser Reize sind in den letzten Jahren überhaupt nicht mehr aufgetreten. Sie werden gemieden. Bevor er sich entschließt, in solche Situationen zu gehen, treten Erwartungsängste auf, und er unterläßt es.

Bedingungen, die die *Reizschwelle erniedrigen:* Hierunter sind alle Reize zu verstehen, die sein allgemeines Wohlbefinden verschlechtern. Dies sind auch gleichzeitig Reize, die das Auftreten von Erwartungsängsten (s. u.) erleichtern können.

- Abgespannt sein durch Arbeit
- Infektionskrankheiten
- Rekonvaleszens
- Untrainiertheit des Körpers, besonders in Verbindung mit seinem Übergewicht (ca. 15 bis 20 Prozent über Sollgewicht)
- Unausgeschlafen sein
- Ärger mit den Kollegen oder in der Familie

Wichtige Situationen, in denen die Symptome nicht auftreten:

- Selbst Autofahren in bekannten Teilen der Stadt ohne Verkehrsgewühl
- Selbst Lok steuern im Bahnhofsbereich

Konsequenzen
Seine *Frau* kümmert sich vermehrt um ihn, indem sie ihn möglichst von allem Ärger mit Finanzen und den Kindern abschirmt. Wenn er zu Hause ist, hält sie die Kinder an, ruhig zu sein.
Verstehen kann sie seine Symptomatik allerdings nicht. Nachdem ihr Mann ihr früher schon häufiger Vorwürfe gemacht hat, sie habe kein Verständnis für ihn und wolle nur, daß er in die Klinik komme und sie dann seine Rente bekomme, versucht sie ihn bei Anfällen zu beruhigen und »bemuttert« ihn, wenn er krank ist.
Bei einem Anfall möchte er allerdings meist nicht, daß sie dabei ist, sondern der *älteste Sohn,* da dieser mehr Verständnis für ihn habe. Der Sohn ist aber meistens nicht erreichbar.
Als die *Mutter* von Herrn M. noch lebte, hat sie immer bei einem Anfall an seinem Bett gesessen, ihn beruhigt und die Hände gehalten. Herr M. wirft seiner Frau heute manchmal vor, daß sie nicht so viel Verständnis habe wie seine Mutter.
An der *Arbeitsstelle* weiß nur sein Chef von seinen Ängsten, die Kollegen wissen nichts. Er hat deswegen keine Vorteile, versucht eher, seine Arbeit besonders gut zu machen, damit er nicht auffällt. Er braucht im Gegensatz zu seinen Kollegen keinen Nachtdienst zu machen, da er dann befürchtet, daß die Ängste auftreten könnten.

Organismusvariablen
Mehrfache internistische Untersuchungen ergaben keinen organpathologischen Befund.
Auch die neurologische Untersuchung ergab keinen krankhaften Befund.

Selbstkontrolle
Es liegt Vermeidungsverhalten vor, s. hierzu unter »Erwartungsangst«.

Genese
Hier lassen sich hauptsächlich drei Ereignisse angeben, die in engem Zusammenhang mit dem ersten traumatischen Ereignis, dem Zugunglück, stehen.

Traumatisches Ereignis – *Zugunglück*
Herr M. war zu dieser Zeit kurz vor Abschluß seiner Ausbildung als Lokführer und fuhr als Heizer auf einer Lok mit.
Sein Zug stieß mit einem entgegenkommenden Zug wegen falscher Weichenstellung zusammen. Die beiden Loks schoben sich nach dem Zusammenstoß aneinander vorbei. Es gab ein lautes Geräusch vom Zerbersten von Eisenteilen und ein Schaben der aneinander vorbeigleitenden Loks.
Herr M. wurde aus der Lok heraus- und neben die Gleise geschleudert. Als er hochschaute, hatte er das Gefühl, daß die Lok auf ihn stürzen würde (diese stand aber nur schräg und fiel nicht). Er bekam große Angst und versuchte aufzustehen und wegzulaufen, was ihm wegen seiner Beinverletzung (Trümmerbruch im Knie) nicht gelang. Es kann angenommen werden, daß hierin ein UCS vorliegt.

UCS	UCR
(angenommene Todesgefahr durch auf ihn stürzende Lok)	Todesangst und physiologische Aktivierung zur Einleitung einer Fluchtreaktion

Das *zweite Mal* trat Angst auf, als er im Krankenhaus lag. Er lag schon einige Monate im Streckgips, in dem er sich kaum bewegen konnte. Zu dieser Zeit nahm er sehr viel Tabletten. Er hatte auf einmal den Gedanken, unbedingt aufzustehen und aus dem Krankenhaus weg zu müssen, was aber wegen des Gipses nicht möglich war.
Wegen seiner Angst klingelte er nach der Schwester, sie kam aber nicht, was seine Erregung noch mehr steigerte.

(U)CS	CR
– Gefühl, weg zu wollen und eingeengt zu sein	– Erregung
	– Angst
zusätzlich UCS:	
– Hohe Tablettendosis	

Die Angst wird hier verstärkt, da die UCS-Bedingung (angenommene Bedrohung) wieder auftritt.
Das *dritte Angstereignis* trat bei seiner Entlassung aus dem Krankenhaus auf.
Herr M. lag noch immer im Gips und wurde auf einer Trage in den Fahrstuhl geschoben. In dem Moment, in dem die Türen zugingen, hatte er das Gefühl, er bekomme keine Luft mehr. Angst trat auf. Diese Angst ließ nach, als sich die Türen des Fahrstuhls wieder öffneten. Im Krankenwagen trat die Angst wieder auf, als die Türen ge-

schlossen wurden. Er bat die Krankenträger, das Fenster zu öffnen. Sie machten sich aber nur über ihn lustig.

CS	CR
– eingeschlossen sein, sich nicht aus eigener Kraft befreien können	– Angst – Gefühl, keine Luft mehr zu bekommen

Eine ähnliche Kette läßt sich für den Transport im Krankenwagen bilden.
Hier sollte kurz die *Genese der konditionierten Reize* (CS) besprochen werden.
Beim *traumatischen Zugunglück* lassen sich folgende Reize als spätere CS erkennen:

CS_1 – sich nicht aus eigener Kraft helfen können
CS_2 – laute Geräusche (Zusammenstoßen und Ineinanderverkeilen der Züge)
CS_3 – Fahren mit Bahn.

Im *zweiten Ereignis* (Krankenhaus) findet sich der CS »sich nicht aus eigener Kraft helfen können« wieder. Weitere spätere CS sind:

CS_4 – Medikamenteneinnahme
CS_5 – eingeschlossen und bewegungsunfähig sein (Gipsverband)
CS_6 – allein sein.

Im *dritten Ereignis* (Transport nach Hause) findet sich das Eingeschlossensein im Fahrstuhl wieder. Weiter wird hier zu CS:

CS_7 – Fahrstuhl
CS_8 – *Mit*fahren im Auto.

Nachdem Herr M. wieder zu Hause ist, mußte ständig jemand bei ihm in erreichbarer Nähe sein. Seine Mutter, die zu der Zeit noch lebte, war fast ständig in der ersten Zeit bei ihm.
Später, als die Mutter nicht mehr im Hause war, durfte seine Frau nicht aus dem Haus gehen, wenn sonst keiner zu Hause blieb. Der Gedanke, allein zu sein und bei einem möglichen Anfall nicht gleich den Arzt telefonisch rufen zu können (das Telefon befand sich im Erdgeschoß, während Herr M. im ersten Stock im Bett lag), ängstigte ihn so, daß er dann seine Frau bat, zu Hause zu bleiben.

S^D	R	¢–
– Frau will weggehen	bittet Frau zu bleiben	– Frau bleibt
– Antizipiert Angst, nicht schnell genug einen Arzt erreichen zu können, wenn Angstanfall kommt		– antizipierte Angst, keine Hilfe holen zu können, bleibt aus

Dies ist der erste Schritt zum später immer umfangreicheren Vermeidungsverhalten. Es tritt schon Angst bei der *Antizipation* des CS ein, die zu Vermeidungsverhalten führt (hierzu s. w. u. »Erwartungsangst«).
Ein weiterer Angstanfall trat, wie oben schon geschildert, in der Desensibilisierungssitzung auf. Hier war der CS das »laute Geräusch des Telefons«. Ein weiterer CS wurde in diesem Fall konditioniert, der in der Behandlung eine Rolle spielte:
CS_9 – tiefe Muskelentspannung (Hilflosigkeit).

Hypothetisches Bedingungsmodell
Wie in der Genese schon berichtet, fand eine Konditionierung auf sehr viele Reize statt; zudem muß eine starke *Reiz*generalisierung auf ähnliche Reize angenommen werden. Während bei den ersten Ereignissen mit starker physiologischer Erregung reagiert wurde, wird später hauptsächlich mit Angst und dem Gefühl der Atemnot reagiert, während die anderen physiologischen Komponenten der Erregung mehr in den Hintergrund treten.

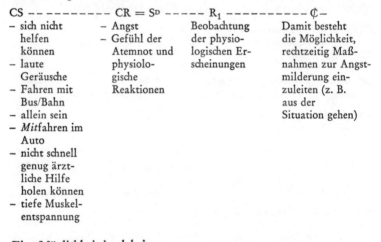

Eine Möglichkeit ist dabei:

oder

unter der Bedingung, daß sich keine Möglichkeit bietet, Maßnahmen gegen die Angst zu ergreifen:

$$CS \text{-----} CR = S^D \text{---} R_1 = CS \text{--} CR = S^D \text{-----} R_2$$

| (s. o.) | (s. o.) | – Beobachtung der physiologischen Reaktionen
– Bewertung als gefährlich | Steigerung von Angst und Erregung | weitere Beobachtung |

Es kommt im Sinne eines Teufelskreises zu einer ständigen Steigerung der Angst bis zum Panikanfall.
Es handelt sich also um eine respondente Reaktion (Todesangst), die durch Flucht- und Vermeidungsverhalten aufrecht erhalten wird.
Hier zeigt sich die Schwierigkeit, den Aufschaukelungsprozeß der Erregung in einer Verhaltenskette darzustellen. Einerseits führt die ständige Beobachtung zu einer weiteren Erregungssteigerung und an einer bestimmten Stelle wird Fluchtverhalten eingeleitet. Für dieses Fluchtverhalten ist aber meist nicht allein die bestehende Erregung (CR) der S^D, sondern es muß erst noch eine zusätzliche Bedingung hinzukommen, damit das Fluchtverhalten ausgelöst werden kann. Denn sonst könnte das Fluchtverhalten ja schon früher eingeleitet werden, da ja auch die früheren Stadien der Angst und Erregung unangenehm sind. Tritt kein Fluchtverhalten auf (weil es z. B. in einer bestimmten Situation nicht möglich ist), gibt es andererseits auch keine ständig sich steigernde Erregung, da jeder Erregungsprozeß eine obere physiologische Grenze hat. Von dieser Grenze an sinkt die Erregung wieder ab, da der Körper nicht mehr in der Lage ist, zu reagieren (Habituation). Dies kann aber ebenfalls in einer Verhaltenskette nicht adäquat dargestellt werden.

2. Erwartungsangst

Qualitative und quantitative Analyse des symptomatischen Verhaltens
Hierunter ist die *Angst vor einem neuen Anfall*, besonders vor einem Panikanfall (Attacke 3) zu verstehen.
Komponenten dieser Erwartungsangst sind zwanghafte Gedanken, die Herr M. »Bedenkenrolle« nennt. Die Gedanken bestehen aus Vorstellungen darüber, was alles passieren könnte, wenn er einen Anfall bekäme. Es sind »Bedenken«, die ihn davon abhalten, in die Situation hineinzugehen bzw. länger in ihr zu bleiben. Solche Bedenken sind: Er könnte ohnmächtig werden; er könnte unangepaßt reagieren, z. B. bei Rot über die Ampel fahren oder das Auto in einer Schlange einfach verlassen und davonlaufen; man könnte ihn für verrückt halten usw.
Je länger er diese Bedenken hat, desto intensiver werden sie. Herr M. spricht dann davon, daß die Bedenkenrolle immer schneller läuft. Es kommt dabei auch zu Druck auf den Brustkorb.

Beispiel:
Herr M. hat sich vorgenommen, mit dem Aufzug zu fahren. Er geht auf den Aufzug zu. Die »Bedenkenrolle« beginnt erst langsam, dann immer schneller zu laufen. Er denkt:
»Wenn der Fahrstuhl zwischendurch steckenbleibt, bekommst du einen Anfall, bekommst keine Luft mehr. Es kann dir dann niemand helfen, du hämmerst gegen die Tür, die Leute laufen zusammen, sie erklären dich für verrückt. Vielleicht wirst du auch ohnmächtig, und es kann dir keiner helfen, du stirbst«.
Herr M. entscheidet sich dann, nicht mit dem Fahrstuhl zu fahren, und er kehrt um zum Treppenhaus. Dies reduziert seine Angst augenblicklich.
Diese Angst tritt fast täglich auf, manchmal mehrmals.

Bestimmungsstücke für das funktionale Bedingungsmodell

Vorausgehende Reizbedingungen
Hier können alle Situationen genannt werden, in denen Herr M. sich entscheiden muß, in eine der CS-Situationen für Todesangst zu gehen; außerdem solche Situationen, die zu CS-Situationen der Todesangst führen könnten (in Klammern jeweils die vom Kl. erwarteten CS-Situationen für Todesangst).

- Entfernung vom Haus, besonders zu Fuß oder mit dem Fahrrad (bei einem Anfall könnte er dann nicht schnell einen Arzt erreichen, besonders auch wegen des geschädigten Knies).
- Schwimmen im tiefen Wasser (Begründung s. o.).
- Entfernung von Münster bzw. bekannten Stadtteilen (Begründung s. o.).
- Benutzung von Autobahnen (auf Autobahnen kann er nicht jederzeit umdrehen, sondern muß bis zur nächsten Abfahrt warten, dadurch wird die Zeit zur Erreichung des Arztes verlängert).
- Geschlossene Räume (er kommt nicht schnell genug heraus).
- Menschenansammlungen, besonders, mitten drin zu sein (auch hier kommt er nicht schnell genug heraus).
- Bahnschranke auf einer Straße (wenn die Schranken hinter ihm herunter gehen, kann er nicht schnell genug zum Arzt kommen, weil er nicht zurück kann).
- Unbekannte Situationen generell (es könnte zu einem Anfall kommen, es ist fraglich, ob er dann schnell genug zum Arzt kann).
- Einnehmen von Medikamenten generell (die Wirkung der Medikamente läßt sich nicht abschätzen, sie könnten erregende Wirkung haben und evtl. Angst verstärken – der eigene Körper gerät außer Kontrolle).
- Alkohol (Begründung s. Medikamente).
- Entspannung (es besteht die Möglichkeit, in die tiefe Muskelentspannung zu gelangen (= CS für Todesangst)).
- Verkehrsgewühl (Begründung s. o.)

Konsequenzen
Kurzfristig: Möglichkeit, Fluchtverhalten einzuleiten. Dieses Fluchtverhalten für Erwartungsangst ist gleichzeitig Vermeidungsverhalten

für Todesangst. Wie oben schon erwähnt, ist es so erfolgreich, daß die Todesängste in den 15 Jahren des Bestehens der Symptomatik nur sechs Mal aufgetreten sind.
Langfristig: Das gesamte Familienleben ist auf die Symptomatik eingestellt, was Herrn M. eine starke Sonderstellung in der Familie gibt (nicht in Urlaub fahren, nichts Neues unternehmen, Ärger wird ferngehalten usw.).

Kontrolle des symptomatischen Verhaltens und des Flucht- und Vermeidungsverhaltens
Herr M. versucht, diese Gedanken der »Bedenkenrolle« bewußt beiseite zu schieben, was ihm aber nur bei sehr geringen Graden von Erregung gelingt. Außerdem versucht er, sich durch Konzentration auf anderes abzulenken oder die Erregung in motorische Aktivität umzusetzen (Hin- und Hergehen).
Auf Anraten eines der bisher behandelnden Ärzte setzt er sehr bewußt Bauchatmung ein. Hiermit hat er ab und zu Erfolg. Es kann angenommen werden, daß das ablenkende Moment hier eine bedeutende Rolle spielt.
Ist die Erwartungsangst schon aufgetreten, so entscheidet sich Herr M. dafür, die bevorstehende angsterregende Situation nicht aufzusuchen bzw. sie zu verlassen. Dadurch reduziert sich die Angst schnell.
Bleibt er in der Situation bzw. sucht er sie dennoch auf, bekommt er einen Angstanfall mit Todesangst.

Organismusvariablen
Die Untrainiertheit des Körpers könnte zu labilen Kreislaufverhältnissen geführt haben.
Die Atemaktivität des Kl. wurde mit einem Physiopolygraphen (Minograph, Siemens) registriert. Ein Thermistor diente als Meßwertaufnehmer. Dabei zeigte sich, daß sowohl in Ruhe als auch unter Belastung (Vorstellung phobischer Situationen) eine Veränderung des normalen Atemzyklus vorliegt: Die Einatemzeit und das Luftanhalten beträgt maximal 8 Sekunden, das Volumen und die Intensität der Ausatmung sind entsprechend erhöht. (Dies ist das Atemmuster, das er als »Bauchatmung« bezeichnet). Dies führt zu einem typischen Hyperventilationssyndrom, welches bei ihm schon nach vier bis fünf Zügen spürbare Benommenheit zur Folge hat.*
Es ist unklar, ob dies als Organismusvariable zu bezeichnen ist, oder ob es sich dabei um eine operant gelernte negativ verstärkte Reaktion handelt: möglicherweise könnte diese Art der Atmung durch die dar-

---

* Diesen Teil der Diagnostik sowie auch die Biofeedbackphase führte Prof. Dr. Vaitl durch, dem ich sehr herzlich dafür danke.

aus resultierende Benommenheit eine Flucht aus der angstauslösenden Situation bedeuten. Wegen der Benommenheit registriert er die angstbesetzte Situation nicht mehr bzw. erlebt sie nicht mehr als so stark angstbesetzt. Das Luftanhalten bei maximal gefüllten Lungen kann außerdem für eine Zunahme der Verspannungszustände im Brustbereich von 15 bis 20 Prozent gerade in Sitzhaltung das spannungsfreie Ausatmen erschweren.

Genese
Genese entfällt: Die Erwartungsangst wurde schon in der Genese durch negative Verstärkung ($\cent$-) aufrecht erhalten (s. u.). Die Entscheidung, nicht in die antizipierte angsterregende Situation hineinzugehen bzw. sie zu verlassen, führte zur Reduktion der Erwartungsangst und dem Ausbleiben der Todesängste mit den damit verbundenen physiologischen Symptomen.

Hypothetisches Bedingungsmodell

CS ————————— CR = S^D —————— R —————— $\cent$ —

| – Antizipation der CS von Todesangst u. deren Folgen
– Entfernung vom Haus u. von Münster
– Autobahnen
– geschlossene Räume
– Menschenansammlungen
– Verkehrsgewühl
– Medikamente, Alkohol
– Schwimmen im tiefen Wasser | – Erwartungsangst
– Druck auf Brustkorb | entscheidet, nicht in Situation zu gehen oder diese zu verlassen | – Reduktion der Erwartungsangst
– Ausbleiben der Todesangst |

Langfristig könnte die Sonderstellung in der Familie positiv verstärkend wirken.

Zusammenhang der Einzelsymptome

Beide Symptome bedingen sich gegenseitig. Das auf die Erwartungsangst hin ausgeführte Flucht- bzw. Vermeidungsverhalten führt dazu, daß die konditionierten Reize, die zu Todesangst mit den dazugehörigen physiologischen Reaktionen führen, so gut wie nicht mehr auftreten. Eine Löschung kann deshalb nicht eintreten. Umgekehrt sind die Reaktionen auf Erwartungsangst Vermeidungsverhalten für Todesangst.

Analyse der Umwelt- und Sozialbedingungen

Herr M. ist Bundesbahnsekretär; dies wurde er, nachdem er für den Fahrdienst wegen seiner Knieverletzung untauglich war.
Er lebt mit seiner Frau und fünf Kindern in einem kleinen Ort in der Nähe einer Großstadt. Die Familie bewohnt ein Haus, das vor ca. 6 Jahren gekauft wurde. Seitdem renoviert Herr M. dieses Haus und baut es weiter aus.
Die Kinder sind zwischen 22 und 8 Jahren, drei Jungen und zwei Mädchen. Nur der älteste Sohn wohnt nicht mehr bei den Eltern. Eine besondere Belastung stellt der zweitälteste Sohn dar, der bei einem Verkehrsunfall einen Hirnschaden erlitten hatte. Er ist sehr unruhig, und die Mutter muß ihn ständig umsorgen.
Als Haushaltsgeld stehen seiner Frau monatlich ca. 900 DM zur Verfügung, womit sie nicht immer ganz auskommt. Sie geht dann lieber arbeiten, als es ihrem Mann zu sagen.
Herr M. hat seiner Frau fast alle Verantwortung übertragen: Sie kümmert sich um die Finanzen, führt im Haushalt Regie, erzieht die Kinder, überwacht deren Hausaufgaben usw.; Herr M. hält sich aus allem heraus, denn durch Aufregung kommt es häufiger zu Ängsten.
Die Kinder besprechen Probleme nur mit der Mutter. Versucht der Vater, sich einmal einzuschalten oder wird er von einem der Kinder angesprochen, so verläuft die Kommunikation meist für beide Teile unbefriedigend (es kommt zu Auseinandersetzungen).
Die Familie hat nicht viele Bekannte. Oberflächlich kennen sie die Nachbarn und einige Kollegen des Mannes. Herr M. hat einen Freund, den er schon aus der Schulzeit kennt. Dieser wohnt jetzt mit seiner Familie im Ruhrgebiet und kommt ihn alle paar Jahre besuchen. Gegenbesuche kann Herr M. nicht machen.
Er geht alle 14 Tage zum Kegeln, und ab und zu besuchen sie eine englische Familie, die früher einmal bei ihnen gewohnt hat.
Dieser Zustand wird von Herrn M. aber nicht als Isolation empfunden. Die Kommunikation der Eheleute bezieht sich nur auf alltägliche Dinge wie Besonderheiten im Beruf, weiteren Ausbau des Hauses usw. Ansonsten gibt es keine gemeinsamen Gesprächsthemen. Gemeinsame Gespräche gibt es überhaupt sehr selten. Dies wird auch von keinem der Partner als Mangel empfunden.
Frau M. kümmert sich ganz um die Kinder und sieht ihre Aufgabe hauptsächlich darin, daß alles »glatt läuft«.
Wenn Herr M. mittags nach Hause kommt (Schichtdienst), ißt er allein im Wohnzimmer, während die Mutter in der Küche mit den Kindern ißt, die nacheinander aus der Schule und von der Arbeit kommen. Herrn M. ist in der Küche zuviel Trubel, obwohl es ihn manchmal ärgert, daß die Kinder zur Mutter einen besseren Kontakt haben.
Abends sitzt Herr M. meist allein vor dem Fernseher, während seine

Frau in der Küche mit den Kindern beschäftigt ist. Die Kinder haben für sich einen zweiten transportablen Fernseher. Wenn die jüngeren Kinder ins Bett gebracht worden sind, setzt sich Frau M. schon mal zu ihrem Mann vors Fernsehen.

Wie oben schon erwähnt, versucht Frau M., möglichst alle Aufregung von ihrem Mann fernzuhalten. Sie weist deshalb auch die Kinder an, ruhig zu sein, wenn ihr Mann zu Hause ist, was auch meist klappt.

Mit seiner jetzigen Berufstätigkeit ist Herr M. zufrieden, obwohl er es manchmal bedauert, daß er nicht mehr im Außendienst tätig sein kann. Mit den Arbeitskollegen ist der Kontakt gut.

Nur sein Chef weiß um seine Ängste, die Kollegen ahnen seiner Meinung nach irgend etwas, sagen es ihm aber nicht. Er fühlt sich nach eigenen Angaben deswegen aber keineswegs als Außenseiter.

Mögliche Folgen einer Veränderung des symptomatischen Verhaltens

Positive Folgen
- Erhebliche Erweiterung des Freiheitsspielraumes für Herrn M. und seine Familie (Ausflüge, Wochenendfahrten und Urlaub an auswärtigen Orten wären möglich)
- Kontaktaufnahmen zu anderen Personen würde möglich, da er derzeit solche Kontakte wegen der Verpflichtungen, die sie mit sich bringen (gemeinsame Unternehmungen, Feiern mit Alkohol u. a.) nicht aufnehmen kann.
- Die Zuwendung seiner Frau auf Ängste könnte wegfallen und dafür auf nichtsymptomatisches Verhalten gegeben werden, wodurch die Interaktion der Ehepartner verbessert werden könnte.
- Durch die Möglichkeit, Aufregungen zu tolerieren, könnte Herr M. besser in das Familienleben integriert werden und mehr Kontakt zu seinen Kindern haben.
- Der Kontakt zu seiner Frau könnte sich bessern, obwohl es hier fraglich ist, ob das entsprechende Verhalten vorhanden ist.
- Ihm würde die Weiterbildung zur nächsthöheren Stufe im Beruf ermöglicht, die er bisher nicht erreichen konnte, da er dann erst an auswärtigen Lehrgängen teilnehmen müßte. Dadurch könnte evtl. dann eine größere Zufriedenheit erreicht werden.
- Die Bewegungsfreiheit würde sich auch in der näheren Umgebung vergrößern, da er bei Wegfall der Symptome nicht immer nur bestimmte Wege fahren müßte, sondern auch mal unbekannte Strecken fahren könnte. Zudem wären diese Fahrten nicht so belastend wie derzeit, da er nicht mehr auf beängstigende Verkehrsstauungen aufpassen müßte, um diese vermeiden zu können.
- Für seine Frau würde die große Belastung, die sie durch die Erkrankung hat, entfallen; die Partner könnten dann *gemeinsam* die jeweils anliegenden Probleme angehen, was wiederum zu einer Verbesserung des Verhältnisses führen könnte.
- Für die Kinder fällt das sicher belastende Rücksichtnehmen weg, und die Desintegration des Vaters würde aufgehoben.

Negative Folgen
- Die Zuwendung seiner Frau auf symptomatisches Verhalten entfällt. Es muß unbedingt darauf geachtet werden, daß es nicht zu einem Zuwendungsdefizit kommt. Wie die Analyse zeigt, spielt die operante Komponente der Angstreaktion (Symptom 1) eine Rolle.
  Frage: Haben beide Partner das Verhalten, dieses auszugleichen? Sonst wird der Zustand für beide unbefriedigend.
- Verhaltensdefizite im Umgang mit den Kindern könnten sichtbar werden und zu einem Gleichbleiben der Beziehung oder sogar zur weiteren Verschlechterung führen (Streit).
- Durch die Erweiterung des Bewegungsspielraumes und die Möglichkeit, z. B. in Urlaub zu fahren, könnte eine finanzielle Überlastung entstehen. Es könnte kein Geld für solche zusätzlichen Unternehmungen vorhanden sein, was nachträglich alle Beteiligten unzufrieden macht. Hier muß rechtzeitig auf die Möglichkeit hingewiesen werden, und evtl. müssen die Ausgaben anders priorisiert werden.
- Bestimmte Verhaltensweisen im Berufsleben, die Herr M. derzeit auf die Angst und die Notwendigkeit der Angstvermeidung zurückführt und derentwegen er etwas belächelt wird (Pedanterie), könnten sich auch nachher als stabil erweisen und er könnte sich als Person abgelehnt fühlen.

Zielanalyse

Folgende Punkte sollten angegangen werden:
1. Zum allgemeinen Körpertraining sollte Herr M. zu körperlicher Betätigung angehalten werden (Schwimmen, was er eigentlich sehr gern macht, er geht aber nicht gerne allein zum Schwimmen; Abnahme des Körpergewichts, was er eigentlich auch möchte). Es wurde gehofft, die Reizschwelle für die anderen Reize zu erhöhen und die Attribution auf organische Komponenten auszuschließen.
2. Todesangst
3. Das Vermeidungsverhalten auf die Erwartungsängste sollte abgebaut werden.
4. Auf die möglichen negativen Folgen (Verhaltensdefizite) sollte hingewiesen werden. Falls notwendig, sollten diese mit der Zustimmung der Beteiligten angegangen werden.

Diagnostischer Plan

Therapiekontrolle durch Fragebogen
Es wurde das Freiburger Persönlichkeitsinventar (FPI) gewählt, da es gerade zur Diagnose bei psychosomatisch gestörten Personen entwickelt worden ist. Eingangswerte des FPI s. Abb. 4, S. 117.

Kontrolle der physiologischen Regelung
Im psychophysiologischen Labor sollten mit Hilfe von Messungen der Herzfrequenz, der Atemtätigkeit, des EMG z. B. in der Brustregion, in der er über Druckgefühle klagte, die Vorgänge bei verschiedenen Emotionen (auf der Vorstellungsebene) aufgezeigt werden und nach Besonderheiten untersucht werden. Da dies gleichzeitig ein erster Therapieschritt in Richtung der Umattribuierung dieser Vorgänge sein sollte, wird weiter unten darüber berichtet.

Erste Phase der Therapie

Diese erste Phase der Therapie soll nur abrißartig wiedergegeben werden, da sie nicht zum gewünschten Therapieerfolg führte.

1. Biofeedback
Mit Hilfe des Feedbacks der physiologischen Parameter wurde sowohl — wie vorne dargestellt — die physiologische Diagnostik geleistet, als auch anhand der Ergebnisse eine Umattribuierung dieser Vorgänge bei Herrn M. versucht.
Es wurde vermittelt, daß körperliche Funktionen wie Herzfrequenz, Wärmeregulation und besonders die Atmung nicht rein autonome Geschehen darstellen, die sich jeder Selbstregulation entziehen. Es wurde gleichzeitig betont, daß es sich bei diesen Funktionen nicht um »nichtsteuerbare Gefahrenquellen« handelt, sondern daß Herr M. sie durchaus selber beeinflussen kann.
Damit verbunden war eine Erklärung der physiologischen Prozesse bei einem Angstanfall. Die von ihm bemerkten somatischen Reaktionen wurden als natürliche Prozesse innerhalb einer normalen Schwankungsbreite dargestellt, die notwendig ist, um die Energiebilanz des Körpers zu regeln.
Herr M. akzeptierte die Erklärungen der Th. weitgehend.
Außer der in der Verhaltensanalyse schon angeführten Verschiebung der Atmung auf die inspiratorische Seite ergaben sich keine weiteren diagnostischen Hinweise.

2. Desensibilisierung
Zuerst wurden alle Bereiche mit Desensibilisierung in sensu angegangen. Dabei ergaben sich grundsätzliche Schwierigkeiten im Zusammenhang mit der Entspannung. Durch den in der Entspannung erlebten Angstanfall in einer früheren Therapie (s. o.) war der Kl. nicht in der Lage, sich zu entspannen. Tiefe Entspannung war zum Auslöser für einen Angstanfall und seine physiologischen Begleiterscheinungen geworden.

Folgende Veränderungen wurden deswegen vorgenommen:
1. Das Entspannungsverfahren wurde gewechselt. Statt autogenem Training wurde die Entspannung nach Jacobson verwandt
2. es wurden nur mittlere Entspannungszustände hergestellt (gegenüber den tiefen Entspannungszuständen, die der Kl. im autogenen Training erreicht hatte)
3. die Entspannung wurde in sitzender Haltung durchgeführt
4. der Kl. behielt die Augen offen, um eine Realitätskontrolle zu gewährleisten und ein Abgleiten in tiefere Entspannungszustände zu verhindern.

Trotz dieser Maßnahmen traten besonders zu Anfang immer wieder Angstzustände auf, wenn der Kl. doch in tiefere Entspannung kam und ihm dies bewußt wurde. Durch Gedankenstopp, der zuerst durch die Th. initiiert und dann vom Kl. selbst durch Schlagen auf die Stuhllehne übernommen wurde, konnten die Anfälle unter Kontrolle gebracht werden.

Ein weiteres Problem stellte die Geräuschempfindlichkeit des Kl. dar. Lautes Sprechen auf dem Flur, Klingeln eines Telefons im Nebenzimmer oder Türenschlagen konnte in der Entspannung Angstanfälle auslösen.

Folgende Bereiche wurden in der Desensibilisierung nacheinander mit jeweils ein oder mehreren Hierarchien angegangen: alleine Schwimmen gehen (damit sich die körperliche Verfassung von Herrn M. langfristig verbesserte), Entfernung vom Haus zu Fuß und mit dem Fahrrad, Entfernung vom Heimatort mit dem Auto, schwierige Situationen im Straßenverkehr (Staus, rote Ampeln usw.).

Besonders bei der Hierarchie zur Entfernung vom Heimatort mit dem Auto machte sich störend bemerkbar, daß Herr M. sich die Strecken nicht mehr konkret vorstellen konnte, da er zuletzt vor 15 Jahren dort gefahren war und sich die Streckenführung sowie die Bebauung an der Straße verändert hatten. Auch detaillierte Beschreibungen der Th. (auf Cassettenrecorder während des Abfahrens der Strecke) konnten die mangelnde Erinnerungsfähigkeit nicht kompensieren.

Nach der Phase der In-sensu-Desensibilisierung folgten für jeden Bereich in-vivo-Übungen nach demselben Prinzip. Darüber hinaus wurde mit Gedankenstopp und Alternativreaktionen gearbeitet.

Die Fortschritte in den einzelnen Bereichen waren unterschiedlich. Allgemein läßt sich sagen, daß nach größeren Anfangserfolgen die Fortschritte immer geringer wurden, schließlich über längere Zeit stagnierten und Rückfälle eintraten. Dies muß nicht zuletzt auf das unregelmäßige Üben von Herrn M. zurückgeführt werden, das zumindest zum Teil als Vermeidungsverhalten betrachtet werden muß, auch wenn Herr M. diese Interpretation weitgehend ablehnte und immer neue Entschuldigungen anführte.

Mit fortschreitender Behandlung hinkte die Leistung, die der Kl. in seinen Übungen allein erbringen konnte, immer mehr hinter der Leistung her, die er gemeinsam mit einer der Th. erreichte. Generalisierungseffekte auf andere Strecken bei der Entfernung vom Heimatort waren kaum zu bemerken.
Darüber hinaus wurde dem Kl. und seiner Frau ein Kommunikationstraining angeboten sowie für den Kl. Rollenspiele für konflikthafte Situationen in der Interaktion mit seinen Kindern. Beides wurde aber nach jeweils einer Sitzung mit der Begründung abgebrochen, daß diese Bereiche nicht problematisch seien.
Nach 30 Desensibilisierungssitzungen und einer Behandlungsdauer von 9 Monaten schien kein weiterer Fortschritt mehr möglich und nach Abbrechen der Therapie war ein baldiger Rückschritt zu erwarten. Der CS-CR-Zusammenhang scheint derart stark zu sein, daß er — gerade auch in Zusammenhang mit der starken Fluchttendenz des Kl. und der relativ angenehmen Therapiesituation — nicht durch Desensibilisierung angehbar ist. Es ließ sich anscheinend keine Alternativreaktion etablieren. Die klassische Genese und Aufrechterhaltung der Angstreaktion wurde dadurch eher bestätigt, als daß sie verworfen werden mußte. Es wurde nach einem Verfahren gesucht, das ebenfalls bei klassisch konditionierten Angstreaktionen anzuwenden ist, aber die Fluchttendenzen des Kl. nicht zuließ und darüber hinaus auch nicht so angenehm war, daß es verstärkend wirkte (Wegnahme von C+). Außerdem durfte es nicht nach dem schon gescheiterten Modell der Gegenkonditionierung arbeiten. Eine Möglichkeit schien hier das Prinzip des »flooding« zu sein, d. h. der Kl. wird so lange den stärksten phobischen Reizen ausgesetzt, bis es zu physiologischer Ermüdung und *Habituation* an die phobischen Reize kommt.
Implosion (gedankliche Vorstellung der Angstreize) schien nicht erfolgversprechend, da schon bei der Desensibilisierung auch auf Vorstellungsebene Vermeidungsverhalten auftrat (rechts heranfahren vorm Ortsschild).
Die Durchführung dieser Methode ergibt natürlich ethische Probleme. Ist es gerechtfertigt, einen Kl. den stärksten phobischen Reizen auszusetzen und damit starke Ängste bei ihm zu provozieren?
In diesem Fall fiel die Entscheidung für die Methode, da sie die einzige noch erfolgversprechende zu sein schien, da vorher auch viele andere versagt hatten und die Symptomatik den Kl. stark beeinträchtigte und depressiv machte.
Die letzte Entscheidung über die Anwendung sollte Herr M. allerdings selbst nach Darstellung aller Therapieschritte und der möglichen Reaktionen fällen.

Durchführung der flooding-Behandlung

Gespräch mit Herrn M.
Der bisherige Verlauf der Therapie mit Erfolgen und Mißerfolgen wurde noch einmal dargelegt und die Ansicht der Th., daß auf diese Weise kein Fortschritt mehr erzielt werden könne, wie oben begründet. Nach Beendigung der Therapie sei allerdings zu erwarten, daß sich der Verhaltensspielraum des Kl. sehr schnell wieder einengen werde, wie er es zwischendurch, wenn er nicht regelmäßig geübt hatte, immer wieder erlebt habe.
Eine Möglichkeit, einen dauerhaften Erfolg bei einer so lang anhaltenden Symptomatik zu erzielen, würde in einer flooding-Behandlung geschehen. Diese wurde Herrn M. genau geschildert.
Zuerst hatte Herr M. Bedenken gegen eine solche Behandlung. Angesichts der befürchteten Verschlechterung der Symptomatik bei Abbruch der bisherigen Therapie entschied Herr M. sich nach längerem Gespräch doch für die angebotene Methode.
Über die Durchführung der Therapie wurde zwischen den Th. und Herrn M. ein Vertrag abgeschlossen, der Herrn M. verpflichtete, sich bis zum Schluß daran zu beteiligen.

Planung der flooding-Behandlung

Zeitpunkt
Da zu erwarten war, daß Herr M. starke Erwartungsängste vor Beginn der ersten Sitzung haben würde, und er gerade Urlaub hatte, wurde entschieden, Herrn M. anzubieten, sofort nach dem Gespräch mit der ersten Sitzung zu beginnen.

Zeitdauer
Es wurde eine Dauer von drei bis vier Tagen eingeplant. Die Behandlung sollte an drei bis vier *aufeinanderfolgenden* Tagen durchgeführt werden. Eine Unterbrechung schien schon wegen der Erwartungsängste, die dann sicher ansteigen würden, nicht sinnvoll. Wenn Herr M. einen Tag angstfrei gewesen war, sollte die Behandlung beendet werden.

Bereiche, die angegangen werden sollten
Wegen der Gefährdung des Straßenverkehrs bei Angstzuständen und weil dies eine höhere Schwierigkeitsstufe bedeutete, sollte Herr M. als *Beifahrer* im Wagen der Th. mitfahren.
Die Hierarchie »*Entfernung aus der Stadt*« sollte angegangen werden. Es sollte soweit gefahren werden, bis Herr M. die Angst überwunden hat. Erst dann durfte zurückgefahren werden. Es wurde eine Strecke

gewählt, die vorher zur Desensibilisierung benutzt wurde. Auf alle Fälle sollte weiter gefahren werden, als der Kl. jemals mit den Th. gekommen war.
Wenn Erregung und Angst sich gelegt hatten, sollte geübt werden, *»zu Fuß vom Auto wegzugehen«*, zuerst mit, dann ohne Th. Die Begleitung durch die Th. war zu Beginn wichtig, um Fluchtverhalten zu verhindern, das die Angstreaktion aufrecht erhalten würde.
Diese Aufgaben sollten am ersten Tag erledigt werden. Am zweiten Tag sollten außerdem *»Autobahnen«*, möglichst *»Autostau«* und *»Bahnschranken«* angegangen werden.
Das Vorgehen für den dritten und die weiteren Tage würde sich nach den beiden ersten entscheiden.

Therapeuten
Diese Behandlung sollten beide Th. gemeinsam durchführen, wobei eine Th. den Wagen fährt und die andere die therapeutische Funktion übernimmt und außerdem Kontrollmessungen durchführt.
Auch zur emotionalen Unterstützung ist eine Doppelbesetzung ratsam, denn auch für die Th. ist eine derartige Behandlung nicht angenehm.

Therapeutenverhalten
Wichtig schienen hier drei Aspekte:
1. Die *Verhinderung* von Fluchtverhalten. Dies kann sich sowohl in Zurücklaufen zum Auto beim Spazierengehen äußern als auch darin, daß der Kl. die Augen schließt, um nicht mit den Angstreizen konfrontiert zu werden, oder Entspannungsübungen einsetzt.
2. *Verstärkung* angepaßten Verhaltens. Dies kann etwa in der Form geschehen, daß die Th. sich mit dem Kl. unterhält, wenn er keine Angstzustände hat und auch nicht darüber berichtet. Auf keinen Fall darf symptomatisches Verhalten durch Zuwendung verstärkt werden.
3. *Verhaltensbeobachtung.* Dieses Verhalten der Th. und die Begründung dafür wurde Herrn M. vorher dargestellt, damit er die Reaktionen der Th. einordnen konnte. Dies schien besonders wichtig, da das Verhalten der Th. dem bisherigen eher entgegengesetzt war.

Anweisungen an den Kl.
Herr M. wurde angewiesen, die Angst nicht zu unterdrücken, denn dann halte sie um so länger an; er solle sie im Gegenteil eher forcieren, indem er sich Angsterzeugendes vorstelle. Auf keinen Fall sollte Entspannung eingesetzt werden.
Weiter wurde besprochen, daß Herr M. sich wegen seines Verhaltens keine Schuldgefühle machen brauche, auch wenn er u. U. die Th. beschimpfen würde o. ä.

(Die Anweisung, die Angst auf keinen Fall zu unterdrücken, sondern im Gegenteil zu forcieren, kann einmal den oben genannten Effekt der Verkürzung des Angstzustandes haben. Sie kann aber auch in der Art der »paradoxen Intention« nach Frankl (zit. nach Jores 1973, S. 51 f.) erfolgen. Die paradoxe Intention besagt, daß der Kl. willentlich versuchen soll, die Angst hervorzurufen, was ihm nicht gelingt, da eine autonome Reaktion nicht willentlich hervorgerufen werden kann; d. h. er erlebt keine Angst. Dies gelingt aber nur, wenn der Kl. keinerlei Vermeidungsstrategien anwendet, sich z. B. auch keine beruhigenden Gedanken und Vorstellungen macht oder andere Bewältigungstechniken wie z. B. Entspannung anwendet. Flooding-Behandlungen, die nach diesem Prinzip funktionieren, haben wir auch schon erlebt.)

Durchführung der flooding-Behandlung

1. Tag: Schon beim *Einsteigen in den Wagen* (Rücksitz eines zweitürigen Wagens) zeigt Herr M. starke Erregung.
Es wird zum ersten Mal eine verkürzte Form des EMI (Ullrich & Ullrich de Muynck 1975, s. S. 119) vorgegeben, der den aktuellen Erregungszustand und die Tendenz zu Vermeidungs- bzw. Fluchtverhalten messen soll.
Dieser Fragebogen soll ca. alle 20 Minuten als Verlaufskontrolle sowie bei besonderen Ereignissen gegeben werden. Zum Verlauf dieser Erhebung siehe weiter unten.
Nach dem Losfahren ebbt die Erregung etwas ab, tritt aber noch innerhalb der Stadt bei dem ersten *Verkehrsstau* wieder ein.
Zum ersten *Angstanfall* (Todesangst) kommt es bei Passieren des *Ortsausgangs*schildes. Herr M. atmet schwer, greift sich an die Brust, bekommt Atemnot, die Hände zittern. Als Fluchtverhalten setzt Herr M. Entspannung ein und schaut statt nach vorne aus dem Seitenfenster. Die Th. weist ihn an, keine Entspannung einzusetzen und nach vorne zu schauen. Die Angst steigert sich. Er ruft nach seiner Mutter, dann nach seiner Frau, beginnt zu weinen. Es wird ihm schlecht, und er bittet die Th., ihn herauszulassen. *Nach ca. 10 Minuten* ist der Anfall *vorüber* (nach ca. 20 Minuten Fahrt). Herr M. richtet sich auf, streicht sich das Haar zurecht, »ihm ist jetzt alles egal«. Auch der Hinweis auf die zurückgelegte Entfernung irritiert ihn nicht.
Nach weiteren 6 bis 7 Minuten meint er, er könne jetzt überall hinfahren. Diese Euphorie wird von den Th. gedämpft, die darauf hinweisen, daß die Angst wiederkommen kann.
Es findet inzwischen ein Gespräch über die Landschaft statt, und Herr M. weist darauf hin, wie lange er nicht mehr hier gewesen sei und wie sich alles verändert habe.

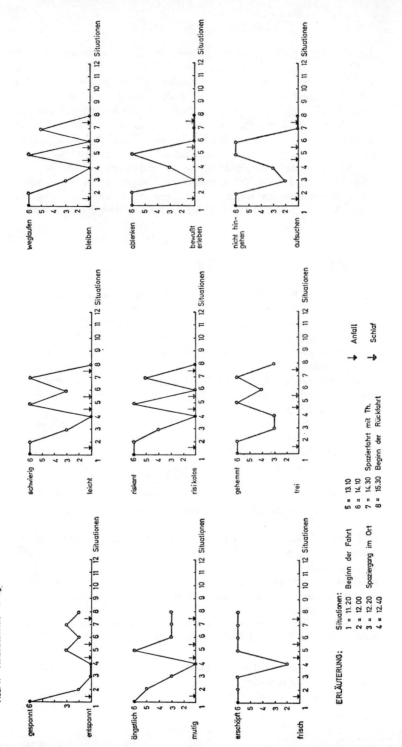

Abb. 1: Verlaufskontrolle 1. Tag

In der nächstgrößeren Stadt (ca. 45 km vom Ausgangsort, ein Punkt, den Herr M. noch nie erreicht hatte) wird angehalten, Herr M. fühlt sich in der Lage, für einige Minuten *allein spazieren* zu gehen. Kl. und Th. trennen sich auf Vorschlag des Kl. Er ist erschöpft, aber entspannt.
Nach 10 Minuten Treffen am Auto: Herr M. erzählt, was er alles beobachtet hat, er hat anscheinend seine Umgebung durchaus wahrgenommen.
Es wird noch weiter vom Ausgangspunkt weggefahren, und ca. 10 Minuten später bekommt Herr M. einen *zweiten Angstanfall,* worüber er sich stark ärgert, da er glaubte, er habe es überwunden. Er führt diesen Anfall auf seine Magenschmerzen zurück. Dieser Anfall verläuft ähnlich, aber mit abgeschwächten Symptomen. Er ist für 20 Minuten erschöpft und schläft ein. Danach wecken ihn die Th. Mit einer Th. soll er auf freier Strecke *zu Fuß gehen*. Die andere Th. fährt mit dem Auto ein Stück weit vor. Er erkundigt sich, wann es endlich vorbei sei. Beim Gehen tritt keine Angst auf.
Nach dem Einsteigen ins Auto kommt es *erneut* zu einem *Angstanfall*. Herr M. versucht, intensiv Entspannung und Bauchatmung einzusetzen, wird von der Th. nur mit Mühe davon abgehalten. Er stöhnt, wirft sich auf die Rückbank, weigert sich hinauszuschauen und beschimpft die Th. Damit hält er die Erregung auf einem Level, auf dem sie lange gehalten werden kann und nicht abflaut. Dieser Anfall dauert fast 15 Minuten.
Nach Beendigung dieses Anfalls wird die *Rückfahrt* angekündigt. Er nimmt es unbeteiligt hin und *schläft* für fast *eine Stunde* ein. Nachdem er wieder aufgewacht ist, ist ihm sein Verhalten sehr peinlich, und er entschuldigt sich bei den Th.
Auf *Bahnübergänge mit Schranken* reagiert er nun gelassen. Er gibt jetzt keine psychovegetativen Störungen mehr an, er sei nur erschöpft, aber entspannt. Er ist sehr erleichtert, daß nichts »Schlimmes« passiert ist (Ohnmacht o. ä.).
Die gesamte Fahrt hat 6 Stunden gedauert.
Frau M. wird gebeten, sich bis zum nächsten Tag um ihren Mann zu kümmern und ihn möglichst nicht allein zu lassen, da Erwartungsängste auftreten werden.

2. Tag: Es ist verabredet worden, sofort morgens früh zu beginnen, damit die Erwartungsangst nicht so lange anhält. Kurz vor dem verabredeten Zeitpunkt ruft Frau M. bei einer der Th. an und sagt, daß die Therapie heute nicht stattfinden könne. Ihrem Mann ginge es sehr schlecht, er habe Ängste und Magenschmerzen. Es wird erklärt, daß dies die angesprochenen *Erwartungsängste* seien und der Zustand ihres Mannes nur schlimmer werde, wenn er die Behandlung hier abbreche.
Die Th. holen Herrn M. zu Hause ab. Angesichts des Fahrtbeginns

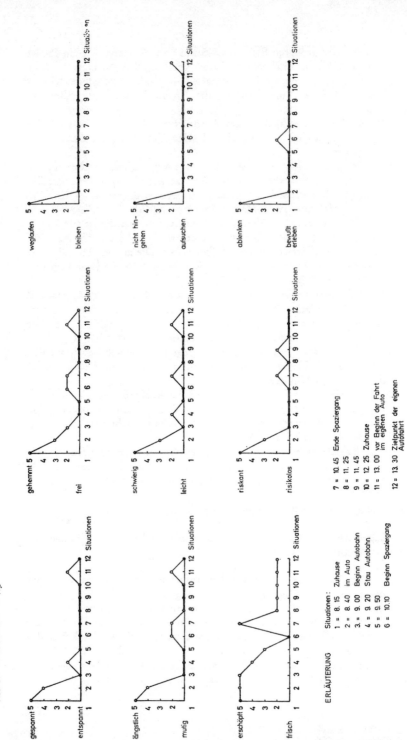

Abb. 2: Verlaufskontrolle 2. Tag

bekommt er einen Angstanfall. Es wird Herrn M. noch einmal erklärt, warum es so wichtig sei, jetzt weiter zu machen, und daß sich sonst seine Ängste nur steigern würden. Herr M. willigt ein.
Im Auto bekommt er nach 2 Minuten einen sehr *kurzen Angstanfall*, der auch nicht die Heftigkeit der gestrigen hat. Danach ist er erschöpft, ihm ist etwas schwindlig und übel, aber er hat keine Angst mehr.
Schon nach ca. 15 km meint er, wenn ihm nicht so schlecht wäre, könnte er auch fahren. Die *Schranke*, die ihm in der Desensibilisierung so viel Schwierigkeiten gemacht hat (auf der zuerst angegangenen Strecke), macht ihm keine Schwierigkeiten mehr.
Von hier ab kommt es während der gesamten weiteren Behandlung zu *keinem Angstanfall* mehr, es tritt überhaupt keine Angst mehr auf.
Nach weiteren 10 km fühlt Herr M. sich auch körperlich wieder wohler.
Auf der *Autobahn* ist er sehr überrascht, daß er keine Ängste hat, selbst ein *Stau* auf der Autobahn kann keine Angst auslösen. Er macht inzwischen auch schon witzige Bemerkungen, nimmt die Umwelt bewußt wahr, einen Unfall mit Schwerverletzten und Toten (Krankenwagen und Leichenwagen stehen am Straßenrand) registriert er, es beunruhigt ihn nicht. Früher, meint er, hätte er sicher mit Angst reagiert.
Es wird noch einmal das *Aussteigen* und *zu Fuß gehen* auf freier Strecke geübt, auch in einer ihm unbekannten Stadt muß er wieder 20 Minuten *spazieren gehen*.
Danach wird die Fahrt abgebrochen. Herr M. soll jetzt mit seinem eigenen Wagen in die nächstgrößere Stadt fahren, die er noch nie allein erreicht hat (Endpunkt der ersten Therapiestrecke — ca. 30 km entfernt), die Th. begleiten ihn noch mit ihrem eigenen Wagen.
Auch dies gelingt problemlos. Herr M. soll als Hausaufgabe nachmittags noch einmal diese Strecke mit seiner Frau fahren. Diese Aufgabe machte ihm, wie er am selben Tag noch telefonisch mitteilt, keine Schwierigkeiten.

3. Tag: Herr M. kommt allein mit seinem eigenen Auto zum verabredeten Treffpunkt.
An diesem Tag werden Situationen geübt, die teilweise mit dem Autofahren nur in mittelbarem Zusammenhang stehen. Beängstigend ist für Herrn M. die Vorstellung, daß er bei einem Defekt an seinem Auto keine Hilfe holen kann, denn er kann sich ja wegen seiner Angst nicht *von jemandem mitnehmen lassen*. Damit dies kein Punkt wird, an dem sich wieder Angst aufbaut, soll dies trainiert werden. Um die Schwierigkeit noch zu erhöhen, soll die Übung auf der Autobahn stattfinden.

Abb. 3: Verlaufskontrolle 3. Tag

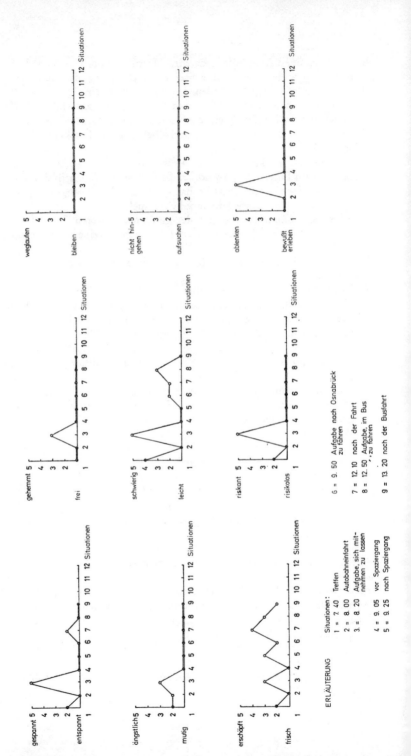

ERLÄUTERUNG

Situationen:
1 = 7.40 Treffen
2 = 8.00 Autobahneinfahrt
3 = 8.20 Aufgabe, sich mitnehmen zu lassen
4 = 9.05 vor Spaziergang
5 = 9.25 nach Spaziergang
6 = 9.50 Aufgabe nach Osnabrück zu fahren
7 = 12.10 nach der Fahrt
8 = 12.50 Aufgabe, im Bus zu fahren
9 = 13.20 nach der Busfahrt

Herr M. wird von den Th. an einer Autobahnraststätte abgesetzt und soll einen Autofahrer ansprechen und sich bis zur nächsten Ausfahrt mitnehmen lassen.
Als ihm die Aufgabe mitgeteilt wird, tritt kurz Erwartungsangst auf, die — nachdem er sich entschieden hatte, die Aufgabe durchzuführen — sehr bald wieder verschwand. Die Aufgabe selbst war dann problemlos zu lösen.
Zweite Aufgabe: Es könnte Herrn M. passieren, daß er auf einer kaum befahrenen Strecke eine Panne hat. Er müßte dann eine ganze Strecke gehen, um Hilfe evtl. im nächsten Ort zu holen oder irgendwo zu telefonieren.
Die Th. setzen Herrn M. auf einer wenig befahrenen Strecke ab und fahren unbestimmt weit vor.
Herr M. muß ungefähr 20 Minuten *zu Fuß allein* gehen. Anschließend muß er mit seinem eigenen *Auto allein* zu einer ca. *40 km* entfernten Stadt fahren. Von dort muß er einen Beleg vom Tanken mitbringen und wieder zu einem verabredeten Treffpunkt zurückkommen. Auch hier wieder leichte Erwartungsangst, die sich in Nervosität ausdrückt, als eine der Th. ihm erklärt, wie er sich am Autobahnkreuz verhalten muß, wie er wieder auf die andere Autobahnseite kommt usw. (die Erklärung schien notwendig, da Herr M. die modernen Autobahnen überhaupt nicht kennt und er an einem Autobahnkreuz abbiegen mußte). Herr M. hat sich dann auch prompt verfahren, was ihm aber nichts ausmachte, er hatte bei der Fahrt keine Ängste.
Zum Abschluß muß Herr M. eine Fahrt mit dem *Stadtbus* unternehmen.
An diesem Tag hat die gesamte Sitzung etwa 5 Stunden gedauert, am 2. Tag ungefähr 6 Stunden.

Weitere Aufgaben

Es wird mit Herrn M. zusammen ein detaillierter Aufgabenplan für die nächste Woche ausgearbeitet, der alle die bisher bewältigten Probleme enthält. Um Vermeidungsverhalten zu verhindern, wird verabredet, daß Herr M. von jeder seiner Unternehmungen einen Beleg (Bierdeckel, Rechnung o. ä.) mitbringen soll.
Nach und nach wird dann die Häufigkeit der Fahrten von täglich bis auf ca. zweimal die Woche über einen Zeitraum von 8 Wochen gesenkt.
Danach erfolgt die erste Katamnese. In dieser Zeit schickt Herr M. den Th. auf eigenen Wunsch jede Woche ein Diagramm mit den Aufgaben zu, die er geübt hat.
Insgesamt 6 Monate nach den flooding-Sitzungen erfolgt die zweite Katamnese.

Erste und zweite Katamnese

Anläßlich beider Katamnesen werden sowohl Explorationen als auch Verhaltenstests durchgeführt.
Es ergeben sich keine Probleme mehr in den behandelten Punkten. Herr M. kann ohne Angst mit anderen im Auto mitfahren, auch z. B. mit seiner Tochter, die noch ungeübt ist. Er fährt auch manchmal mit Bekannten mit. Die Entfernung von der Heimatstadt macht ihm nichts aus, er hat mit der Familie schon Bekannte besucht, die sie sehr lange nicht besucht hatten. Diese haben sich sehr gefreut, was auf ihn verstärkend wirkte.
Besonders bei der zweiten Katamnese weist Herr M. darauf hin, daß ihm das viele Autofahren inzwischen finanzielle Probleme machte und er es aus diesem Grund reduzieren möchte (ob es sich hierbei um Ansätze von Vermeidungsverhalten handelt, kann nicht entschieden werden).
Auf Geräusche und Ärger reagiert er längst nicht mehr so heftig. Auch wenn die Kinder etwas lauter spielen, stört ihn das nach eigenen Angaben nicht.
Die Kinder freuen sich sehr, daß sie jetzt ab und zu wegfahren können.
In der Beziehung zu seiner Frau hat sich nichts geändert. Er empfindet es so als normal.
Der Verhaltenstest ergab keinerlei Ängste, weder angegebene noch beobachtete Anzeichen.

FPI-Ergebnis bei der ersten Katamnese
Im FPI ergibt sich ein weitgehend stabilisiertes Profil. Die psychosomatische Gestörtheit sank von Stanine 7 auf Stanine 4, Depressivität von 6 auf 3 und Erregbarkeit von 6 auf 4.
Der Wert auf der Offenheitsskala sank von 4 auf 3, was aber lediglich durch Anders-Beantwortung eines einzigen Items zustandegekommen ist.
Typisch verändert haben sich zwei der drei zusammengesetzten Skalen. Extraversion blieb gleich, emotionale Labilität ging von 6 auf 4 und Maskulinität von 3 auf 6.

Dritte Katamnese

Diese Katamnese wurde 12 Monate nach den flooding-Sitzungen durchgeführt. Herr M. berichtet in der Exploration von keinerlei Ängsten, sowohl in den angegangenen Bereichen als auch in anderen Bereichen.

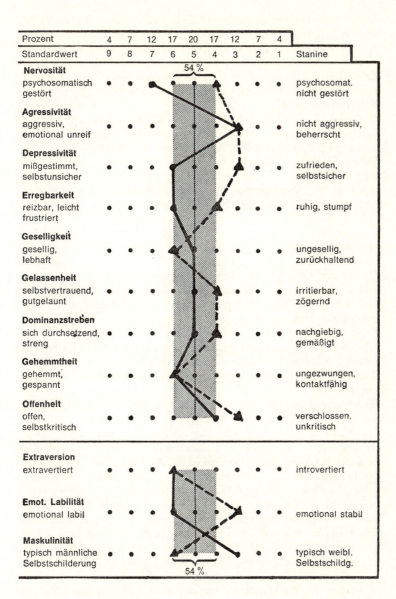

Abb. 4

Darüber hinaus hat er im beruflichen und privaten Bereich in der letzten Zeit große Aufregungen hinter sich, bei denen weder Ängste noch Anzeichen der physiologischen Begleiterscheinungen aufgetreten sind.
Er berichtet, daß er gerade jetzt im Sommer mehrmals wöchentlich zum Schwimmen geht und dabei auch in den tiefen Bereichen des Beckens schwimmt.
Mit dem Auto unternimmt Herr M. Wochenendfahrten bis etwa 200 km vom Ausgangsort entfernt und kleinere Fahrten in der näheren Umgebung. Auch in seinem Kegelclub nimmt er inzwischen an den Fahrten teil. Das Mitfahren in einem anderen Auto macht keinerlei Schwierigkeiten.
Auch im Verhaltenstest zeigt er keinerlei Ängste, weder angegebene noch beobachtete Anzeichen.

Schlußbemerkung

Es hat sich gezeigt, daß Herr M. während der flooding-Sitzungen sehr starke Ängste durchstehen mußte. Deshalb sollte die Frage der Anwendung und Zumutbarkeit eines solchen Verfahrens hier noch einmal aufgegriffen werden.
Es wäre zu fragen, ob flooding-Sitzungen *immer* so belastend für den Kl. (und den Th.) sein müssen. Dies kann aus eigener Erfahrung nicht bestätigt werden. K. Grawe berichtete ebenfalls davon, daß die Kl. dieses Verfahren durchaus einer länger dauernden Desensibilisierung vorziehen.*
Wenn dies so ist, bliebe zu fragen, warum gerade *in diesem Fall* die Symptomatik während der Sitzungen so stark aufgetreten ist. Hier ergibt sich evtl. eine Erklärungsmöglichkeit durch das vorausgehende Behandlungsverfahren der Desensibilisierung, das in vieler Hinsicht dem des flooding entgegengesetzt ist (z. B.: Desensibilisierung — stufenweises Erarbeiten der Hierarchie und möglichst wenig Angsterzeugung; flooding — sofortiges Angehen der höheren oder höchsten Angstreize, explizite Angsterzeugung). Hier könnte es im Verhalten des Kl. zu Interferenzerscheinungen gekommen sein, wie dies ja auch beobachtet worden ist; z. B. hat der Kl. auch in der flooding-Sitzung Entspannung und ablenkende Verhaltensweisen angewandt, die die Angst für längere Zeit auf einem submaximalen Level gehalten haben, und so das schnelle Abklingen der Angst verhindert haben.
Es könnte also die Hypothese gebildet werden, daß es nicht sehr günstig ist, *nach* einer Desensibilisierung das Verfahren des flooding an-

---

* Referat gehalten auf der Jahrestagung der GVT und des DBV 1974

ZUSTANDS - FRAGEBOGEN

Name: ....
Datum: ....
Ort: ....
Zeit: ....

Ich fühle mich:

gespannt	1 - 2 - 3	4 - 5 - 6	entspannt
ängstlich	1 - 2 - 3	4 - 5 - 6	mutig
frisch	1 - 2 - 3	4 - 5 - 6	erschöpft
gehemmt	1 - 2 - 3	4 - 5 - 6	frei
ruhiger Herzschlag	1 - 2 - 3	4 - 5 - 6	Herzjagen

Ich finde die Situation:

schwierig	1 - 2 - 3	4 - 5 - 6	leicht
risikolos	1 - 2 - 3	4 - 5 - 6	riskant

Allein würde ich in dieser Situation am liebsten:

bleiben	1 - 2 - 3	4 - 5 - 6	weglaufen
nicht hingehen	1 - 2 - 3	4 - 5 - 6	sie aufsuchen
mich ablenken	1 - 2 - 3	4 - 5 - 6	bewußt erleben
mich vergewissern, daß alles an mir stimmt	1 - 2 - 3	4 - 5 - 6	Kontrolle unterlassen

zuwenden. Daraus ergäbe sich umgekehrt die Frage der Indikation für beide Verfahren, damit der behandelnde Psychologe entscheiden kann, welches Verfahren bei welchem Kl. mit welcher Symptomatik am günstigsten anzuwenden ist.
Gerade die Frage der Indikation scheint allerdings zur Zeit noch keineswegs geklärt (Hinweise s. Birbaumer 1973).
In diesem Fall scheint den Th. die Anwendung des Verfahrens auch nach der Durchführung als sinnvoll, da die Symptomatik den Kl. sehr belastete und einschränkte. Das dreitägige Behandlungsverfahren scheint insgesamt weniger belastend als das Weiterbestehen der Symptomatik über Jahrzehnte. Durch das sehr stark ausgeprägte Vermeidungs- und Fluchtverhalten ist andererseits auch eine spontane

Remission nicht zu erwarten, eher können — wie sich auch in der Genese zeigte — Napalkov-Phänomene erwartet werden (s. Rachmann 1972).
Die Frage, ob der Zustand des Kl. als »geheilt« oder nur »gebessert« bezeichnet werden kann, läßt sich wohl nicht beantworten. Es ist fraglich, ob Herr M. in der Lage sein wird, etwa einen Urlaub in Skandinavien oder Italien zu verbringen. Er gibt selber an, daß er kein Bedürfnis dazu verspüre. Bei dieser Angabe kann es sich natürlich ebenfalls um Vermeidungsverhalten handeln: Er vermeidet von vornherein Unternehmungen, bei denen die Gefahr besteht, daß wieder Todesängste auftreten und damit evtl. die gesamte Symptomatik wieder von vorn beginnt.
Selbst wenn Herr M. solche Ziele nicht erreichen könnte, ist sein Verhaltensspielraum um einen erheblichen Bereich erweitert, wie oben dargestellt. Besonders wichtig erscheint, daß Herr M. sich jetzt keineswegs mehr eingeschränkt fühlt, selbst wenn er Fernziele wie Italien oder Skandinavien nicht erreichen könnte.

6. Probleme bei der Behandlung von Klienten mit psychosomatischen Störungen

von Regina Krause

Bei der Behandlung dieser Klientengruppe ergeben sich — außer den in der Einleitung schon besprochenen — noch einige spezielle Probleme. Einige wesentliche sollen im folgenden kurz dargestellt werden, ohne dabei Vollständigkeit beanspruchen zu wollen.
Das Hauptproblem stellt bei vielen dieser Klienten der unerschütterliche Glaube an die ausschließlich *organische Bedingtheit* ihrer Symptome dar. Begünstigt wird dieser Glaube durch das am Organ lokalisierte Symptom. Auf der Basis einfachen logischen Schließens wird etwa gefolgert: mein Herz schmerzt, also ist mein Herz krank.
Noch schwerer einsehbar wird die psychische (Mit-)Bedingtheit der psychosomatischen Beschwerden bei solchen Erkrankungen, die organpathologische Veränderungen nach sich ziehen, wie etwa Magengeschwüre, collitis ulcerosa u. ä.
Durch das Festhalten an der organischen Bedingtheit wird dem Psychologen oder Psychotherapeuten von vornherein die Zuständigkeit für die Behandlung abgesprochen. Beim Klienten kann diese Grundhaltung zu innerer Ablehnung der psychologischen Therapiemaßnahmen zu mangelnder Motivation zu aktiver Mitarbeit führen. Doch ohne diese Mitarbeit ist der Erfolg stark in Frage gestellt. Durch den möglichen »Mißerfolg« der Therapie fühlt sich der Klient wiederum in seiner Annahme der organischen Bedingtheit seines Leidens bestätigt.
Dieses Phänomen erfordert eine Erklärung: Analysiert man, warum die Klienten an der Annahme der organischen Bedingtheit ihres Leidens festhalten, so stößt man sehr schnell auf festverwurzelte negative Einstellungen gegenüber »psychischer Krankheit«, die sich aber nicht nur bei den Klienten finden, sondern in der Gesamtbevölkerung weitverbreitet sind. Begriffe wie »psychische Krankheit«, »nicht normal sein«, »psychiatrische Anstalt« und »Irrenhaus« werden häufig in einem Atemzug genannt und pauschal abwertend verwandt.
Die Klienten haben verständlicherweise Angst vor der Stigmatisierung, als »nicht normal« zu gelten, und der damit verbundenen Diskriminierung. Diese Diskriminierung oder zumindest Ansätze davon haben die meisten Klienten schon zu spüren bekommen, wenn sie anderen Personen von ihren Beschwerden berichteten. Unverständnis und Ablehnung sind häufig die Folgen, da Symptome wie etwa herz-neurotische Angstanfälle mit ihren physiologischen Begleiterscheinungen für die meisten nicht verstehbar und einfühlbar sind.
Das meist sehr häufige Klagen über ihre Beschwerden kann außerdem

zu einer weiteren Verschlechterung des Verhältnisses zu den Mitmenschen führen und z. B. zu gegenseitigen Aggressionen führen.
Aufklärung über die Natur und die Ursachen psychosomatischer Störungen kann diese Schwierigkeiten zumindest teilweise beheben.
Häufig wird der Glaube an die organische Bedingtheit vom Arzt ungewollt verstärkt, weil Informationen und Handlungen des Arztes fehlinterpretiert werden. Hier sind besonders solche Fälle zu nennen, in denen der Arzt dem Klienten etwa einen geringen organischen Befund mitteilt, von dem er selber weiß, daß dieser die Symptomatik nicht (allein) erklären kann, oder wenn er z. B. bei herzneurotischen Angstanfällen Herzmittel verschreibt, um nur irgend etwas für den Klienten zu tun. Das Lesen des »Waschzettels« bestätigt dem Klienten dann seine Vermutung der organischen Ursache seiner Beschwerden.
Für den behandelnden Psychologen ist es gleichfalls problematisch, den mit psychologischen Mitteln angehbaren Anteil der Beschwerden zu bestimmen und die Therapieziele realistisch festzusetzen. Es darf hier auf keinen Fall der evtl. vorliegende organische Anteil der Beschwerden vernachlässigt werden, wie dies die weiter unten dargestellte Behandlung eines Jungen mit asthmatischen Anfällen noch einmal verdeutlicht. Wird der organische Anteil nicht berücksichtigt, so werden leicht zu hohe Erwartungen an den Therapieerfolg gestellt, die notwendigerweise bei Nichterfüllung zu erheblichen Frustrationen führen müssen, und zwar sowohl beim Klienten als auch beim Therapeuten. In dieser Frage wie auch im gesamten Verlauf der Therapie sollte möglichst eng mit dem Arzt des Klienten zusammengearbeitet werden. Dies gilt besonders für den Beginn der Therapie und für die Einleitung bedeutsamer weiterer Therapieschritte, wie z. B. Selbstkontrollprogramm für Eßverhalten, flooding-Behandlung o. ä. Zu Beginn der Therapie sollte auf eine Unbedenklichkeitserklärung des behandelnden Arztes auf keinen Fall verzichtet werden und eine möglichst detaillierte Diagnose erfragt werden, besonders wenn organische Ursachen nicht auszuschließen sind oder organ-pathologische Veränderungen vorhanden sind.
Unabhängig davon, ob der Klient grundsätzlich die psychische (Mit-)Bedingtheit seiner Beschwerden akzeptiert, ist es allerdings immer noch ein weiter Weg zur Definition von konkreten Angriffspunkten und Therapiezielen auf der *Verhaltens*ebene. Diese Definition sollte unbedingt sorgfältig erfolgen, da nur hier Angriffspunkte für eine verhaltenstherapeutische Intervention liegen.
Besondere Probleme treten auf, wenn der behandelnde Arzt seine weiteren Aktionen vom Ergebnis bzw. Scheitern der psychologischen Behandlung abhängig macht. Dies kann dann der Fall sein, wenn es z. B. um die Befürwortung von Umschulungsmaßnahmen oder Rentenanträgen geht, die der Klient wünscht. In diesem Fall widersprechen sich u. U. das Ziel des Therapeuten, der eine Genesung oder Besserung

anstrebt und des Klienten, der in einem Scheitern der Therapie die einzige Möglichkeit sieht, sein Ziel (Umschulung, Rente) zu erreichen.
Im Gegensatz zu psychologischen Behandlungsmethoden sind die medizinischen Behandlungs- und Diagnosemaßnahmen wesentlich besser zugänglich und ohne vergleichbar großen emotionalen und zeitlichen Aufwand für den Klienten durchführbar. Darüberhinaus ist bei diesen Maßnahmen von vornherein die Kostenübernahme durch die Krankenkassen gewährleistet, was bei psychologischen Behandlungsmethoden in den meisten Fällen nicht der Fall ist. Die hohen Kosten machen sicher vielen eine solche Behandlung unmöglich.
Hier spielen auch strukturelle Probleme der Organisation des Gesundheitswesens in der BRD eine deutliche Rolle.

7. Die Behandlung eines achtjährigen Jungen mit asthmatischen Anfällen

von Regina Krause

Vorbemerkung

Neben der Darstellung der Behandlung eines Klienten mit psychosomatischen Symptomen sollte vor allem Ziel dieser Arbeit sein, die Schwierigkeiten aufzuzeigen, die sich aus dem nicht therapie-konformen Verhalten der Eltern ergeben bzw. daraus, daß die Eltern von der Vorgehensweise der Therapie und den ihr zugrundeliegenden Erklärungen über den funktionalen Zusammenhang des Symptoms nicht überzeugt sind (s. dazu auch Innerhofer & Müller (1974), Schulze u. a. (1974), Schulze (1974)).

Der Klient und seine Symptomatik

Markus ist acht Jahre alt und besucht die dritte Klasse der Grundschule. Er lebt mit seinen Eltern und einem um zwei Jahre älteren Bruder in einer Kleinstadt. Der Vater ist von Beruf Maurer, die Mutter Hausfrau.
Die Leistungen in der Schule sind sehr gut, er hat viele Freunde, sowohl in der Schule als auch in der Nachbarschaft.
Das Asthma hat Markus schon seit seinem 3. Lebensjahr. Überwiegend treten die Anfälle nachts auf. In einer Nacht kommt es zu ein bis drei Anfällen, meistens sind es zwei oder drei. Tagsüber treten Anfälle eigentlich nur auf, wenn Markus sich überanstrengt hat, z. B. beim Fußballspielen oder Herumtoben.
Kommt es zu einem Anfall, inhaliert Markus mit einem speziellen Inhalationsapparat. Normalerweise wird in diesen Apparat Meerwasser eingefüllt, was zerstäubt wird und beruhigend auf die Bronchien wirkt. Handelt es sich um starke Anfälle, so wird »Alupent« zugegeben. Die Eltern versuchen auf Anraten des behandelnden Arztes, die Menge so gering wie möglich zu halten, da auf Dauer schädigende Effekte für das Herz zu erwarten sind. Ist der Inhalationsapparat nicht erreichbar (wie beim Einkaufen in der Stadt oder bei Besuchen), hat die Mutter die sogenannte »Pumpe« bei sich, mit der eine stark wirkende Substanz inhaliert wird. Dies wird ebenfalls aus medizinischen Gründen möglichst selten angewandt.
Problematisch sind hauptsächlich die Anfälle, die in der Nacht auftreten. Dann ziehen sie die gesamte Familie in Mitleidenschaft.

Beispiel für den Ablauf eines solchen Anfalles

Markus schläft noch, atmet aber schon sehr schwer. Bald darauf ist Husten zu erwarten, der sich an Intensität steigert. Die Eltern, die durch eine

Wechselsprechanlage mit dem Kinderzimmer verbunden sind, wachen auf, und ein Elternteil, meist die Mutter, holt Markus aus dem Schlafzimmer ins Wohnzimmer, wo der Inhalationsapparat bereitsteht. Die Eltern tun dies, damit Markus den Bruder durch seinen Husten nicht weckt.
Im Wohnzimmer wird dann inhaliert, wobei Mutter oder Vater versuchen, Markus abzulenken, indem sie ihm etwas vorlesen oder mit ihm sprechen. Wenn der Husten vorbei ist, geht Markus häufig noch etwas zur Mutter ins Bett, oder diese kommt noch mit zu ihm ins Bett, bis er wieder eingeschlafen ist.
Manchmal steht Markus aber auch alleine auf und weckt dann seine Eltern, damit diese mit ihm inhalieren.
Wenn tagsüber Anfälle kommen, inhaliert Markus allein im Wohnzimmer.

Verhaltensanalyse

Analyse und Beschreibung des symptomatischen Verhaltens
Qualitative Beschreibung: Ein Anfall wird eingeleitet durch schweres, rasselndes Atmen. Husten beginnt, der immer stärker wird bis zur Atemnot. Es kommt zum typischen Hochziehen der Schultern. Markus setzt sich hin und stützt sich mit steifen Armen auf die Sitzunterlage, um den Atemspielraum zu vergrößern. Bronchial- und Bauchmuskulatur verkrampfen sich. In besonders schlimmen Fällen geht die Symptomatik in den »status asthmaticus« über und eine Krankenhausbehandlung unter dem Sauerstoffzelt wird notwendig.

Quantitative Beschreibung: Nachts kommt es zu ein bis drei Anfällen. Tagsüber sind die Anfälle abhängig von der Betätigung z. B. Toben, Fußballspielen usw. Zum »status asthmaticus« ist es bisher sechsmal gekommen.

Bestimmungsstücke für das funktionale Bedingungsmodell

Reizbedingungen: Hier soll unterschieden werden zwischen Bedingungen, die dann vorliegen, wenn das symptomatische Verhalten gezeigt wird und evtl. zu den auslösenden Bedingungen zählen (S^D) und solchen, unter denen das symptomatische Verhalten nicht auftritt $S^\triangle$.

S^D-Bedingungen
- es ist Nacht und die Eltern sind im Haus
- in der Schule, wenn die beliebte Lehrerin in der kommenden Stunde frei hat und ihn nach Hause fahren kann. Hier kommt noch dazu, daß die Stunde, die folgen würde, eine für Markus unangenehme ist bei einer unbeliebten Lehrerin (tritt sehr selten ein).
- Wettereinflüsse, Sturm, feuchtes Wetter, starke körperliche Anstrengung

S△-Bedingungen
- die Eltern sind nachts nicht anwesend (sind z. B. ausgegangen)
- Markus hat eine andere Krankheit (Lungenentzündung, Mandelentzündung usw.)
- Der Vater hat Urlaub und inhaliert – wegen einer eigenen Grippe – täglich mit Markus zusammen mit Kamillentee. Darüber hinaus wird Markus täglich die Brust mehrmals mit Wick eingerieben.

Konsequenzen des symptomatischen Verhaltens
- Auf Grund des Hustens und der Anfälle steht jeweils ein Elternteil auf und hilft Markus beim Inhalieren und versucht, ihn abzulenken oder zu beruhigen. Meistens steht die Mutter auf.
- Handelt es sich um einen sehr starken Anfall, muß die Mutter aufstehen, oder Markus jammert so lange, bis sie zusätzlich kommt.
- Nach dem Inhalieren darf Markus zu der Mutter ins Bett, bzw. diese geht mit ihm in sein Bett, bis er eingeschlafen ist. Alle diese Konsequenzen bestehen aus einer Zuwendung der Eltern zu Markus und scheinen stark positiv verstärkenden Charakter zu haben.
- Längerfristige Konsequenzen sind vermehrte Aufmerksamkeit für Markus in der Verwandtschaft, was sich z. B. durch zusätzliche Geschenke äußert. Die Eltern haben schon Bedenken, daß der zweite Sohn zu kurz kommt, was dieser auch schon einmal ihnen gegenüber geäußert hat.

Organismusvariablen
Es läßt sich nicht genau abschätzen, wie stark der organische Anteil der Anfälle ist. Ein Allergie-Test fiel negativ aus. Es scheint sich aber nicht um einen sehr ausführlichen Test gehandelt zu haben.
Für eine organische Komponente spricht das derzeit gute Ansprechen auf eine Cortison-Behandlung, wie auch die Wetterabhängigkeit, die für Asthmatiker typisch ist. Andererseits lassen sich bestimmte physiologische Veränderungen sicher auch als Folgeerscheinung eines ständigen Hustens erklären.
Nach Einschätzung des behandelnden Arztes, die in einem Gespräch mit der behandelnden Therapeutin gegeben wurde, ist mit einer starken organischen Komponente (70 %) zu rechnen.
Der Arzt hält lediglich die Häufigkeit und Intensität der Anfälle für psychisch bedingt.

Genese

Im dritten Lebensjahr bekam Markus eine Erkältung mit starkem Husten. Dieser Husten besserte sich lange Zeit nicht. Schon damals standen die Eltern nachts auf, halfen Markus (Saft oder Zäpfchen geben) und beruhigten ihn.

Der damals behandelnde Arzt bezeichnete den Husten als »Einbildungshusten«.
Während eines Kuraufenthaltes im Schwarzwald wurde der Husten noch schlimmer. Zu diesem Kuraufenthalt wurde Markus mit einer Gruppe anderer Kinder verschickt. Für Markus war dieser Kuraufenthalt sehr unangenehm, er weinte viel.
Mit etwa vier Jahren, nach diesem Kuraufenthalt im Schwarzwald, kam zu dem Husten auch noch Atemnot.
Die Eltern wechselten den Arzt. Der neue Arzt diagnostizierte Asthma. Bei diesem Arzt fühlten die Eltern Markus auch in besseren Händen, denn er kam sofort, wenn es Markus schlecht ging und gab ihm häufig eine Spritze. In dieser Zeit traten die Anfälle auch häufig tagsüber auf.
Markus kam dann wieder zur Kur, diesmal fuhr seine Mutter mit und holte Markus abends immer zu sich ins Hotel. Die Begründung dafür war, daß Markus sonst die anderen Kinder im Kinderheim nachts beim Schlafen stören würde durch seinen Husten.
Nach dieser dreimonatigen Kur auf Wangerooge, die Markus mit seiner Mutter zusammen machte, ging es Markus sehr gut.
Ein weiterer Aufenthalt mit der ganzen Familie auf der Insel führte nicht zur erwünschten Besserung.

Kontrolle des symptomatischen Verhaltens

*Selbst*kontrollmechanismen sind nicht zu erkennen. Die *Eltern* haben schon einmal versucht, die Anfälle von Markus nicht zu beachten, was sich aber nicht positiv ausgewirkt hat. Diese Maßnahme ist allerdings auch nicht konsequent und nicht über längere Zeit durchgeführt worden. Dies ist wohl auf die Sorge und die dadurch entstehenden Schuldgefühle bei den Eltern zurückzuführen.
Um zu einer Besserung des Gesundheitszustandes von Markus beizutragen, verbringt die Familie häufig ihre Ferien in solchen Gebieten, in denen günstiges Klima für Asthma besteht.

Vermeidungsverhalten

Markus hat erstaunlich wenig Vermeidungsverhalten entwickelt. Er tobt häufig mit seinen Freunden draußen, spielt auch Fußball usw., wobei er aber schneller ermüdet.
Früher wurde er manchmal im Kindergarten gehänselt, weil er nicht so lange durchhalten konnte. Wenn er wieder Luft bekam, setzte er sich dann mit demjenigen (auch körperlich) auseinander.

Hypothetisches funktionales Bedingungsmodell

Das symptomatische Verhalten bzw. die derzeitige Intensität des Asthmas wird als operantes Verhalten eingestuft, das durch Zuwendung der Eltern und der Umgebung aufrechterhalten wird.

S^D -------------- R ------------ $\mathcal{C}+$

nachts: Eltern an-   Husten   Zuwendung von
wesend, d. h.   Asthma-   Eltern
Zuwendung   Anfall
möglich

Die Hypothese wird hauptsächlich dadurch gestützt, daß die Anfälle dann nicht auftreten, wenn die Eltern abends nicht zu Hause sind. In diesem Fall fehlt der Hinweis auf die mögliche Verstärkung.
Auch wenn zusätzliche Zuwendung von den Eltern gegeben wird, treten überhaupt keine Anfälle auf. Dieses z. B. dann, wenn Markus mehrmals täglich inhaliert. Unterstützt wird die Hypothese auch noch dadurch, daß in der Genese schon früh auf Husten und Atemnot Zuwendung gegeben wurde, daraufhin wurde das Symptom immer stärker.

Analyse der Umwelt- und Sozialbedingungen

Außer Markus gibt es noch einen zweiten Sohn in der Familie, der sich durch Markus häufig zurückgesetzt fühlt. Markus wird besonders in der Verwandtschaft immer in den Mittelpunkt gestellt. Dies geschieht hauptsächlich auf Grund seiner Krankheit bzw. wurde dadurch initiiert. Dazu trägt noch bei, daß sowohl das Wesen als auch das Aussehen von Markus eher dazu angetan sind, ihm Zuwendung zu geben, als dies bei seinem Bruder der Fall ist. Markus fühlt sich dabei anscheinend ganz wohl. Auch unter Freunden ist er immer »Hahn im Korb«. Dies scheint nicht auf seine Krankheit zurückzuführen zu sein.
Der Vater spielt häufig nach Feierabend mit den beiden Jungen Karten oder ein anderes Gesellschaftsspiel. Die Mutter hat dann meist in der Küche zu tun; außerdem spielt sie nicht gern Karten. Ab und zu machen sie aber auch alle gemeinsam etwas.
Die Eltern haben sich an die Belastung durch Markus' Krankheit gewöhnt. Besonders der Mutter macht es nichts aus, nachts mehrmals aufzustehen. Die Eltern meinen, daß die Belastung für Markus ja schließlich noch größer sei, und sie eben auch ihren Teil tragen müßten. Sie wollen möglichst alles versuchen, was gegen das Asthma getan werden kann. Aus diesem Grunde sind sie auch zur Erziehungsberatungsstelle gegangen, die sie dann zu uns überwiesen hat.
Es entsteht der Eindruck, daß sie diesen Versuch nur deswegen unter-

nehmen, damit ihnen nicht vorgeworfen werden kann, bzw. sie sich selbst vorwerfen müssen, daß sie nicht alles versucht hätten.
Besonders der Vater scheint sehr skeptisch zu sein und weist beharrlich auf die organischen Komponenten (Wetterabhängigkeit u. ä.). Dies wird uns im Verlaufe der Therapie noch weiter beschäftigen.

Mögliche Folgen einer Veränderung des symptomatischen Verhaltens

Positive Folgen
Für Markus ergäbe sich eine Abnahme der belastenden Anfälle, die durch Atemnot und starke Schmerzen gekennzeichnet sind.
Außerdem könnte er nachts besser durchschlafen, denn morgens ist er häufig noch müde, wenn er nachts mehrfach inhalieren mußte.
Die Eltern würden von der starken Belastung durch das nächtliche Aufstehen befreit.
Sie könnten außerdem Urlaubsorte wählen, die nicht auf ein bestimmtes Klima abgestimmt sind.
Der Bruder brauchte sich nicht mehr so zurückgesetzt zu fühlen.

Negative Folgen
Durch das Fortfallen der elterlichen Zuwendung könnte für Markus ein Deprivationszustand eintreten (aus diesem Grund muß die Therapieplanung vorsehen, daß die Zuwendung auf nichtsymptomatisches Verhalten gegeben wird). Eventuell sind die Eltern, besonders die Mutter, nicht in der Lage, Zuwendung auf nichtsymptomatisches Verhalten zu geben, was zu Frustrationen auf beiden Seiten führen könnte.
Wenn die Eltern auf die Anfälle hin keine Zuwendung mehr geben können, könnte dies zu „schlechtem Gewissen« bei den Eltern führen. Sie könnten dies eventuell als eine Bestrafung für die Krankheit, an der Markus ja keine Schuld trägt, ansehen. Hier sollte durch detaillierte Besprechung der Vor- und Nachteile einer solchen Maßnahme vorgebeugt werden, die negativen Folgen des Fortbestehens der Symptomatik sollten betont werden. Ebenfalls sollte klargestellt werden, daß an dieser Entwicklung keiner der Beteiligten die »Schuld« trägt, sondern es sich um einen Lernprozeß handelt, an dem alle beteiligt waren und der in seinen Folgen nicht voraussehbar war. Die Familie sollte dabei als geschlossenes System betrachtet werden.

Zielanalyse

Die *Häufigkeit* der nächtlichen Anfälle soll gesenkt werden. Ebenso soll die Intensität möglichst vermindert werden. Eine gänzliche Aufhebung des Asthmas ist wegen der organischen Komponente nicht zu erwarten. Das Ziel im Verhalten der Eltern besteht darin, daß diese auf symptomatisches Verhalten hin keine Zuwendung geben. Die Zuwendung sollte dafür auf nichtsymptomatisches Verhalten erfolgen.

Diagnostischer Plan

Voruntersuchung
Da die medizinische Seite der Anfälle abgeklärt ist, bzw. nicht besser geklärt werden kann, entfällt eine weitere medizinische Untersuchung. Die Base-line für die Häufigkeit der Anfälle soll durch ein Diagramm erhoben werden. In dieses Diagramm tragen die Eltern ohne Wissen von Markus die jeweiligen Uhrzeiten der Anfälle ein. Ebenfalls soll nach bestimmten Kategorien festgehalten werden, wie die Eltern sich bei Anfällen verhalten, z. B. Eltern schicken Markus weg, Markus darf noch 10 Minuten ins Bett usw.

Therapiekontrolle
Hier sollen dieselben Diagramme benutzt werden, die auch zur Erstellung der Base-line verwandt wurden. In der ersten Zeit, in der die Eltern sowieso noch wach werden, wenn Markus nebenan inhaliert, soll die Uhrzeit und das Elternverhalten nach den oben bezeichneten Kategorien festgehalten werden. Ebenfalls soll festgehalten werden, wie Markus sich verhält, z. B. Markus weckt die Eltern nach dem Inhalieren, Markus weckt die Eltern, damit sie Alupent beimischen. Später soll nur noch festgehalten werden, ob Markus die Eltern geweckt hat oder nicht.

Therapiekontrolle

Methoden
Es soll die Methode der Löschung des operanten Verhaltens angewandt werden, d. h. auf symptomatisches Verhalten darf *keine* Zuwendung erfolgen.
Bei der praktischen Planung mußte jedoch folgendes berücksichtigt werden: Die Eltern haben schon in der Exploration gesagt, daß sie nicht bereit sind, sofort und ganz abrupt alle Zuwendung auf das symptomatische Verhalten zu entziehen und sich Markus ganz allein zu überlassen. Sie meinen, daß dies eine zu große Belastung für Markus sei. Es scheint allerdings auch so, als ob es für sie selbst eine sehr große Belastung ist und sich daraus Schuldgefühle ergeben. Dies ist von ihrem Standpunkt sicher verständlich, denn sie versuchten bisher, Markus seine Krankheit soweit wie möglich zu erleichtern, was mit ihrer Norm der »guten Eltern« übereinstimmte.
Aus diesen dargestellten Gründen soll das Programm für Markus als »*Selbständigkeitstraining*« bezeichnet werden. Begründet werden soll dies Training damit, daß er inzwischen allein mit dem Inhalationsapparat umgehen könne und seine Eltern auch ihre Nachtruhe brauchten.

Da es also nicht möglich ist, die Zuwendung auf die Anfälle sofort vollständig abzusetzen, sollte stufenweise vorgegangen werden. Ausgehend von 3 Anfällen pro Nacht, darf Markus in der ersten Woche die Eltern noch zwei Mal, in der nächsten Woche nur noch ein Mal und danach überhaupt nicht mehr wecken. Erreicht er das jeweilige Kriterium, kann er sich einen Wunsch erfüllen. Dieser Wunsch wird jeweils am Abend vorher in ein Diagramm eingetragen.

Andererseits muß sicher auch der kognitive Hintergrund bei Markus berücksichtigt werden, der sein Asthma als eine organische Krankheit ansieht, die er nicht beeinflussen kann. Daß sich dann die Eltern bei den Anfällen *nicht* mehr um ihn kümmern, kann ihm nicht verständlich sein. Es handelt sich ja nicht um ein Fehlverhalten, das er auch selbst als solches verstehen kann, wie das z. B. bei Trotzverhalten gegeben ist. Dies spricht ebenfalls für ein sukzessives Vorgehen.

Hier zeigen sich die zusätzlichen Schwierigkeiten, die bei psychosomatischen Beschwerden auftreten, besonders bei solchen im Kindesalter. Ein Angehen auf der Verhaltensebene ist den Klienten häufig nicht einsichtig und ein Leidensdruck besteht eigentlich nur bezüglich der somatischen Symptome. Die dahinter liegenden Verhaltensstörungen wie z. B. Schwierigkeiten im Sozialkontakt, sind dem Klienten durchaus nicht einsichtig.

Durch diese Therapiemethoden (Wegnehmen der Zuwendung auf symptomatisches Verhalten) wird vermutlich eine Zuwendungsdeprivation eintreten. Daher soll vereinbart werden, daß der Wunsch, der mit den Eltern abgestimmt werden muß, möglichst häufig aus Interaktionen mit den Eltern besteht. Solche Interaktionen können sein: Eine halbe Stunde Kartenspielen mit den Eltern, mit der Mutter in die Stadt gehen, gemeinsame Spaziergänge am Wochenende u. ä. Hierbei müßte vereinbart werden, wann diese Zuwendung erfolgen sollte.

Es muß auch Wert darauf gelegt werden, daß der Bruder nicht benachteiligt wird. Durch Belohnung, die darin besteht, daß die ganze Familie etwas unternimmt, ist dies gewährleistet. Werden andere Wünsche von Markus geäußert, wie etwa Geld für Eis oder ähnliches, so soll der Bruder ebenfalls etwas erhalten.

Wegen der dargelegten Schwierigkeiten soll es besonders wichtig sein, den Eltern diesen Plan einsichtig zu machen.

Verhaltensvorschriften für Markus
1. Markus muß versuchen, so weit wie möglich allein zu inhalieren. In der ersten Woche darf er die Eltern noch zweimal pro Nacht wecken. In der zweiten Woche nur noch einmal; in der dritten gar nicht mehr.
2. Am Morgen wird in ein Diagramm, das an einer gut sichtbaren Stelle in der Wohnung aufgehängt wird, eingetragen, ob er das Kriterium erreicht hat.

3. Hat er das Kriterium erreicht, so wird ihm ein Wunsch von den Eltern erfüllt.
4. Der Wunsch wird jeweils am Abend vorher mit den Eltern besprochen und in das Diagramm eingetragen.

Über dieses Abkommen wird ein Vertrag erstellt, der von den Eltern, Markus und der Therapeutin unterzeichnet wird. *Markus* verpflichtet sich, die Vorschriften einzuhalten. Die *Eltern* verpflichten sich, die Wünsche zu erfüllen. Die *Therapeutin* verpflichtet sich bei Einhaltung der Vorschriften durch Markus, die nächste Stunde bei Markus zu Hause abzuhalten und anschließend mit den beiden Jungen zu spielen. Dies ist für Markus ungeheuer attraktiv, wie sich schon in der Explorationssitzung herausstellte und wie auch die Eltern berichteten, da die Therapeutin genau Markus »Typ« ist.

Außerdem wurde mit diesem Besuch eine Kontrolle des Elternverhaltens angestrebt, da nicht zu erwarten ist, daß die Eltern sich sofort an alle Verhaltensvorschriften halten, bzw. diese richtig einsetzen. Falsches Elternverhalten kann aber sehr nachhaltig den Therapiefortschritt beeinflussen. Der Besuch der Therapeutin sollte außerdem für Markus eine zusätzliche Motivation zur Einhaltung der Vorschriften geben. Diese Therapeutenkontrolle sollte allerdings sehr bald ausgeblendet werden.

Ebenfalls könnte das Spiel mit der Therapeutin mit den beiden Jungen für die Mutter eine Modellfunktion haben, da sich Hinweise ergeben haben, daß die Mutter evtl. Schwierigkeiten hat, mit den Jungen zu spielen. Eine unstandardisierte Beobachtung der Familien-Interaktionen war ebenfalls geplant.

Verhaltensvorschriften für die Eltern
1. Die Eltern dürfen nicht mehr aufstehen, wenn Markus in seinem Bett hustet oder im Wohnzimmer inhaliert. (Es ist sicher, daß Markus technisch allein mit dem Inhaliergerät zurechtkommt.)
2. Wenn der Anfall so stark ist, daß Alupent dem Meerwasser zugegeben werden muß, soll die Mutter kurz aufstehen und einige Tropfen zugeben. (Markus soll dies nicht allein überlassen bleiben, da zu befürchten ist, daß er das auf die Dauer schädliche Medikament dann zu häufig benutzt, da es sehr schnell einen Anfall beendet).
3. Bittet Markus die Eltern, ihm zu helfen, dann darf dies nur so häufig geschehen, wie dies für die entsprechende Nacht vorgesehen ist. (1. Woche zweimal, 2. Woche einmal, 3. Woche keinmal).
4. Kommt Markus darüber hinaus zu den Eltern, sollen diese nur kurz auf den Vertrag hinweisen und Markus wieder zurückschicken. Hier darf auf keinen Fall eine längere Interaktion stattfinden. Die Eltern dürfen sich nicht auf eine Diskussion einlassen.
5. Nach dem Inhalieren darf Markus nicht mehr zu den Eltern ins Bett. Es darf ihn auch niemand in sein Zimmer begleiten.

Therapie-Durchführung und Veränderung des Therapie-Konzeptes

Erste Therapie-Sitzung
Diese erste Sitzung konnte nicht wie geplant eine Woche nach der zweiten Exploration durchgeführt werden, da Markus an einer Lungenentzündung erkrankte und ein Krankenhausaufenthalt notwendig wurde.
Nach dem Krankenhausaufenthalt führten die Eltern das Diagramm über die Häufigkeit der Anfälle und deren zeitliches Auftreten. Während der Krankheit traten *keine* Anfälle auf. Nachdem die Lungenentzündung abgeheilt war, sind in einer Woche nur insgesamt 3 Anfälle aufgetreten.
Zu erklären ist diese Entwicklung dadurch, daß Markus während der Krankheit von seiner Umgebung erheblich mehr Aufmerksamkeit und Zuwendung bekam. In der anschließenden Woche waren noch Schulferien, und auch hier bestand weit mehr die Möglichkeit zu einer Interaktion von Markus und der Mutter als sonst.

Besprechung der Verhaltensanalyse und des Therapieplanes
Die Verhaltensanalyse wurde in der oben dargestellten Form mit den Eltern besprochen. Es wurde versucht, klar zu machen, daß die Zuwendung der Eltern auf das symptomatische Verhalten von Markus sehr verständlich war und sie sich keine Schuld zu geben brauchten. Ebenfalls wurde für Markus betont, daß er das symptomatische Verhalten nicht *bewußt* einsetzte, um etwas zu erreichen. Es habe sich vielmehr in der Familie ein stabiles Interaktionsmuster ausgebildet, in dem jedes Familienmitglied ein gewisses Maß an Belohnung und Zuwendung anstrebt.
Die Eltern hatten zu Beginn etwas Schwierigkeiten, den funktionalen Charakter der Zuwendung auf die asthmatischen Anfälle einzusehen, was — wie oben dargestellt — nicht verwunderlich ist. Das Änderungsprinzip schien den Eltern dann allerdings einleuchtend. Der Vater hatte jedoch Bedenken, daß sich durch die gesamte Prozedur die Aufmerksamkeit zu sehr auf das symptomatische Verhalten richtete, zumal momentan nur selten Anfälle auftraten, worüber die Eltern sehr froh waren. Sie glaubten allerdings auch, daß dies nicht sehr lange anhält.

Veränderung des Therapie-Planes

Wegen der oben angeführten Gründe (momentane Besserung der Anfälle, Bedenken des Vaters gegen die erhöhte Aufmerksamkeit auf das symptomatische Verhalten) sollte der Therapie-Plan abgeändert werden, zumal durch die derzeit verringerte Häufigkeit der Anfälle gleich mit einem niedrigen Niveau begonnen werden konnte.

Veränderungen
1. Markus soll grundsätzlich *allein* inhalieren.
2. Bei Zuwendung der Eltern auf nicht-symptomatisches Verhalten soll nicht besonders betont werden, daß diese Zuwendung erfolgt, *weil Markus allein inhaliert hat.*
3. Die Eltern sollen Markus loben, wenn er sie nicht geweckt hat und häufiger mit der ganzen Familie etwas unternehmen.

Sowohl der Vertrag als auch die anderen Verhaltensvorschriften, sowie die Belohnung durch Besuch der Therapeutin sollen wie geplant durchgeführt werden.

Kontakt zu den Eltern, Markus und seinem Bruder
Die Sitzung wurde bei Markus zu Hause durchgeführt. Dies sollte deshalb geschehen, weil die Therapie sonst evtl. zu stark vom häuslichen Milieu abgetrennt würde und bei einer Therapie im Institut die Kontrolle durch die Therapeutin zu sehr in den Vordergrund gestellt worden wäre. Der »fading-out«-Prozeß könnte damit erschwert werden. Ein weiterer Grund war die Möglichkeit, eine Verhaltensbeobachtung im häuslichen Milieu durchzuführen, wie schon erwähnt.
Im Gespräch mit den Eltern war der Kontakt gut, der Vater schien allerdings etwas skeptisch in Bezug auf die Verhaltensanalyse zu sein. Er konnte zu Beginn nicht so recht glauben, daß die Zuwendung so eine entscheidende Rolle spielen sollte. Nach ausführlicher Diskussion dieses Punktes schien aber auch er diese Analyse zu akzeptieren. Er war es auch, der an anderer Stelle auf die erhöhte Aufmerksamkeit auf das Symptom durch das Diagrammführen und das ausdrückliche Belohnen des Selbständigkeitsverhaltens hinwies.
Der Kontakt zu Markus war schon von der ersten Stunde an kein Problem, die Therapeutin sah eher die Gefahr einer zu starken Abhängigkeit und Schwierigkeiten beim »fading-out« auf sich zukommen. Für das Gleichgewicht in der Familie war es sicher auch günstig, daß sich auch zu Markus' Bruder sofort eine gute Beziehung ergab. Die Eltern hatten ihn in den Explorationsgesprächen als sehr schüchtern geschildert.

Diagrammführung
Da anzunehmen war, daß die Eltern — zumindest in der ersten Zeit — doch aufwachten, sollten sie für jede Nacht Protokolle führen, wann und wie häufig Markus inhaliert hat. Das Diagramm sollte der Therapeutin 3 Tage vor der nächsten Sitzung, die alle 14 Tage stattfand, zugeschickt werden. Danach konnte entschieden werden, ob die Therapeutin zu Markus nach Hause fährt, (wenn der Plan eingehalten worden ist) oder ob Markus mit seinen Eltern nach Münster ins Institut kommen mußte.

Zweite Therapie-Stunde — zwei Wochen später

Verlauf seit der letzten Stunde
Das kurz vor dieser Stunde zugeschickte Diagramm zeigte, daß Markus überwiegend allein inhaliert hat, nachher aber häufig noch zu den Eltern ins Bett gegangen ist. Da Markus seinen Teil des Planes offensichtlich weitgehend eingehalten hatte, fuhr die Therapeutin zu ihm nach Hause. Das Nichteinhalten des Planes durch die Eltern (Markus zurückzuweisen, wenn er zu ihnen kommt), sollte mit diesen besprochen und abgeändert werden.
Pro Nacht trat durchschnittlich 1 Anfall auf, was als gering bezeichnet werden muß (gegenüber 3 mal unter normalen Bedingungen vorher). Dies mußte vor allen Dingen deswegen als gering bezeichnet werden, weil keine zusätzliche Zuwendung durch Krankheit oder Ferien gegeben war.

Gespräch mit Markus
In einem Einzelgespräch mit Markus ergab sich, daß er an einem der ersten Tage einen stärkeren Anfall hatte. Da die Eltern immer noch aufwachten, wenn Markus nebenan im Wohnzimmer hustete, hatten sie dies auch bemerkt. Nach einer ganzen Zeit, als der Anfall nicht besser wurde, ging Markus zu seinen Eltern und bat um etwas Alupent. Sein Vater daraufhin: »Du hättest schon viel früher kommen sollen«. Es wird noch einmal betont, daß er ganz allein inhalieren muß, um selbständig zu werden und auch nicht nachher zu den Eltern ins Bett gehen darf, da diese ja nicht geweckt werden sollten.

Gespräch mit den Eltern
Aus dieser Unterredung ergab sich, daß besonders der Vater das eigentliche Ziel der Therapie darin sah, daß Markus lernt, allein zu inhalieren. An eine Reduktion oder an ein gänzliches Verschwinden der Anfälle glaubte er nicht. Aus diesem Grund maß er dem Elternverhalten und der Einhaltung der Verhaltensvorschriften keine große Bedeutung zu.
Die Therapeutin wies darauf hin, daß zumindest eine Reduktion der Anfälle und ein Nachlassen der Intensität zu erwarten ist, wenn der Therapieplan eingehalten wird. Es wurde aber auch darauf hingewiesen, daß über die Stärke der organischen Komponente des Asthmas nichts Genaues bekannt ist. Eine positive Entwicklung könne allerdings nur dann erwartet werden, wenn die Zuwendung auf die Anfälle *völlig* wegfalle. Hier wird die Symptom-steigernde Wirkung von intermittierender Verstärkung besprochen.
Ein weiterer Einwand gegen die therapeutischen Verhaltensvorschriften bezog sich darauf, daß der Bruder, der mit Markus in einem Zimmer schläft, in Mitleidenschaft gezogen würde. Die Eltern be-

fürchteten, daß Markus nach dem Inhalieren noch hustend wieder ins Bett gehen könnte, wovon der Bruder aufwacht. Der Bruder sei sowieso schon so nervös. Ebenfalls befürchteten die Eltern, daß sie selber dann sowieso nicht schlafen könnten, wenn sie Markus nebenan inhalieren und husten hörten.
Die Therapeutin versuchte den Eltern darzulegen, daß zwar zu Beginn solche Schwierigkeiten zu erwarten seien, diese sich aber nach einiger Zeit (1 – 2 Wochen) geben würden.
Diese Schwierigkeiten würden aber wohl durch die positiven Folgen auf Markus' Asthma (Verringerung der Anfälle) und seinen gesamten Gesundheitszustand wieder aufgewogen.
Nach einstündiger Diskussion entschlossen sich die Eltern, den Therapieplan doch weiter durchzuführen und sich an die Vorschriften zu halten.
Da die Zuwendung der Eltern auf nicht symptomatisches Verhalten als unwesentlich angesehen wurde, mußte diese in ihrer Bedeutung noch einmal hervorgehoben werden. Der Vater hatte die Idee, Markus' abends vor dem Schlafengehen seine durch das Husten verkrampfte Bauchmuskulatur zu massieren, was Markus sehr gern hat. Diese Art der Zuwendung hat den Vorteil, daß für Markus die Situation folgendermaßen kognitiv strukturiert wird: Die Eltern tun etwas für sein Wohlbefinden, und er fühlt sich nicht ganz »im Stich gelassen«.
Der Bruder von Markus sollte dann wegen der Gleichverteilung der Zuwendung ebenfalls massiert werden.

Diagrammführung
Das Diagramm über die Häufigkeit und Uhrzeit der Anfälle sollte weitergeführt werden. Zusätzlich sollte eingetragen werden, ob der Vater die Jungen massiert hat oder nicht.

Dritte Therapiestunde – 4 Wochen nach Behandlungsbeginn

Verlauf seit der letzten Sitzung
Die Eltern hatten sich ihrer Aussage nach an die Verhaltensvorschriften gehalten. Markus inhalierte jetzt regelmäßig allein, er ging auch überwiegend allein ins Bett, ohne die Eltern zu wecken, Markus' Bruder wird durch ihn *nicht* geweckt.
Nach der ersten Woche, in der Markus alles allein machte, hat die Mutter ihm zusätzlich ein Buch geschenkt.
Es traten in den letzten 10 Tagen allerdings regelmäßig *zwei* Anfälle auf (vorher nur 1). Interessant war, daß sich die Uhrzeit, in der die Anfälle auftraten, geändert hatte; früher waren die Anfälle in der Regel nie vor 24 Uhr aufgetreten und nur selten nach 5 Uhr morgens. In den letzten 10 Tagen sind die Mehrzahl der Anfälle wieder zwi-

schen 21 und 23.30 Uhr aufgetreten. Einige auch nach 6 Uhr morgens.
Zu den Anfällen kam es also zum großen Teil in Zeiten, in denen die
Eltern entweder noch wach waren und im Wohnzimmer saßen oder
schon wieder wach waren. Es sei hier noch einmal daran erinnert, daß
Markus im Wohnzimmer inhaliert. Eine Veränderung dieses Raumes
war nicht möglich, weil abends und nachts dieses Zimmer als einziges
geheizt wurde.
Diese Veränderung der Zeiten schien ein weiterer Beleg für die aufgestellte Hypothese, daß das symptomatische Verhalten durch Zuwendung der Eltern aufrecht erhalten wird, zu sein.
In der letzten Woche hatte Markus eine Mittelohrentzündung. In
dieser Zeit durfte er nach dem Inhalieren noch ab und zu zur Mutter
ins Bett!
Der Vater hatte beide Jungen regelmäßig massiert mit Ausnahme von
3 Tagen, an denen er selbst sehr stark erkältet war und ihm die
Gefahr einer Infektion, besonders für Markus, zu groß erschien.

Einstellung der Eltern zur Therapie
Die Eltern waren inzwischen der Therapie gegenüber positiver eingestellt. Sie sahen es als einen erheblichen Fortschritt an, daß Markus
jetzt allein inhalierte und empfanden dies als eine Erleichterung auch
für sich.
Momentan belastete es sie zwar noch, wenn Markus im Nebenzimmer
hustete und inhalierte, da sie immer noch davon aufwachten. Sie
meinten aber, daß sie sich daran gewöhnen würden, und dann auch
durchschlafen würden.
Gewisse Zweifel hatte besonders noch der Vater: er befürchtete, daß
der Erfolg nicht lange andauern würde und wies darauf hin, daß es
auch früher schon Zeiten gegeben habe, in denen es Markus recht gut
gegangen sei.

Weitere Therapieanweisungen
Es wurde noch einmal betont, daß es zu keiner Lockerung der Verhaltensvorschriften (Markus darf nicht zu den Eltern ins Bett) kommen
durfte, da dies das symptomatische Verhalten durch intermittierende
Verstärkung weiter aufrecht erhalten würde.
Ebenfalls wurde auf die Notwendigkeit der Zuwendung auf nichtsymptomatisches Verhalten hingewiesen. Die Veränderung der Anfallszeiten deute darauf hin, daß ein Zuwendungsdefizit entstanden
war, was Markus durch die Anwesenheit der Eltern bei mindestens
einem Anfall pro Nacht aufzubessern versuchte.
Sollte dies noch nicht ausreichen, müßten in der nächsten Stunde
weitere Maßnahmen überlegt werden. Hier käme in Frage, daß für
eine Übergangszeit auch ein anderes Zimmer der Wohnung nachts
geheizt würde, wo Markus dann inhalieren könnte.

Vierte und fünfte Therapiestunde — 6 bzw. 10 Wochen nach Therapiebeginn

Die vierte Stunde fand turnusmäßig nach 14 Tagen statt, die fünfte erst 4 Wochen später wegen des Urlaubs der Therapeutin.
Es trat regelmäßig über die gesamte Zeit hin nur noch ein Anfall pro Nacht auf. Sowohl Markus als auch seine Eltern waren sehr froh darüber, daß sie jetzt mehr schlafen können. Die Mutter wachte allerdings immer noch auf, wenn Markus im Nebenzimmer inhalierte. Zwischendurch hatte Markus eine Mandelentzündung, während derer er keinen Anfall hatte.
Es stellte sich bei dem Therapiegespräch allerdings wiederum heraus, daß Markus in der letzten Zeit doch ab und zu nach dem Inhalieren wieder zur Mutter ins Bett durfte. Hier wurde zum wiederholten Mal die Wirkung dieses Verhaltens der Mutter auf die Anfallshäufigkeit besprochen!
Es wurde vereinbart, daß der Kontakt zur Therapeutin gelockert wird. Der Vater hatte Bedenken, daß dies sich negativ auswirken würde, da er den Einfluß der Therapeutin für sehr motivierend für Markus hielt. Im Gespräch wird den Eltern jedoch erklärt, daß es zu einer Kontrolle des Verhaltens innerhalb der Familie kommen müsse, da die Abhängigkeit von der Therapeutin nicht über unbegrenzte Dauer aufrecht erhalten werden könne.

Notizen eines Gespräches mit dem behandelnden Arzt — 11 Wochen nach Therapiebeginn

Der Arzt hielt den Zustand von Markus für stark gebessert. Er sah diese Besserung in zweifacher Hinsicht:

1. Die Häufigkeit und Intensität der Anfälle sei erheblich zurückgegangen. Die Häufigkeit der Besuche habe stark abgenommen. Früher habe er Markus mindestens jede Woche einmal gesehen und häufig waren Hausbesuche notwendig. In letzter Zeit sieht er Markus oft mehrere Wochen nicht mehr.
2. Die Krankheit von Markus stehe nicht mehr so stark im Vordergrund des gesamten Familiengeschehens, wie dies früher der Fall gewesen sei. Dies meinte er, durch das Verhalten der gesamten Familie sowohl bei Hausbesuchen wie auch bei Praxisbesuchen festgestellt zu haben. Besonders die Mutter habe früher dem Asthma sehr viel mehr Bedeutung beigemessen.

Da der Arzt den somatischen Anteil an Markus' Asthma immer noch für recht hoch hielt, glaubte er nicht, daß noch eine weitere Reduktion zu erreichen wäre.
Als neuer Aspekt ergab sich aus dem Gespräch für die Therapeutin, daß anscheinend die Zentrierung der gesamten Familie auf das Asthma von Markus doch sehr stark gewesen war. Dies war aus der Exproration nicht so eindeutig zu entnehmen.

Sechste Therapiestunde — 12 Wochen nach Therapiebeginn

Verlauf seit der letzten Sitzung
Direkt nach der letzten Therapie-Sitzung hatte es eine starke Steigerung der Anfallhäufigkeit gegeben. Es traten in einer Nacht ca. 1 — 3 Anfälle auf, meistens waren es 2 oder 3.
Markus atmete wieder mit stark rasselndem Geräusch, seine Schultern sind ständig hochgezogen (beides typische Asthma-Anzeichen).

Hypothesen zur Verschlechterung
Die Zuwendungssituation hatte sich in fünf Aspekten verändert:

1. Die Therapeutin hatte angekündigt, daß sie den Kontakt zu Markus loser werden lasse.
2. Der Vater massierte Markus nicht mehr, da er in der Freizeit jetzt am Haus weiterarbeitete. Die Jungen bekommen dafür jeder 30 Pfennig!
3. Markus war jetzt (es sind inzwischen Ferien) mehr bei der Großmutter nebenan, die ihn auf Grund des Asthmas sehr in den Mittelpunkt stellte.
4. Während der Ferien entfiel die Zuwendung von Mitschülern, bei denen Markus häufig im Mittelpunkt stand (s. o.).
5. Die Mutter gab immer wieder intermittierende Verstärkung, da es »dem Jungen im Moment ja so schlecht gehe«.

Weitere Therapieanweisungen
Es schien wichtig, die Punkte 2, 3 und 5 zu ändern, da hier Angriffspunkte gegeben sind.
Punkt 4 (Zuwendung in der Schule) konnte nicht geändert werden. Ebenfalls war es wichtig, die Abhängigkeit von dieser Zuwendung nicht zu vergrößern. Dies würde man allerdings tun, wenn hierfür ein Ersatz in den Ferien geschaffen würde.
Der Punkt 1 (Zuwendung der Therapeutin) durfte aus therapeutischen Erwägungen nicht geändert werden, da sonst für Markus eine neue Abhängigkeit aufgebaut würde, bzw. verlängert würde.
Zu Punkt 2: Es wird noch einmal geklärt, daß das Massieren deswegen gewählt wurde, weil es eine Form der sozialen Zuwendung ist. Diese Zuwendung werde Markus jetzt auf das symptomatische Verhalten entzogen. Die soziale Zuwendung sei nicht durch materielle Zuwendung zu ersetzen.
Es schien sehr schwierig zu sein, den Eltern die Art der Zuwendung zu überlassen. Dies führte anscheinend dazu, daß *keine* Zuwendung gegeben wurde. In der nächsten Stunde sollte ein anderes Belohnungssystem angesetzt werden.

Zu Punkt 3: Die Eltern sollten die Großmutter instruieren, nicht mehr auf das Asthma von Markus einzugehen, sowohl verbal als auch durch zusätzliche Dinge, die sie ihm zusteckte.
Zu Punkt 5: Es wurde auf Einhaltung der Verhaltensvorschriften bestanden.
In diesem Punkt schien der oben schon erwähnte Widerstand der Eltern gegen diese Maßnahme oder die Art der Therapie insgesamt zu bestehen. Es schien notwendig, darauf in der nächsten Stunde noch einmal einzugehen.

*Siebente und letzte Therapiestunde —
16 Wochen seit Therapiebeginn*

Bisheriger Verlauf seit der letzten Sitzung
In den letzten zweieinhalb Wochen hatte sich eine erhebliche Besserung gezeigt. Es kam jetzt nur noch zu einem Anfall pro Nacht, womit wohl auch die Grenze der möglichen Besserung erreicht war.
Markus' Atem rasselte nicht mehr, und er hatte auch wieder eine normale Körperhaltung.
Die Eltern hielten sich an die Verhaltensvorschriften, die Großmutter ist instruiert und hielt sich — soweit das zu erfahren war — auch daran.

Gespräch mit den Eltern
Die Therapeutin gab einen kurzen Rückblick auf den bisherigen Verlauf der Therapie und die Schwierigkeiten, die sich dabei ergaben. Sie fragte die Eltern, warum es ihnen so schwer falle, die Verhaltensvorschriften einzuhalten.
In dem folgenden Gespräch wurde hauptsächlich die Skepsis des Vaters deutlich, der die Erfolge und Mißerfolge hauptsächlich auf »natürliche« Ursachen wie Wetterumschwung, schlechter Allgemeinzustand von Markus und Infektionen zurückführte.
An Hand des Beispieles »Wetterumschwung« konnte gezeigt werden, daß es diesen zwar gegeben hat, aber schon wesentlich früher die Verschlechterung der Anfallshäufigkeit aufgetreten war. Dies wurde an Hand des Diagramms verdeutlicht.
Andererseits wurde eine Abhängigkeit von organischen Komponenten — besonders auch auf Grund der Aussagen des behandelnden Arztes — nicht vollkommen abgelehnt. Es wurde verdeutlicht, daß aus diesen Gründen auch nicht zu erwarten war, daß das Asthma gänzlich verschwinden würde. Es wurde auf die positiven psychischen und physischen Folgen der Reduktion des Asthmas hingewiesen, die sowohl für Markus als auch für die Eltern beständen.
Hier erwähnte die Mutter einen weiteren Effekt der Therapie, den sie bisher — trotz Nachfragens — nicht eher angesprochen hatte. Die

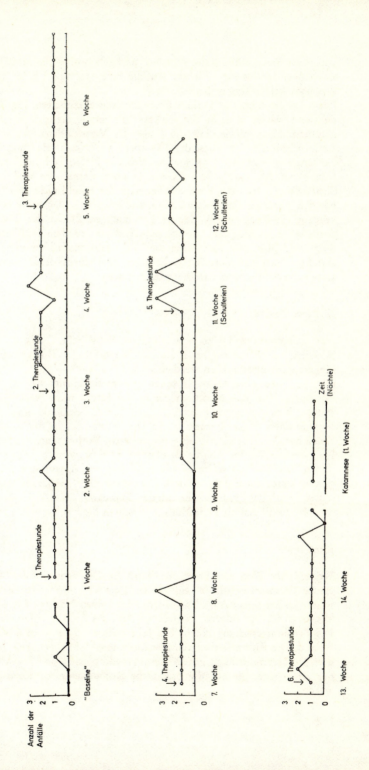

Intensität der Anfälle hatte erheblich nachgelassen. Während Markus sich früher häufig richtig in die Anfälle hineingesteigert habe, tue er dies jetzt keineswegs mehr.

Die Schwierigkeit, die Verhaltensvorschriften einzuhalten, lag darin, daß beide Eltern nicht an die Wirksamkeit gerade dieser Maßnahmen glaubten. Hier spielte auch die Frage des Verschuldens wieder eine Rolle. Wenn die Hypothese der Therapeutin (Aufrechterhaltung durch Zuwendung) stimme, dann müßten sich die Eltern ja Schuld an der Stärke des Asthmas geben. Es wurde noch einmal die funktionale Sichtweite verdeutlicht, die die Frage nach der Schuld nicht zuläßt.

Für den Vater lag das Problem auch, wie er schon in der ersten Stunde verdeutlicht hatte, darin, daß er den einzigen Effekt der Therapie darin sehen würde, daß Markus selbständiger mit dem Inhaliergerät umgehen könne. Hierzu fand er die Verhaltensvorschriften nicht notwendig. Nach den derzeitigen Erfolgen und durch dieses Gespräch waren die Eltern bereit, weiter mitzuarbeiten.

Weiterer Verlauf

Das Programm sollte so weiterlaufen wie gehabt. Falls es keine Schwierigkeiten mehr gibt, sollte der Kontakt zur Therapeutin für längere Zeit unterbrochen werden.

Für die Zuwendung sollte ein token-System eingeführt werden. Markus bekam für jede Nacht, in der er die Eltern nicht weckte, einen Punkt. Wenn er ganz durchgeschlafen hatte, bekam er noch einen Sonderpunkt. Diese wurden in ein Diagramm, das in der Küche an einem gut sichtbaren Platz hing, eingetragen. Vorher wurde festgelegt, für wieviele Punkte welche Belohnung erreicht werden konnte. Bei diesen Belohnungen sollte es sich möglichst um Aktivitäten mit der ganzen Familie handeln, wie: eine gemeinsamer Kinobesuch, gemeinsamer Besuch des Freibades, Besuch des Zoos usw.

Sowohl die Eltern als auch Markus stimmten diesem Vorgehen zu.

Katamnese

Weitere vier Wochen führten die Eltern ein Diagramm und schickten es der Therapeutin zu. Es zeigten sich keine Veränderungen. Es blieb weiterhin bei einem Anfall pro Nacht. In einigen Nächten hatte Markus sogar durchgeschlafen, zweimal waren zwei Anfälle aufgetreten.

Die Nachuntersuchung ein halbes Jahr später zeigte einen ähnlichen Befund. Die Eltern berichteten allerdings über Schwankungen, besonders im Zusammenhang mit Witterungsbedingungen und Infektionen der Atemwege, die auf die organische Komponente zurückzuführen waren.

8. Behandlung von Zwangsgedanken eines 22jährigen Klienten mit einem Kognitionstraining

von Peter A. Fiedler

Vorbemerkungen

Die Verhaltenstherapie besitzt z. Zt. noch kein geeignetes Modell, mit dem die Entstehung von Zwangsverhalten und Zwangsgedanken insbesondere sowie die Mechanismen, die sie aufrechterhalten, befriedigend erklärt werden könnten. Es gibt zwar eine große Vielfalt von therapeutischen Überlegungen (z. B. Ramsey & Sikkel, 1973; Rachman, 1971; Meyer, 1966), die meines Erachtens jedoch vornehmlich deshalb unzureichend bleiben mußten, da sie sich — und das gilt insbesondere für Analyse- und Therapiemodelle bei Zwangsgedanken — einer weitgehenden Erklärung ablaufender kognitiver Verarbeitungsprozesse enthielten. Zum anderen mag die Schwierigkeit der lerntheoretischen Zugangsweise zu Zwangssymptomen darin begründet liegen, daß der Klassifikationsbegriff — nämlich der der Zwangsneurose — auf die Verhaltenstherapie aus einer anderen Nomenklatur übertragen wurde: Schaut man die verhaltenstherapeutischen Arbeiten zur Behandlung von Zwangssymptomen durch, wird man schnell feststellen, wie heterogen die unter diesem Begriff subsumierten Fälle sind. Es ist üblich geworden, daß man die Zwangssymptome in verschiedene Gruppen unterteilt, und zwar in *Zwangshandlungen* (ständiges oder mehrmalig auffälliges Wiederholen motorischer Aktivitäten; z. B. Händewaschen, Haareausziehen, usw.), in *Zwangsvorstellungen* oder auch *Zwangsimpulse* (gedankliche Vorstellung von Handlungen oder künftigem Geschehen; z. B. die Vorstellung, man müsse oder werde seinen Vater töten) und in *Zwangsgedanken,* die nicht die Ausführung einer möglichen Handlung beinhalten (vor allem unsinnige Gedankenabfolgen, die wie zusammenhanglos den Patienten befallen; quasi pathologische Ohrwürmer wie der Zwang beispielsweise, dauernd bestimmte Reime deklamieren zu müssen); vgl. hierzu Windheuser (1972).

Da z. Zt. noch keine integrativen Ansätze bestehen, mit denen man die mögliche Erscheinungsvielfalt von Zwangssymptomen weitgehend abdecken könnte, ist der Praktiker zumeist auf die Entwicklung eigener Modelle angewiesen, mit denen er das Zwangsverhalten seiner Klienten zumindest soweit funktional zu erklären in der Lage ist, damit befriedigende therapeutische Schritte abgeleitet werden können. So wird auch das im folgenden auf den vorzustellenden Fall angewendete Modell nicht unbedingt einen Allgemeingültigkeitsanspruch erheben können. Es könnte jedoch vielleicht ein wenig dazu beitragen, die Scheu des Praktikers zu überwinden, sich ein paar Schritte von seinen oft so lieb gewonnenen »S-R-C-Ketten« zu lösen und den Schritt hin zu einer mehr kognitiven Verhaltenserklärung zu wagen.

Zusammenfassung der Exploration

K. ist Student, 22 Jahre alt, katholisch. Studiert Englisch, Geographie, Pädagogik. Mutter vor drei Jahren verstorben. Lebt heute mit dem Vater zusammen.
Vor etwa zwei Jahren hat K. in einer Englisch-Klausur ein an sich leichtes Wort (Grundwortschatz) falsch geschrieben. Darüber habe er sich damals »maßlos« geärgert, weil er es doch eigentlich gewußt habe und der Fehler nur aus Flüchtigkeit entstanden sei.
»Ich habe mir damals gesagt: Wenn Du Dich da verschrieben hast, dann überlege Dir mal, wieviele andere Worte Du dann möglicherweise noch falsch schreiben könntest! Das war mir ein ganz schrecklicher Gedanke!«
Es habe ihn das alles damals ziemlich stark aufgeregt. Auch habe es so einige Tage gedauert, bis er wieder ruhiger geworden sei.
Später sei das dann immer mal wieder passiert, daß er Flüchtigkeitsfehler gemacht habe, über die er sich stets furchtbar lange habe ärgern müssen. Zunächst sei dieser Ärger immer ziemlich schnell – so nach ein, zwei Tagen – wieder zurückgegangen. Doch in letzter Zeit werden die Ärgerreaktionen und körperlichen Begleiterscheinungen immer schlimmer.
Auf die Frage, wie diese Ärgerreaktionen aussehen, gibt K. folgendes Beispiel: Er stellt sich plötzlich ein englisches Wort falsch geschrieben vor. Für ein »a« in dem Wort etwa ein »e«, oder für ein »dg« wie in »bridge« ein »gd«. Zum Beispiel hört er im Radio das Wort »Kanzler« (auf deutsch); dann weiß er nicht sofort, ob es im Englischen nun »chancellor« oder »chanceller« geschrieben wird. Er sagt sich dann: »Mensch, wenn Du das jetzt nicht richtig hin bekommst, wenn Du das richtig geschriebene jetzt vergißt, und dann brauchst Du es in vier Wochen vielleicht ... Da mußt Du gegen angehen!«
Wenn er sich ein solches Wort falsch vorstellt und dann gleichzeitig an die Möglichkeit denkt, es könne ihm falsch »im Kopf« haften bleiben, dann wird er ganz nervös. Es läuft ihm kalt den Rücken hinunter. Es wird um so schlimmer, je länger er das falsch geschriebene Wort im Kopf hat; ganz schlimm, wenn es länger als ein halbe Stunde dauert. Er kann dann an nichts anderes denken, kann sich nicht mehr konzentrieren. Wenn er ein falsch geschriebenes Wort im Kopf hat und jemanden auf der Straße trifft (einen Freund beispielsweise, wie es schon öfter vorkam in den letzten Wochen), dann ist es »ganz furchtbar. Derjenige tut mir dann richtig leid, weil ich den dann so kurz abfertige, weil ich dann ja das falsche Wort im Kopf habe und meine, das darfst Du nicht vergessen«.

Es gibt da zwei Möglichkeiten: Unproblematische und komplizierte Worte.
Unkomplizierte Worte: Das sind Worte, die K. sicher kennt, und von denen er weiß, daß er sie mit Sicherheit richtig schreiben würde (Grundwortschatz).

Situation: Er stellt sich ein solches Wort falsch vor, oder er sieht es plötzlich in Gedanken falsch vor sich. Daß ein solches Wort mit falscher Schreibweise dann »im Kopf« haften bleiben könnte, löst in ihm Angst aus. Ihm steigt das Blut in den Kopf. Es wird ihm heiß. Er denkt, der Kopf weite sich aus. Er hat oft einen »Kloß im Hals«. Er stellt sich dann alsbald intensiv die richtige Schreibweise des Wortes vor. Auf diese Weise, indem er nämlich das richtige Wort intensiv zu denken und sich einzuprägen versucht, will K. die falsche Schreibweise »bekämpfen«. Er will so die falsche Vokabel aus dem Gedächtnis herauszwingen. Dabei sagt er sich dann auch laut: »So schreibt man das richtig!« Meistens hilft aber ein einmaliges »Bekämpfen« nicht. Wenn er sich nämlich vergewissern will, ob er die falsche Schreibweise bereits vergessen habe, dann taucht meistens die falsche Schreibweise vor seinen inneren Augen wieder auf. Dann stellt er sich das richtig geschriebene Wort erneut vor. Das geht so mehrmals hin und her, bis die Erregung langsam zurückgeht und er sich außerdem sicher sein kann, wie das Wort richtig geschrieben wird. Das gelingt ihm bei unproblematischen Worten oft nach 30 bis 45 Minuten, »aber auch nicht jedesmal so schnell!« Ganz sicher ist K. sich jedoch eigentlich nie; deshalb denkt K. die richtige Schreibweise zur Sicherheit den ganzen Tag über hin und wieder noch einmal, was – »wenn ich Pech habe« – erneut zum Auftauchen der falschen Schreibweise und damit zur Erregungssteigerung führt, manchmal noch schlimmer als beim ersten Male.

Komplizierte Worte: In der Regel nimmt es hierbei den gleichen Verlauf wie bei den Worten des Grundwortschatzes, nur erheblich »schlimmer«. K. kann von Anfang an erkennen, ob das Gefühl schlimmer wird, ob ein Wort ihn mehr oder weniger belasten wird. Hierbei ist dann auch die Angst über das unkontrollierbare Verbleiben der falschen Schreibweise im Gedächtnis größer, was erheblich stärkere körperliche Erregungen zur Folge hat. Es kommt zu Schweißausbrüchen und Schwindelgefühl. Das geht oft über zwei Tage. Im Bett abends sagt er sich dann: »Jetzt mußt Du aber das falsche Wort vergessen!«, und stellt sich dann immer wieder das richtige Wort vor. Er versucht, mit der vorgestellten richtigen Schreibweise einzuschlafen. Oft geht das gedankliche »Bekämpfen« des falschen Wortes jedoch morgens nach dem Aufwachen weiter. Dann läßt er in letzter Zeit auch schon mal Seminare ausfallen, weil er einfach nichts anderes kann, als sich darum zu bemühen, die falschen Worte loszuwerden, indem er permanent versucht, sich das richtige Wort einzuprägen.

Über mehrere »Kämpfe« mit dem falsch geschriebenen Wort kommt es zunächst zu steigender Erregung; bei komplizierten Worten hält diese Erregung auf dem Maximum mehrere Stunden an, solange, bis K. starke Kopfschmerzen bekommt, vor Erschöpfung nicht »weiterkämpfen« kann bzw. eingeschlafen ist. In 15 Minuten hat er dabei etwa 15 kürzere Falsch-Wort-Vorstellungen und 15 Richtig-Wort-Vorstellungen. K. kann sich alles auch willentlich hervorrufen.

K. studiert zur Zeit im siebten Semester und hat bereits alle Scheine, die er für das Examen benötigt. Im Englisch-Studium ist K. besonders gut. Er hat bis auf eine Klausur alle mit zwei oder besser geschrieben. Bis zum Examen kann ihm eigentlich nichts mehr passieren. Das Examen möchte er Ende des nächsten Jahres machen. Er bereitet sich bereits jetzt darauf vor. Er hat eine große Erwartungsangst, Angst davor, im Examen durchzufallen.

In den ersten 14 Tagen nach der Exploration hat K. Protokoll zu führen über die Auftretenshäufigkeit und Situationsabhängigkeit seiner Symptomatik (Basislinie). Über die zeitlichen Dimensionen der Symptomatik gibt Abbildung 1 Auskunft.

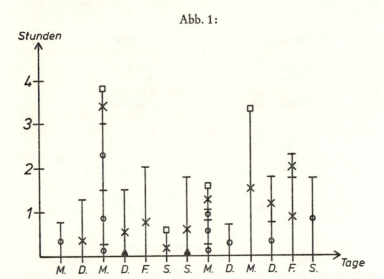

Abb. 1:

o in diesem Abschnitt war eine Vokabel des Grundwortschatzes Auslöser für Zwangsgedanken

× in diesem Abschnitt war eine kompliziertere Vokabel Auslöser für Zwangsgedanken

▯ Abbruch des zwanghaften Denkens durch Einschlafen im Bett

▲ Fortsetzung des zwanghaften Denkens der gleichen Vokabel wie am Vorabend mit dem Aufstehen

Situationsregelhaftigkeiten sind kaum auszumachen, außer daß der Klient beim Lesen bestimmter englischer Vokabeln eher Anreize dafür findet, wie sie falsch geschrieben werden könnten; besonders häufig sind Buchstabenverwechselungen, wobei die falsche Schreibweise sich oft an die deutsche Aussprache anlehnt, wie z. B. »a« statt »u«, »e« statt »a«, »i« statt »y«, »gd« statt »dg«.

Funktionales Bedingungsmodell

Das Problemverhalten des Klienten läßt sich in seinen operanten und respondenten Anteilen gut bestimmen. Dies soll zunächst geschehen, bevor wir uns ergänzend einer Symptomanalyse unter primär kognitiv-sozialen Aspekten zuwenden.
Folgende Informationen sprechen für eine respondente Erklärungsmöglichkeit der physiologisch-motorischen Aktivierungs- und Verspannungszustände:

1. Es treten z. T. heftige physiologische Begleiterscheinungen auf, wie Schweißausbrüche, Magendruck und Übelkeit.
2. Diese Reaktionen erfolgen unmittelbar und immer auf die gedankliche Antizipation des Klienten, das fehlerhaft geschriebene Wort könne im Gedächtnis haften bleiben.
3. Nachfolgende verstärkende Reize treten nicht unmittelbar auf die Verspannungszustände auf. Sie folgen erst dem aktiven »Denken« der richtigen Schreibweise (s. u.).

Es kann daher für die *respondenten* Anteile am Problemverhalten vorläufig festgehalten werden:

CS_x ------------- CR_x

Denken von bzw.	Angstreaktionen
Gedanken an	in Form von physiologisch-
falsche(n) Vokabeln	motorischen Verspannungen

In der Folge dieser Angstreaktionen setzt unmittelbar ein (kognitives) Fluchtverhalten ein, mit dem Ziel,

a) die angstauslösenden Stimuli (Gedanken an falsche Schreibweise und
b) den phobischen physiologisch-motorischen Verspannungszustand zu beenden.

Hier liegen *operant* erklärbare Anteile des Symptoms vor:

$(CS_x$ ----- $CR_x) = S^D$ ----- R --------- $\cancel{C}$ -

Denken falscher Vokabeln	angestrengtes	physiologisch-
physiologisch-motorische	Denken der	motorische
Verspannungen	richtigen	Verspannungen
	Schreibweise	gehen zurück

Es nimmt — anders ausgedrückt — die subjektive Sicherheit des Klienten bezüglich der richtigen Schreibweise des Wortes zu. Andererseits steigert sich jedoch die Unsicherheit darüber, die falsche Vokabel könne trotz intensiven Denkens der richtigen Schreibweise »irgendwie« im Gedächtnis haften bleiben, so daß eine »Überprüfung« notwendig wird.

Auch dies ließe sich operant darstellen:

S_D– – – – – – – – –   R – – – – – – – – (¢ –)

| Unsicherheit, ob falsche Schreibweise tatsächlich vergessen | (kognitives) nachprüfen | (Hoffnung, daß falsche Vokabel vergessen ist) |

Dieses »Nachprüfen« des Klienten, ob denn nun auch die falsche Schreibweise vergessen sei, führt äußerst selten zum Erfolg *(intermittierende Verstärkung)*. Mißerfolg, d. h. die falsche Schreibweise taucht erneut vor dem »inneren Auge« auf, führt unmittelbar zu einer Erregungssteigerung, diese zum oben bereits analysierten Fluchtverhalten usw.
Obwohl auf diese Weise das Verhalten des Klienten ausreichend beschrieben wäre, um erste prinzipielle Therapieschritte abzuleiten, bleibt dem Betrachter ein gewisses Unbehagen. Mit der Erklärungsweise der intermittierenden Verstärkung wird der Zirkel zum wiederholten Ablauf der Zwangsgedanken zwar geschlossen; offen bleibt jedoch die Frage, warum denn trotz so häufiger und massiver Bestrafungen zwischen den seltenen Verstärkungen, dieses »Nachprüfen« des Klienten überhaupt stattfindet.
Genau hier ist der Ort, wo es notwendig wäre, den Prozeß der kognitiven Verhaltenssteuerung näher zu durchleuchten. Vielfach wird davon ausgegangen, daß kognitive Prozesse nach den gleichen Prinzipien (nämlich unter respondenten und operanten Annahmen) analysiert werden können, wie motorische und physiologische Verhaltensanteile. Bis zu einem gewissen Ausmaß mag dies möglich sein; dies zeigt auch unser Beispiel. Wie es weiter zeigt, hat ein solches Vorgehen aber auch seine Grenzen. Hier bietet es sich deshalb an, die kognitiven Bedingungen des Problemverhaltens genauer zu untersuchen. Leider stehen dem Praktiker zur Zeit noch nicht allzu praktikable Möglichkeiten der Analyse und Therapieplanung unter kognitiv-sozialer Perspektive zur Verfügung, so daß dieser oftmals gezwungen ist, eigene Strukturierungsmodelle zu finden, die eine Ableitung von Therapieschritten erleichtern (es sei jedoch bereits auf einen interessanten Ansatz von Innerhofer (1974) verwiesen, der auch das therapeutische Vorgehen bei der Therapie unseres Klienten wesentlich mit beeinflußt hat). Hier soll jetzt zunächst der theoretische Hintergrund unseres kognitiv-sozialen Ansatzes für Verhaltensanalyse und Therapieplanung vorgestellt werden.

Begründung für die Einbeziehung kognitiver Variablen in das verhaltensanalytische und verhaltenstherapeutische Vorgehen

Mischel hat 1973 die Bedeutung der Annahme kognitiver Variablen für Verhaltensanalyse und Verhaltenstherapie herausgearbeitet. Es wird davon ausgegangen, daß eine Reihe rein kognitiver Variablen über einen kognitiven Prozeß unmittelbar auf das Erleben und Verhalten eines Individiums Einfluß nehmen. Wesentlich sind in diesem Zusammenhang drei zentrale kognitive Strukturvariablen, die wir in Anlehnung an Mischel (1973) *Erwartungshaltungen*, *Werthaltungen* und *Verhaltensregeln* nennen wollen.

Das Handeln orientiert sich im wesentlichen an den Erfahrungen, die das Individuum zuvor in gleichartigen oder ähnlichen Situationen gemacht hat. Diese Erfahrungen kommen in der *Haltung* oder *Einstellung* des Individuums diesen Situationen gegenüber zum Ausdruck. Unter *Werthaltungen* sind nun die kognitiven Anteile des *emotional-affektiven Erlebens* einer Person zu verstehen. In ihnen wird die Beziehung dieser Person zu spezifischen Reizkonstellationen charakterisiert (manifestiert im Annäherungs- oder Vermeidungsverhalten).

Unter den *Erwartungshaltungen* sind die Erfahrungen des Individuums mit Reizen und Reizverbindungen zusammengefaßt; es sind Erwartungen des Individuums bezüglich der Regelhaftigkeit und der Kontiguität von Stimuluskonnexionen, so wie sie vom Individuum erfahren und wahrgenommen worden sind. Es sind dabei Stimulus- und Konsequenz-Erwartungen zu unterscheiden.

Stimuluserwartungen sind Hypothesen oder Erfahrungswerte eines Individuums, die die Koppelung verschiedener Stimuli untereinander betonen. Bei der Stimuluserwartung handelt es sich um eine Erwartungshaltung, die über das Paradigma des klassischen Konditionierens erklärbar ist. Als Beispiel aus dem Labor: Die zeitliche Nähe von Lichtsignal und Schock (aversive Konditionierung).

Konsequenzerwartungen sind subjektive Hypothesen oder Erfahrungswerte über Verstärkungsbedingungen (oder Kontingenzregeln; vgl. Skinner 1966). Konsequenzerwartungen vermitteln zwischen Verhaltensalternativen, indem sie (1) unter gegebenen Reizbedingungen vorhandene Verstärkererwartungen betonen und indem sie (2) eine ebenfalls situationsabhängige Zielanalyse erlauben. Konsequenzerwartungen lassen sich über das Paradigma des operanten Konditionierens erklären. Da in der Realität beide Lernprozesse (klassische und operante Konditionierung) stets gleichzeitig eine Rolle spielen (vgl. hierzu Ploog & Gottwald 1974), wird ein Individuum den gleichen Reizbedingungen gegenüber sowohl Stimulus- als auch Konsequenzerwartungen gegenüber besitzen, wobei erstere auf eine zeitlich engere Verknüpfung von Reizen, also auf eine relevante Reizkonstellation hinweisen (S-S-Erwartungen), letztere vielmehr durch Verhaltensweisen beeinflußbare, zeitlich eher auseinanderliegende Reiz-Verstärkungsverknüpfungen betonen (S-C-Erwartungen).

Erwartungshaltungen und Werthaltungen strukturieren den Handlungsbereich des Individuums: Sie sind das organisierte Wissen, das der Organismus über sich selbst und seine Umwelt gesammelt hat. Wie jedoch deutlich geworden sein mag, dient die kognitive Kodierung relevanter Informationen durch das Individuum in Form von Wert- und Erwartungshaltungen nicht nur der kognitiven Strukturierung des Handlungsbereiches, sondern sie betont auch bereits Verhaltenstendenzen und Verhaltensrichtungen. Hier scheint es günstig, eine weitere kognitive Strukturvariable einzuführen, die speziell den Verhaltensaspekt betont.

Da sie auf die regelhafte Verknüpfung von Reizbedingungen und Verhaltensweisen hinweist, erscheint für diese Variable der Begriff *Verhaltensregel* angebracht (vgl. Innerhofer 1974; auch Kraiker 1974). Verhaltensregeln beziehen sich einmal auf eigene gemachte Erfahrungen mit den in ihnen spezifizierten Verhaltensweisen unter Einbeziehung der im Laufe der Lerngeschichte erfahrenen externalen und internalen Konsequenzen auf das Verhalten. Verhaltensregeln liegen typischerweise etwa in folgender Form vor: »Wenn man unter den und den Umständen dies oder das tut, dann hat das die und die Konsequenzen!« Wie Wert- und Erwartungshaltungen sind auch Verhaltensregeln relativ überdauernde Codes, die den Handlungsbereich strukturieren. Weiter sind Wert- und Erwartungshaltungen per definitionem Bestandteile von Verhaltensregeln, da sie ja die Determinationsgesichtspunkte und Begründungen für Verhaltensregelhaftigkeiten abgeben. Deshalb reicht es für eine *Verhaltensanalyse* aus, wenn man die Verhaltensregeln eines Individuums sorgfältig analysiert, und so die Erwartungs- und Werthaltungen gleichzeitig miterfaßt. Gegenstand kognitiv orientierter Therapie werden dann auch die Verhaltensregeln sein müssen, auch wenn es darum geht, Teilaspekte der Regeln (nämlich Werthaltungen, Erwartungshaltungen oder Regelverhalten) zu modifizieren.

Am Beispiel unseres Klienten soll jetzt versucht werden, die Bedeutung der Einbeziehung dieser drei kognitiven Strukturvariablen für Verhaltensanalyse und Therapie herauszuarbeiten.

Symptomkennzeichnende Erwartungshaltungen, Werthaltungen und Verhaltensregeln des Klienten[1])

Fehler lassen sich durch Sortfalt vermeiden!
Wenn ich mir eine englische Vokabel falsch geschrieben vorstelle, so ist das gefährlich; denn ...
Wenn mir diese falsche Schreibweise im Gedächtnis haften bleibt, dann kann es passieren, daß ich die Vokabel bei unpassender Gelegenheit (Klausur) falsch schreibe, ohne daß ich es bemerke.

---

[1]) Mit dem Klienten gemeinsam erarbeitete Liste. Interessanterweise stellte sich dabei schnell heraus, daß der Klient – standen die Regeln einmal auf dem Papier – diese als eigene Verhaltensstützen gar nicht mehr so gut und brauchbar empfand. Es fand dabei bereits eine erste rationale Auseinandersetzung über die Sinnhaftigkeit der Regeln mit dem Therapeuten statt (vgl. auch Durchführung der Therapie).

So etwas darf einfach nicht passieren.
Das ist ärgerlich.
Das ist umso schlimmer, je einfacher die Schreibweise des Wortes ist, d. h. je weniger ein solcher Fehler eigentlich hätte auftreten dürfen.
Einfache Vokabeln schreibt man nicht falsch.
Flüchtigkeitsfehler lassen sich durch Sorgfalt vermeiden.
Wenn ich eine falsche Schreibweise im Kopf habe, muß ich etwas dagegen tun, damit sie nicht im Gedächtnis haften bleibt.
Wenn ich die falsche Schreibweise aus dem Gedächtnis bekommen will, muß ich mir die richtige Schreibweise so lange vorstellen, bis ich mir sicher bin, daß ich sie nicht mehr vergesse.
Ich muß mich jedoch stets vergewissern, daß die falsche Schreibweise nicht mehr im Gedächtnis ist.
Dies kann ich nur, wenn ich versuche, die falsche Schreibweise erneut zu produzieren.
Solange ich die falsche Schreibweise im Kopf habe, ist das gefährlich (s. o.).
Es reicht nicht aus, das falsche Wort einfach zu vergessen; auch das wäre gefährlich.
Wenn ich das falsche Wort vergesse, dann muß ich es mir zuletzt wenigstens richtig vorgestellt haben.
Sonst würde ich verunsichert und mir einreden: »Das schreibst Du nächstes Mal sicherlich falsch!«

Die funktionale Bedingung des Symptomverhaltens durch Erwartungshaltungen, Werthaltungen und Verhaltensregeln

Die Erwartungshaltungen des Klienten sind auf das Eintreten eines an sich recht ungewissen Ereignisses mit geringer Auftretenswahrscheinlichkeit ausgerichtet: Daß ihm nämlich in einer Klausur ein Flüchtigkeitsfehler unterlaufen könnte. Des weiteren ist die Erwartung von Bedeutung, daß ein solcher Fehler eben aus Flüchtigkeit, d. h. ungewollt und unkontrollierbar eintreten könnte.
Die Werthaltungen des Klienten unterstreichen die Aversivität der erwarteten Verhaltenskonsequenzen: Flüchtigkeitsfehler sind ärgerlich, weil vermeidbar. Je einfacher das Wort, umso schlimmer.
Insgesamt sind die Erwartungs- und Werthaltungen gekennzeichnet durch stark verunsichernde Eigenheiten, die sich — wie zu zeigen sein wird — aus einer Hilflosigkeit und Unsicherheit des Klienten gegenüber des Funktionierens angewendeter Verhaltensregeln ergibt.
Von zentraler Bedeutung ist die Verhaltensregel: *»Fehler lassen sich durch Sorgfalt vermeiden!«* An diesem Grundsatz der elterlichen Erziehung, dem sich der Klient extrem verpflichtet fühlt, ist durch das Ereignis der Flüchtigkeitsfehler mächtig gerüttelt worden. Flüchtig-

keitsfehler wären bei sorgfältigem Vorgehen vermeidbar gewesen. Die Folge sind starke emotionale (Ärger-) Reaktionen. Der Klient nimmt sich eine genauere Befolgung der Sorgfaltsregel vor. Trotzdem schleichen sich weitere Flüchtigkeitsfehler ein. Der jeweils eintretende Ärger über die Fehler wird noch verstärkt durch eine Unsicherheit, die sich daraus ergibt, daß die zur Erfüllung der Sorgfaltsregeln bisher eingesetzten Verhaltensregeln offensichtlich nicht hinreichen. Diese »kognitive Lücke« wird durch eigene Hypothesen über die Möglichkeit der Absicherung gegenüber dem »unkontrollierbaren« Eintritt des Fehlermachens aufgefüllt. Es kommt zur Konstruktion von *Verhaltensregeln,* die das Auftreten des aversiven Ereignisses verhindern sollen: Die richtige Vokabel so lange denken, bis man sich ihrer sicher ist und bis man die falsche Schreibweise vergessen hat.

Die Zunahme an Gewißheit, daß man die richtige Schreibweise beherrscht, wirkt — neben einer gleichzeitigen Spannungsreduktion — auch kognitiv versichernd, was in der Folge die angewandten kognitiven Verhaltensregeln *verstärkt.* Andererseits verbleibt jedoch der Set von keineswegs aufgegebenen, vom Klienten eher noch strenger ausgelegten Sorgfaltsregeln. Sie verlangen vom Klienten eine Rückversicherung darüber, ob denn nun die falsche Schreibweise auch tatsächlich vergessen sei.

Es ist übrigens eine nicht ganz ungewöhnliche Beobachtung, daß sich bei vielen Zwangsneurotikern eine stark ausgeprägte *Intoleranz gegenüber Ungewißheit* findet, vor allem bei Kontrollzwängen (vgl. Belschner et al. 1972): Bereits ein geringer zeitlicher Abstand vom Vergewisserungsvorgang genügt, um Ungewißheit von neuem aufkommen zu lassen und neue Kontrolle auszulösen. Offensichtlich generalisiert dabei die angstbesetzte Ungewißheit hinsichtlich der Schwierigkeit der Einhaltung von Verhaltensregeln auch auf Wahrnehmungsvorgänge; der Kontrollierende weiß oft nicht mehr, ob seine Feststellungen zutreffen.

Das Problem unseres Klienten nun besteht in der Unsicherheit darüber, ob er sich des Verbleibs der richtigen Schreibweise im Gedächtnis sicher sein kann. Hier jedoch fehlt ihm ein eindeutiges Orientierungs- und Bewertungskriterium.

Zusammengefaßt sind nun folgende kognitiven Bedingungen für die Aufrechterhaltung der Zwangsgedanken verantwortlich:

1. Von zentraler Bedeutung ist die von uns als Sorgfaltsregel bezeichnete Verhaltensregel des Klienten:
Fehler lassen sich durch Sorgfalt vermeiden!
Diese Regel wird vom Klienten streng ausgelegt; sie bestimmt die Neukonstruktion und die Modifikation von Verhaltensregeln. Sie beeinflußt die Erwartungs- und Werthaltungen des Klienten. Und so werden gemachte Erfahrungen aus der Anwendung von Regeln und Haltungen immer an der Miterfüllung der Sorgfaltsregel gemessen.

2. So ergibt sich dann auch für die *Werthaltungen* des Klienten, daß sie zum einen durch eine *extreme Intoleranz gegenüber Flüchtigkeitsfehlern* gekennzeichnet sind (die sich ja bei extremer Sorgfalt vermeiden ließen). Zum anderen gibt jedoch die Tatsache, daß trotz Anwendung der Sorgfaltsregel Flüchtigkeitsfehler auftreten, nicht etwa Anlaß zum Überdenken derselben oder gar zu ihrer Modifikation; sie wird vielmehr noch strenger ausgelegt.

3. Die Folge dieser Werthaltungen sind Neukonstruktionen sowie Modifikationen alter *Verhaltensregeln, die auf eine (absolute) Vermeidung von Flüchtigkeitsfehlern abzielen.*
Kennzeichen dieser Verhaltensregeln sind:
a) *Stimuluserwartungen,* wie beispielsweise: »Wenn die falsche Schreibweise einer Vokabel im Gedächtnis haften bleibt, kann es passieren, daß sie ungewollt und unkontrollierbar benutzt wird!« Derartige Stimuluserwartungen sind typische *post-hoc*-Erklärungen für Flüchtigkeitsfehler, die trotz Befolgen der Sorgfaltsregel aufgetreten sind. Das gilt auch für
b) *Konsequenzerwartungen,* wie beispielsweise: »In der Klausur sind Flüchtigkeitsfehler schon bei leichter Verletzung der Sorgfaltspflicht möglich!« Auch solche Konsequenzerwartungen folgen im wesentlichen negativen Erfahrungen trotz Anwendung der Sorgfaltsregel als *post-hoc*-Erklärungen für eine (ungewollte) Verletzung der Sorgfaltspflicht.

4. Daß nämlich trotz Sorgfalt immer wieder Fehler auftreten (können), ist die eigentliche Determinante für das Zwangsverhalten des Klienten: Dem Klienten fehlt letztendlich die Möglichkeit, unter Beibehaltung der Sorgfaltsregel geeignete Verhaltensregeln zu entwickeln, mit denen sich Flüchtigkeitsfehler vermeiden lassen. Da dies jedoch nicht möglich ist, verbleibt stets Unsicherheit darüber, wie effektiv die angewandten Verhaltensregeln denn nun sind. Um diese Unsicherheit zu reduzieren (sowie als logische Konsequenz der Sorgfaltsregel), werden vom Klienten *Kontrollregeln* aufgestellt und angewandt (»Ich muß mich stets vergewissern, ob die falsche Schreibweise vergessen ist, damit sie auch ja nicht im Kopf bleibt!«).

5. Schließlich ist als Kennzeichen der Entwicklung von Kontrollverhalten als weitere *Werthaltung* eine *extreme Intoleranz des Klienten gegenüber der Ungewißheit der Wirksamkeit der angewendeten Verhaltensregeln* festzuhalten.

Zielbestimmung und prinzipielle Therapieplanung

Bei der Zielbestimmung und Therapieplanung haben wir uns bei diesem Klienten von folgenden grundsätzlichen Erwägungen leiten lassen:

Die physiologisch-motorischen Verspannungszustände einerseits sowie die Probleme im sozial-interaktiven Bereich (z. B. die Kommunikationsschwierigkeiten des Klienten während der Zwangsgedanken) werden in Abhängigkeit von den zwanghaft ablaufenden Gedanken gesehen. Es wird angenommen, daß bei einer (erfolgreichen) Modifikation der Zwangsgedanken sich in beiden Bereichen gleichzeitig auch (erwünschte) Veränderungen ergeben, so daß sich zunächst eine therapeutische Intervention, die sich vornehmlich auf eine Modifikation der symptombegleitenden physiologisch-motorischen Verspannung und der sozial-interaktiven Fertigkeiten ausrichtet, erübrigt. Es muß jedoch kontrolliert werden, ob die erwarteten Veränderungen in beiden Bereichen ausbleiben bzw. in welche Richtung sie gehen.

Gegenstand der Behandlung unseres Klienten sollen vielmehr die (kognitiven) Verhaltensregeln, Wert- und Erwartungshaltungen sein, die das Symptombild »Zwangsgedanken« ausmachen. Dabei lassen wir uns von folgenden *generellen Zielvorstellungen* leiten:

1. Grundsätzlich soll die Modifikation der subjektiven Regel- und Wertsysteme des Klienten mit der gebotenen Rücksichtnahme auf die Norm- und Wertsysteme der unmittelbaren sozialen Umwelt des Klienten geschehen. Dies setzt zum einen ein großes Maß an Transparenz bezüglich der Therapiemaßnahmen gegenüber dem Klienten voraus. Zum anderen sind die konkreten Modifikationsmaßnahmen nicht nur an den Werthaltungen des Klienten und des Therapeuten zu messen, sondern auch an den Normen, Zielen, Werthaltungen und Verhaltensregeln der sozialen und gesellschaftlichen Gruppe, der sich der Klient als zugehörig empfindet.

2. Dem Klienten soll die Abhängigkeit seiner Zwangsgedanken von der spezifischen Anordnung und Eigenart seiner Verhaltensregeln (sowie gleichzeitig auch seiner Wert- und Erwartungshaltungen) transparent gemacht werden. Dies setzt weiter eine sorgfältige Analyse der Entstehungsbedingungen sowie der aktuellen (sozialen) Bedingtheit dieser Verhaltensregeln voraus.

3. Der Klient soll aufgrund der Analyse seiner Verhaltensregeln zur Modifikation unerwünschter und zum Training erwünschter Verhaltensregeln angeleitet werden. Dies hat stets unter konkreter Einbeziehung der äußeren Lebensbedingungen des Klienten zu geschehen.

Konkrete Therapieplanung

Hier werden jetzt zunächst die im Laufe der Therapie eingesetzten Therapieschritte zusammenhängend vorgestellt und ihr jeweiliger Bezug zur prinzipiellen Planung verdeutlicht.

1. Kontrolle des Therapeuten

Eine angemessene Rücksichtnahme auf den sozialen Bezugsrahmen des Klienten und eine Kontrolle des Verhaltens des Therapeuten versuchten wir in etwa dadurch herzustellen, daß der Therapeut die Therapie unmittelbar über eine Einwegscheibe durch jeweils mindestens fünf (Psychologie-)Studenten mitverfolgen ließ. Mit ihnen diskutierte der Therapeut im Anschluß an jede Therapiestunde über die Therapie; sie waren an der laufenden Therapieplanung sowie gelegentlich (bei Rollenspielen, vgl. unten) an der aktiven Therapiegestaltung beteiligt.

2. Das Gesprächsverhalten des Therapeuten

Für verhaltenstherapeutisch arbeitende Psychologen gibt es z. Zt. recht wenig konkrete Hilfen dafür, wie sie sich in der verbal-interaktiven Auseinandersetzung mit Klienten geeignet verhalten können. Wir haben uns im wesentlichen an Prinzipien gehalten, wie sie zum einen für das verhaltensexplorative Vorgehen bereits vorliegen (vgl. Fiedler 1974); zum anderen haben wir uns an eigenen Erfahrungen aus Projekten zum therapeutischen Gesprächsverhalten in Gruppen orientiert, wie sie von Kaiser & Berwald (1975) zusammengefaßt worden sind. Generelles Ziel war jedoch stets, dem Klienten die Abhängigkeit des eigenen Verhaltens von seinen Verhaltensregeln zu verdeutlichen. Hierzu wurde der Klient vom Therapeuten in die kognitionstheoretischen Vorüberlegungen zur Therapiekonzeption sowie in die durchgeführte Verhaltensanalyse eingewiesen. Anschließend wurde die Liste mit den wichtigsten Verhaltensregeln des Klienten erstellt (s. o.).

Im weiteren Therapieverlauf wurden vom Therapeuten jedoch gezielt immer wieder zwei spezielle Techniken eingesetzt, die eine kognitive Auseinandersetzung des Klienten mit seinen Verhaltensregeln bezwecken sollten (vgl. hierzu Kaiser & Berwald 1975):
1. Aufweis der Bedeutung der Verhaltensregeln
2. Regelwiedergabe

ad 1: Aufweis der Bedeutung von Verhaltensregeln
Ziel dieser Technik war es vornehmlich, (a) auf (negative) Konsequenzen hinzuweisen, die bestimmte symptomatische Verhaltensregeln besitzen, sowie (b) positive Verhaltensregeln herauszuarbeiten, um eine eventuelle Auflösung der Zwangsgedanken zu ermöglichen.

Beispiel: Der Klient äußerte etwa: »Ich glaube, daß Flüchtigkeitsfehler grundsätzlich durch Sorgfalt vermeidbar sind« Die therapeutische Intervention – eine Frage wie: »Was bedeutet es aber für Sie, wenn Sie doch Fehler machen?« macht auf kurzfristige Konsequenzen aufmerksam, nämlich auf das Auftreten von Ärger; weiter wird eventuell eine Reflexion über die mögliche Eingeschränktheit des Verhaltens aufgrund einer solchen Regel in Gang gesetzt.

ad 2: Regelwiedergabe
Hier ging es direkt darum, eine Verhaltensregel deutlich als solche zu kennzeichnen, wobei sich der Therapeut darum bemühte, alle Bestimmungsstücke der Regel wiederzugeben. Solche Regelwiedergaben sollten den Klienten zur Reflexion über die Stimmigkeit und Brauchbarkeit der Regel anregen. Der Therapeut unterstützte dabei vornehmlich das Abwägen verschiedener Regeln gegeneinander, half bei der Aufklärung irrationaler Regelinhalte, wobei er zugleich auch implizite, nicht ausgesprochene Regelinhalte, Wert- und Erwartungshaltungen betonte.

Als Beispiel: Klient: »Ich kann es mir nicht leisten, viele Fehler zu machen!« Therapeut: »Ich höre, daß bei Ihnen an dieser Stelle die Regel dahintersteckt ›Wenn ich in der Klausur auch nur ein paar Fehler mache, dann bin ich im Studium nicht mehr einer der besten‹!« Hier wird der Klient provoziert durch die Wiedergabe einer leicht überspitzten Regelformulierung. Diese Regelwiedergabe empfindet er als leicht übertrieben, was ihn zum Widerspruch veranlaßt. Dies war in der Therapie in vielen Stellen zu beobachten, in denen der Therapeut den Klienten mit den impliziten Regelinhalten quasi etikettierend konfrontierte. Indem sich der Klient jedoch gegen eine allzu negative Ettikierung seiner selbst wehrt, beginnt er positiv zu verbalisieren und Strategien zu entwickeln, die solche Regelinhalte modifizieren. Damit ist jedoch ein wesentlicher Schritt in Richtung auf eine Regelmodifikation getan.

Neben und zusätzlich zum Einsatz dieser Techniken ließ sich der Therapeut ständig auf eine Diskussion über die Zweckmäßigkeit von Verhaltensregeln ein, wobei er ständig offen zu sein hatte für Modifikationsvorschläge und -vorstellungen, die vom Klienten ausgehen.

3. Training alternativer Selbstgespräche
In Anlehnung an Therapieexperimente von Meichenbaum (1973, 1972a; Meichenbaum, Gilmore & Fedoravicius 1971) ging es hierbei darum, symptomalternative und vorläufig vom Klienten als brauchbar akzeptierte Verhaltensregeln systematisch einzuüben. Hierzu mußte sich der Klient — im Entspannungsstuhl liegend — eine falsche Vokabel vorstellen und Angstsymptome produzieren. Anstatt jetzt jedoch den Zirkel der ursprünglichen Zwangsgedanken zu durchlaufen, mußte er verschiedene, mit dem Therapeuten vorab erarbeitete Selbstinstruktionen und Selbstverbalisationen laut durchführen. Ferner hatte er verschiedene Techniken durchzuführen, die sich gegen aufkommende Angst- und Ärgerreaktionen richteten, wie z. B. ebenfalls zuvor geübte Entspannungstechniken, Atemübungen und Selbstverbalisationen, die auf eine »Beruhigung« des Organismus ausgerichtet waren. In diesen Prozeß konstruktiver Symptomauseinandersetzung griff der Therapeut kontinuierlich unterstützend mit Fragen, Vorschlägen und Instruktionen ein.

Beispiel aus dem 3. Training in der 5. Therapiestunde (Ausschnitt)

Klient: »Also – äh – ich stelle mir gerade »house« mit »a-u«-geschrieben vor... ich merke auch gleich, ja, wie mein Herz schneller klopft. Das ist aber nicht mehr ganz so schlimm. Ich will mich ja auch nicht mehr ärgern...«

Therapeut: »... hmmm...«

Klient: »... ich will mal versuchen, nicht mehr an die falsche Vokabel zu denken!«

Therapeut: »Wie tun Sie das?«

Klient: »Ja – also – das ist nicht so einfach – äh – ich sehe sie noch vor mir...«

Therapeut: »Was könnten Sie denn machen, um nicht mehr an die falsche Vokabel zu denken?«

Klient: »Ja – also ich könnte einfach was anderes denken, denn ich weiß ja, daß »house« mit »ou« geschrieben wird. Also denke ich jetzt an den Fernsehfilm von gestern abend... an Colombo...«

Therapeut: »Ja, was denken Sie denn gerade?«

Klient: »Ich sehe also – äh – den Colombo mit 'ner Angel am Ufer stehen...«

Kleine Pause

Therapeut: »Was ist jetzt mit der Aufregung?«

Klient: »Sie ist noch etwas da, aber schon besser. Wenn ich mir so den...«

Therapeut: »... und die falsche Schreibweise?«

Klient: »Ich soll mir im Augenblick am besten keine Vokabel vorstellen, da ich ja weiß, wie »house« geschrieben wird. Ich denke viel lieber an den Film von gestern abend. Sonst ärgere ich mich nämlich gleich wieder – äh – und das will ich nicht!«

Therapeut: »Gut!«

Dieses Training alternativer Selbstgespräche nahm in der Regel etwa 10 bis 15 Minuten in Anspruch. Es ähnelte in seinem Aufbau dem Vorgehen, wie es von *Meichenbaum* in seinem Therapiemanual (1972b) als *Coping* zur Therapie prüfungsängstlicher Studenten beschrieben wurde. In unserer Therapie wurde jedoch vom Klienten mehr aktive Selbstverbalisation verlangt, während *Meichenbaum* dem Therapeuten eine stärkere Steuerungsfunktion (vornehmlich in Form von Verhaltensinstruktionen) zukommen läßt.

Diese Form der Modifikation von Selbstgesprächen wurde zudem nach und nach verstärkt auf äußere Gegebenheiten zugeschnitten, d. h. der Klient hatte bei der Angst- und Zwangbewältigung zudem *soziale Aspekte* zu berücksichtigen; ins Zentrum rückten dabei folgende sieben Bereiche:

(a) abends allein zu Hause vor dem Zubettgehen
(b) morgens allein zu Hause nach dem Aufstehen
(c) allein zu Hause am Schreibtisch während des Studierens
(d) während der Vorlesung (Universität)
(e) während eines Seminars mit der Möglichkeit, eine Frage gestellt zu bekommen oder sich an einem Gespräch beteiligen zu müssen
(f) Treffen von Freunden in der Stadt
(g) Besuch von Freunden zu Hause

4. Regeltraining im Rollenspiel
Dieser Trainingsabschnitt wurde insgesamt viermal in die Therapie eingeführt. In ihm sollte eine rational-argumentative Auseinandersetzung des Klienten mit seinem Regelsystem stattfinden. Dabei sollte
(a) ein breites Spektrum symptom-alternativer und sich ergänzender Verhaltensregeln aufgezeigt sowie
(b) Kontraste zwischen Regeln und die Vielfältigkeit von Regelsystemen verdeutlicht werden. Das Regeltraining im Rollenspiel verlief in vier Phasen:

1. Modell
Zwei Studenten – einer spielte die Rolle des Klienten – diskutieren über Verhaltensregeln des Klienten und über mögliche Alternativen (dieses Rollenspiel war vor der Therapie sorgfältig vorbereitet und eingeübt worden).
Es folgte eine Besprechung (s. u.).

2. Rollenspiel
Klient übernimmt seine eigene Rolle und diskutiert mit beiden Studenten über die in der Modelldiskussion zentralen Verhaltensregeln (gleichzeitige Tonaufnahme).
Es folgte eine kürzere Besprechung (s. u.).

3. Tonbandfeedback
Das gerade abgeschlossene Rollenspiel wird vom Tonband abgespielt. Zwischendrin und abschließend erneute Besprechung des Rollenspiels.

4. Rollentausch
Klient übernimmt die Rolle des Diskussionspartners und muß sich in einem weiteren Rollenspiel, jetzt jedoch gegenargumentativ mit den eigenen, oben von ihm vorgebrachten Regeln auseinandersetzen.
Es folgte eine abschließende Besprechung.

Die *Besprechungen* fanden stets zu viert statt, zwischen Klient, Therapeut und beiden Rollenspielpartnern. Gegenstand waren sowohl inhaltliche wie formale Eigenheiten der Rollenspiele. Wesentlich war jedoch die Fortführung der inhaltlichen Diskussion über die Regeln, jetzt jedoch unter Einbeziehung des Therapeuten als neutralen Beobachter. Nach Meinung des Klienten sind es letztlich die Besprechungen gewesen, in denen die wichtigsten Regelveränderungen eingeleitet wurden.

Beispiel aus dem 3. Regeltraining im Rollenspiel in der 7. Sitzung (Ausschnitt)

Partner A: »Also, wir haben beim letzten Mal überlegt, wie – äh – ob sich Fehler, also, absolut vermeiden lassen, und sind so zu dem Schluß gekommen, zu den Regeln, ich versuch' sie mal in Worte zu kleiden, also einmal: »Durch Sorgfalt läßt sich die Zahl von Fehlern einschränken, absolut vermeidbar sind sie nicht...«

Klient: (unterbricht) »... also da bin ich immer noch nicht mit einverstanden!«

Partner A: »Wieso?«

Klient: »Wenn ich so einen Text, den ich gerade geschrieben habe, oft genug durchlese, dann dürften keine Fehler mehr drin sein...«

Partner A: »Tja – dürften... in der Zeit Unendlich schafft meine Großmutter das auch!«

Partner B: (an Klient gewandt) »Ich glaube, Sie wollten die Regel nur etwas einschränken – und haben auch schon einen Vorschlag...?!«

Klient: »Tja, also so richtig in Worte kleiden kann ich das noch nicht...«

Partner B: »Versuchen Sie's mal irgendwie!«

Klient: »Der Teil »Durch Sorgfalt läßt sich die Fehlerzahl einschränken!« kann meiner Ansicht nach bleiben – äh – man müßte jedoch so'ne Sicherheit noch fixieren, ich meine, irgendwie sagen, was »Sorgfalt« ist. Das kann ja so alles bedeuten!«

Partner B: »Sie meinen zum Beispiel: Es macht einen Unterschied aus, ob ich unter »Sorgfalt« in dieser Regel hier »sorgfältiges, konzentriertes und langsames Hinschreiben des Textes« verstehe oder »noch zehnmal den Text sorgfältig durchlesen«, oder so ähnlich...?!«

Klient: »Ja. Ich brauch' irgendwie das Gefühl, genug kontrolliert zu haben, bevor ich aufhöre oder mit 'was anderem weitermache. Ich muß sicher sein, daß ich genug an Sorgfalt getan habe, verstehen Sie?«

Partner A: »Dann formulieren wir doch einmal; also: »Die Zahl der Fehler läßt sich durch Sorgfalt einschränken« – das bleibt. Und dann – äh –: »Wenn ich mir einen Text, nachdem ich ihn hingeschrieben habe, noch *einmal* in Ruhe durchlese, dann habe ich mein bestes getan!«

Klient: »*In Ruhe* hinschreiben' muß natürlich irgendwie in die Regel rein...«

Anmerkungen: Die beiden Partner hatten jeweils — für den Klienten transparent — verschiedene Funktionen. *Partner A* sollte im Gespräch eher leicht provozierend, vorantreibend, konfrontierend und auf Regelausformulierungen hinarbeiten, *Partner B* den Klienten unterstützen und eher zurücknehmend, bremsend, sich vergewissernd den Klienten zur Regelproduktion anregen. Dies hat sich gut bewährt.

Weiter hat es sich unseres Erachtens als außerordentlich günstig erwiesen, die Bezeichnung »Regel« recht häufig zu benutzen, so daß dieses Wort bald zur »Umgangssprache« der Rollenspiele gehörte.

5. Training zwischen den Therapiestunden

Die im Training alternativer Selbstgespräche und die in den Rollen spielen eingeübten Selbstinstruktionen, Selbstverbalisationen, Verhaltensregeln und (auch) Angstbewältigungstechniken sollten vom Klienten während der Zeit zwischen den Therapiestunden eingesetzt und trainiert werden. Über die Effektivität der Techniken war Protokoll zu führen. Ein bewußtes Provozieren der Symptomatik sollte der Klient jedoch vermeiden.

6. Erweiterung des Regelrepertoires

Dazu wurde einmal zum Abschluß einer jeden Therapiestunde an der Vervollständigung einer umfangreichen *Liste mit Verhaltensregeln* gearbeitet. Diese Liste wurde kontinuierlich um Verhaltensregeln (sowie Wert- und Erwartungshaltungen) erweitert, die vom Klienten als Ergänzung oder Alternativen zu bisherigen Verhaltensregeln akzeptiert wurden. Es wurden in sie aber auch Regeln eingebaut, die noch nicht oder nicht mehr für den Klienten akzektabel waren, um Vielfalt und Kontraste sicherzustellen.

Ausschnitt aus der Liste mit den wichtigsten Verhaltensregeln (11. Sitzung):
Die Fehlerzahl läßt sich durch Sorgfalt einschränken.
Wenn ich mir eine Vokabel falsch vorstelle, ist dies kein Grund zur Aufregung. Denn:
Wenn ich bemerke, daß eine Vokabel *falsch* geschrieben ist, dann *muß* ich ihre richtige Schreibweise ja kennen (logisch!).
Bin ich mir im Zweifel, wie eine Vokabel geschrieben wird, so genügt ein Blick ins Wörterbuch, um mich zu vergewissern.
Flüchtigkeitsfehler lassen sich auf Grund eigener Erfahrungen nie ganz vermeiden, wenn auch durch Sorgfalt einschränken.
Man kann es aber auch mit der Sorgfalt übertreiben.
Eine einmalige (wenn noch Zeit vorhanden ist: zweimalige) Kontrolle eines angefertigten englischen Schriftstückes reicht hin, um die gröbsten Fehler herauszufinden.
Ich bin sorgfältig genug, wenn ich bei einer solchen Nachkontrolle den zu kontrollierenden Text langsam, konzentriert und ruhig durchlese.
Man macht sich möglichst nicht zuviele Gedanken über die Möglichkeit, falsche Vokabeln im Kopf zu haben; das regt nur unnütz auf.
Wenn Du bemerkst, daß Du Dich wegen einer falschen Schreibweise aufregst, dann lenke Dich unmittelbar ab, indem Du z. B. an schöne und angenehme Dinge denkst, Dich auf Deine nächste Umgebung

konzentrierst, Dich entspannst, im Fernsehen etwas anschaust, die Freundin anrufst, kurz mit Vater sprichst, usw.
Hast Du einmal Flüchtigkeitsfehler gemacht, so ist auch das kein Grund zur Aufregung, weil sich diese halt nicht mehr ungeschehen machen lassen (Nicht lange darüber nachdenken! Ablenken!).
Eigentlich braucht man sich über ein paar Fehler gar nicht aufregen, weil man auch aus Fehlern lernen kann.
Ich bin in Klausuren zwar immer einer der besten gewesen: Aber — auch wenn man einmal nicht zu den besten gehört, ist das nicht schlimm.

Diese Liste mit Verhaltensregeln mußte vom Klienten *täglich zweimal* durchgelesen werden. Dabei hatte er jede einzelne Regel danach zu bewerten, inwieweit sie noch bzw. schon für ihn eine akzeptable Grundlage der Verhaltenssteuerung darstellte. Dazu war der Klient aufgefordert, all diejenigen Regeln, die er für sich akzeptierte, mit einem »+« zu versehen. Die Regeln, bei denen er sich im Zweifel war bzw. die er ablehnte, hatte er zu übergehen und *nicht* weiter zu kennzeichnen. Wesentliches Ziel dieser Maßnahme war es, eine allmähliche Umstrukturierung der negativen Verhaltensregeln in positive Verhaltensregeln zu erreichen. Wir glaubten, nur so sicher sein zu können, daß der Klient — geht er täglich eine Vielfalt von Regeln durch — diese Regelvielfalt und nicht nur einige wenige Regeln über die Therapiestunde hinaus kognitiv kodiert und anwendet.

Behandlungsverlauf

Die Behandlung des Klienten erstreckte sich über 18 Wochen mit insgesamt 12, in der Regel zweistündigen Therapiesitzungen. 6 Monate nach Abschluß der Therapie erfolgte eine zweistündige Nachuntersuchung, eine weitere nach weiteren 12 Monaten.

Veränderung der Symptomatik

Bereits nach kurzer Behandlungsdauer gingen die extrem zeitaufwendigen Zwangsgedankenabläufe zurück (vgl. Abbildung 2). Der Klient konnte insbesondere die Erfahrungen aus dem *Training alternativer Selbstgespräche* gut auf seine normalen Lebensverhältnisse übertragen. Dabei probierte er jeweils auch selbständig eine Reihe von ihm selbst spontan gefundener Selbstverbalisierungen aus. Diese konnten dann in den Therapiestunden durchgesprochen, evtl. modifiziert und systematisch eingeübt werden.

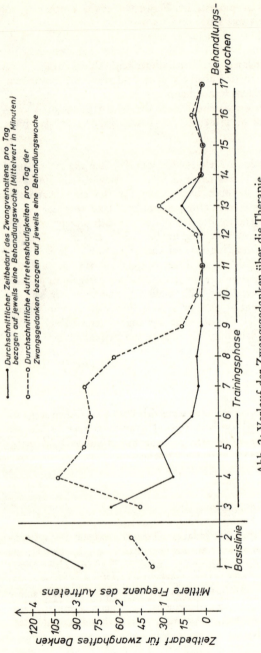

Abb. 2: Verlauf der Zwangsgedanken über die Therapie

So berichtete der Klient beispielsweise, daß ihm, als er mit dem Fahrrad auf dem Weg zum Institut unterwegs gewesen sei, eine falsche Vokabel in den Sinn kam und er unmittelbar etwa mit folgender Selbstinstruktion reagierte:
»Mensch, Du mußt jetzt unbedingt auf den Verkehr achten! Das ist wichtiger als diese Vokabel. Es könnte Dir sonst 'was passieren, wenn Du nicht aufpaßt!«
Daraufhin habe er sich – ständig selbstinstruierend – auf den Verkehr konzentriert, er habe darauf geachtet, ob er nicht zufällig jemanden von den Passanten kenne, was die Passanten so für Gesichter machten, und er habe sich auch mal »absichtlich« über das Wetter gefreut, was ihm sogar »komischerweise« gelungen sei. Und den ganzen Tag über sei ihm die falsche Schreibweise nicht noch einmal in den Sinn gekommen.

Wie weiter aus der Abbildung 2 hervorgeht, kam es jedoch in den ersten Wochen der Therapie dazu, daß die *Frequenz,* mit der das symptomatische Verhalten auftrat, zunahm, an einigen Tagen sogar bis zu zehnmal auftrat. Hingegen nahm der durchschnittliche Zeitbedarf für eine Zwangsvorstellung stark ab, was auf ein Anwenden alternativer Selbstgespräche zurückzuführen ist. Da der Klient seine Symptome mit dieser Technik offenbar gut zu kontrollieren in der Lage war, erlebte er die Frequenzsteigerung als nicht zu belastend, obwohl sie mit einem vermehrten Zeitbedarf für Diagrammeintragungen verbunden war.

Diese Frequenzerhöhung hielt über mehrere Behandlungswochen hin an. Gleichzeitig ging die Zeitbelastung durch das Symptom weiter zurück. Ab der 9. Behandlungswoche etwa kam es dann täglich nur noch bis zu ein oder zwei, später noch selteneren belastenden Situationen, wobei belastend hieß: Plötzliches Denken einer falschen Vokabel – in dessen Folge traten kurzzeitige Erregungs- und Angstgefühle auf – diese Erregungserscheinungen gingen aber zumeist, bei Anwendung alternativer Selbstgespräche, bereits nach weniger als einer Minute zurück.

Über die auffällige Symptom-»Verschlechterung« in der 13. Behandlungswoche ist folgendes zu berichten:
Der Klient hatte das Auftauchen der falschen Schreibweise einer Vokabel durch Anwendung von alternativen Selbstgesprächen zu beenden versucht, als ihm plötzlich »in den Sinn« kam, daß ihm eventuell keine Selbstinstruktionen mehr einfallen könnten und er dann den »ganzen alten Problemen mit den Zwangsgedanken« erneut hilflos ausgeliefert sei. Diese Gedanken hatten in ihm eine größere Erregung ausgelöst. Er wußte sich zunächst nicht anders zu helfen – »da die falsche Schreibweise ja auch noch im Kopf war« – als erst einmal an die richtige Vokabel zu denken. Dies habe er dann aber alsbald »bemerkt« und daraufhin versucht, eines der eingeübten Selbstgespräche durchzuführen. Dies gelang ihm »erfolgreich«, was ihn dann auch »insgesamt« beruhigte. Am gleichen Tag sei in ihm die falsche Schreibweise der gleichen Vokabel immer 'mal wieder kurzzeitig aufgetaucht, ohne

jedoch nennenswerte Schwierigkeiten zu bereiten, wenn er dann alternative Selbstgespräche führte. Darüber war der Klient sehr beruhigt.

Dies Ereignis bot in der Therapie Gelegenheit, Übungen anzuschließen, die auf eine *Generalisierung* der gelernten Techniken auf andere »Problem«-Bereiche des Klienten ausgerichtet waren. Im wesentlichen stand dabei die *Examensangst* des Klienten im Vordergrund eines Regeltrainings, das mit dem Klienten in den letzten beiden Behandlungsstunden durchgeführt wurde (16. und 18. Sitzung), d. h. primär die mit der Examensangst zusammenhängenden kognitiven Aspekte. Zu diesem Generalisierungstraining ein paar abschließende Bemerkungen:

Es war mit dem Klienten in der zehnten Sitzung (14. Woche) vereinbart worden, daß man sich vorerst nur noch zwei Sitzungen im 14tägigen Rhythmus treffen wolle, um dann zunächst die Therapie zu beenden. In diesen zwei Stunden sollte sich der Klient jedoch — im Hinblick auf die Prüfungsangst — *so viel als möglich* im Gebrauch der alternativen Selbstgespräche einüben, um so noch einen größtmöglichen Nutzen aus der Therapie zu ziehen. Diese Begrenzung der Prüfungsangst-Behandlung wurde vom Therapeuten aus terminlichen Gründen vorgenommen; sie hatte auf die Mitarbeit des Klienten einen außerordentlichen positiven Effekt, als dieser sich nämlich extrem darum bemühte, die vorhandene Therapiezeit günstig auszunutzen. *Ziel* dieses abschließenden Trainings war es vornehmlich, aufzuzeigen

— daß — ähnlich wie bei den Zwangsgedanken — auch andere Problembereiche (z. B. Prüfungsängste) durch Verhaltensregeln und Regeldenken mit beeinflußt werden;

— daß im Prinzip mit »positiven« Selbstverbalisationen und Selbstinstruktionen auf Grund eines explizierten, in sich vernünftigen Regelsystems Selbstmodifikationen in den verschiedensten Bereichen möglich sind;

— wie man selbst — therapieunabhängig — eine Modifikation des eigenen Regelsystems in Gang setzen kann (z. B. durch eine schriftliche Explikation des subjektiven Regelsystems; durch Diskussion mit Sozialpartnern; durch Beobachtung von Sozialpartnern; durch subverbale Modifikation von Regeln; usw.).

Nachuntersuchungen

In zwei Nachuntersuchungen (44. und 94. Woche) wurde der Klient erneut sehr sorgfältig exploriert. Nach seinen eigenen Angaben traten die Zwangsgedanken nach Abschluß der Behandlung hin und wieder auf (im Durchschnitt 14tägig etwa einmal); dann aber nur ganz kurz. Eigentlich seien es auch nicht mehr die Zwangsgedanken im ursprüng-

lichen Sinne: Er sehe zumeist die falsche Schreibweise einer Vokabel vor sich, bekomme (»leider immer noch«) leichte Erregungen; aber er konzentriere sich dann zumeist auf »etwas anderes«, womit dann gleichzeitig die falsche Schreibweise »vergessen« werde und die Erregung auch zurück gehe. Insgesamt belaste ihn das alles aber nicht sonderlich, weil es so selten auftrete und wenig Zeit koste. Nur einmal sei er — das war kurz nach Therapieabschluß — an einem Tag, an dem er sehr viel gearbeitet habe, wieder in den ursprünglichen Zirkel »hineingerutscht«. Das habe ihn damals ganz schön belastet, weil er sich fast zwei Stunden wieder die falschen und richtigen Schreibweisen von Vokabeln habe vorstellen müssen. Er wollte daraufhin auch den Therapeuten anrufen, habe es dann jedoch gelassen, weil am darauffolgenden Tag die Symptome nicht noch einmal aufgetreten seien. Seitdem ist (auch bis zur zweiten Nachuntersuchung) nichts derartiges mehr eingetreten.
Auch dem näherrückenden Examenstermin sehe er mit Ruhe entgegen. Er glaube, seine Angst vor Prüfungen sei auch nicht größer als die anderer Studenten. Natürlich sei die Ungewißheit belastend, aber das ließe sich nun 'mal kaum ändern.

Abschließende Bemerkungen

Die hier vorgestellte Therapiekonzeption hat sich bei dem behandelten Klienten als besonders effektiv erwiesen. Wir konnten zeigen, daß ein Regeltraining mit den beschriebenen Therapieschritten ohne großen Aufwand durchzuführen ist. Lediglich die Rollenspiele erforderten die Einbeziehung weiteren therapeutischen Hilfspersonals, was aber in praxi auch nicht mit extremen Schwierigkeiten verbunden sein dürfte. Selbstverständlich ist uns entgegengekommen, daß der Klient Student war; unbestritten deshalb auch, daß er sich sehr schnell auf die theoretischen Erklärungen und auf die erforderlichen Therapieschritte außerordentlich gut einzustellen vermochte. Insbesondere in den Rollenspielen erwies er sich als durchaus gleichwertiger, wenn nicht überlegener Diskussionspartner. Vielleicht ist auch die relative Kürze dieser Therapie dafür bezeichnend.
Dies sollte jedoch keinesfalls davon abhalten, ähnliche kognitiv-orientierte Therapiekonzepte bei Klienten niedriger sozialer Schichten anzuwenden. Nur wird der Gegenstand des Kognitions- oder Regeltrainings — nämlich das Regelsystem des Klienten — weit sorgfältiger analysiert und gründlich berücksichtigt werden müssen. Auch wird eine Kontrolle der Therapie und eine Kontrolle des Therapeuten durch neutrale Beobachter um so dringlicher — nicht zuletzt auch auf Grund außerordentlich nutzbringender Erfahrungen aus den ständigen Diskussionen mit den studentischen Beobachtern unserer Therapie.

Der Einsatz von Methoden, die Veränderung kognitiver Verhaltensaspekte zum Gegenstand haben, steckt schon lange nicht mehr in den Kinderschuhen, obwohl es noch an brauchbaren theoretischen Konzepten weitgehend mangelt. Die Erfolge sind jedoch zum Teil recht ermutigend (z. B. für die Bewältigung von Schmerz: Meichenbaum & Turk 1975; bei der Behandlung von Depressionen: Beck 1963, Taylor 1974; die kognitive Therapie von Phobien: Sarason 1973, Fedoravicius 1971; in der Therapie von Eltern und Kindern: Innerhofer 1974, Innerhofer & Müller 1974; u. a.). Der Praktiker sollte sich nicht scheuen, ein unbekannteres Terrain, wie das der Modifikation kognitiver Anteile am Verhalten, zu erschließen. Im Gespräch mit dem Klienten versucht er seit jeher, Kognitionen zu verändern — nur eben unsystematisch und wenig kontrolliert.

9. Behandlung eines Klienten mit komplexer Problematik (Schreibkrampf, multiple Phobien und soziale Unsicherheit)

von Dirk Zimmer

Lebensdaten und Therapiegeschichte

Herr C. war bei Beginn der Therapie 28 Jahre alt. Seinen Arbeitsplatz in der betriebswirtschaftlichen Verwaltung eines Versicherungskonzernes hatte er wegen häufiger Krankheit und wegen seines Schreibkrampfes verloren. Eine neue Stelle hatte er bei Therapiebeginn noch nicht gefunden.
C. ist der jüngste von vier Geschwistern. Sein Bruder und die Schwestern sind erheblich älter, so daß er wie ein Einzelkind aufgewachsen ist. Als er 19 Jahre alt war, starb sein Vater. Seitdem lebt er mit seiner Mutter allein zusammen.
Im Alter von 6 Jahren kam er wegen Stotterns zum ersten Mal zum Psychotherapeuten. Auf dessen Rat wurde nichts Spezielles unternommen. Beim Eintritt in's Gymnasium trat eine Verschlimmerung der Symptomatik ein. Ein anderer Therapeut begann Sprechübungen mit ihm. Die Sprachstörung besserte sich. Vom 12ten bis zum 17ten Lebensjahr war er wegen Schulschwierigkeiten in psychoanalytischer Behandlung. Nach der 7. Oberschulklasse mußte er die Schule wegen schlechter Leistungen verlassen und begann eine Lehre bei einer Bank. Vom 18. bis zum 22. Lebensjahr war er wegen Leistungs- und Konzentrationsstörungen sowie starker Nervosität bei einer weiteren Psychoanalytikerin in Behandlung. Er brach die Therapie ab, als seine Therapeutin ihn aufforderte (so sein Bericht), mit seiner Freundin zu schlafen. Dies löste starke Ängste bei ihm aus. Später ließ er sich Valium verschreiben, entwickelte aber eine so starke Abhängigkeit, daß er mit 27 Jahren eine vierwöchige Entziehungskur mitmachen und anschließend von einer Nervenärztin ambulant weiterbehandelt werden mußte.
C. hat auch mehrere Operationen wegen Magenblutungen und wegen eines Magengeschwürs hinter sich.

Zusammenfassung der Exploration

C. fühlt sich als totaler Versager. Seine Geschwister sind nach seiner Beschreibung beruflich erfolgreich, verheiratet, haben Kinder und haben sich nach seinem Bericht vollständig von zuhause gelöst. Er dagegen bringe überhaupt nichts zustande. Er ist nicht in der Lage, irgendwelche positiven Punkte bei sich zu finden, Dinge, auf die er ein wenig stolz sein könnte. Seine zentralen Erlebnisinhalte sind die der Depression und Resignation. Er hat starke Angst, sozial isoliert zu bleiben und zugleich Angst vor sozialen Kontakten. Er meint, vor den kritischen Augen anderer nicht bestehen zu können. Bei der weiteren Exploration kristallisieren sich folgende Problembereiche heraus:
– Schreibkrampf (und damit Arbeitsunfähigkeit).

– Multiple Phobien, v. a. vor sozialen Kontakten, großen Plätzen, Menschenmengen u. v. a.
– Soziale Unsicherheit und Unselbständigkeit und damit verbunden: ein enormes Maß an Selbstkritik, Selbsthaß, zusammen mit überhöhten, unerreichbaren Anforderungen an sich selbst und viel zu niedrigen Anforderungen an seine Mitmenschen. Selbstakzeptierung und Selbstverstärkung scheinen völlig verschüttet zu sein.
– Gelegentliche Schlafstörungen, Unsicherheit bezogen auf die eigene sexuelle Potenz, Konzentrationsstörungen, u. ä. (Die Probleme schienen sekundärer Art und von den erstgenannten Problemen abzuhängen.)

Der Psychiater, der C. an mich überwiesen hatte, konnte eine endogene Komponente der Depression nicht mit letzter Sicherheit ausschließen, hielt aber eine spezifische medikamentöse Behandlung im Moment nicht für indiziert.
C. sucht in jeder Hinsicht bei sich die Schuld. Er meint, eine schlechtere Erbausstattung als andere zu haben. Tatsächlich aber hat er einen überdurchschnittlich hohen IQ. Er hat früher auch an Selbstmord gedacht, nahm diese Gedanken aber nie ernst.
Die Sichtweise, seine Probleme könnten zum guten Teil Ergebnis extrem ungünstiger Lernbedingungen sein, ist überraschend für ihn. Während einer ganzen Therapiesitzung versuchen wir, ungünstige Lernbedingungen und soziale Faktoren gemeinsam aufzuspüren, die diese neue, hoffnungsvolle Betrachtungsweise stützen. In diesem Zusammenhang kommen auch seine früheren Therapien zur Sprache. C. glaubt, daß ihm niemand helfen kann. Er hat schon zu viele erfolglose Versuche mit therapeutischer Behandlung hinter sich. Deswegen ist auch die Exploration zu Beginn ziemlich mühsam und stockend. Die Erörterung des lernpsychologischen Ansatzes hilft, diesen Zustand zu ändern. Er scheint nicht mehr an allen Problemen selber schuld zu sein. Er sieht sich jetzt mehr als Opfer teilweise sehr ungünstiger Umgebungsvariablen. Das Verhältnis zu Eltern und Geschwistern spielt hier eine wichtige Rolle. Langsam beginnt er zu begreifen, daß man auch als Erwachsener noch zu lernen imstande ist. Falsch Gelerntes kann durch Neulernen korrigiert werden.
Es ist meine Überzeugung, daß erst durch diese kognitive Umstrukturierung die Motivation für eine aktive Therapie-Mitarbeit hergestellt werden konnte. Nach seiner Mißerfolgsgeschichte mit verschiedenen Therapien mußten nun selbstgesetzte, negative, diskriminative Stimuli (»Es hat alles keinen Sinn, was soll ich mich da anstrengen?«) wenigstens teilweise entkräftet werden. Im folgenden werden die Problembereiche aus Gründen der Übersichtlichkeit einzeln beschrieben und analysiert.

Schreibkrampf

Beschreibung

C. war nicht in der Lage, mehrere Zeilen zu schreiben, ohne daß sich Hand und Unterarm verkrampften. Meist verkrampfte er schon wenige Sekunden, nachdem er den Stift in die Hand nahm. Die Schrift wurde dann sehr druckstark, so daß manchmal der Bleistift abbrach. Zittertendenzen versuchte er krampfhaft zu kontrollieren. Dann gelang die Feinsteuerung nicht mehr, die Schrift schoß aus der Bahn oder ging in unleserliche Zickzackbewegungen über. Unter größter Anstrengung konnte C. kaum eine Seite schreiben und war danach recht erschöpft.

Physiologische Begleiterscheinungen waren regelmäßig zu beobachten: Verkrampfungen der Hand, des Unterarms und der Schulter, Schwitzen, heftiges Atmen, erhöhte Herzschlagfrequenz, vermutlich auch erhöhter Blutdruck.

Erlebnismäßig berichtet C. über verzweifelte Konzentrationsversuche und Selbstverbalisationen wie »Sei ruhig, Du schaffst es.«, »Das schaffst Du nie!«, »Reiß Dich zusammen!«, »Wann bin ich endlich fertig, es ist zum heulen!«, usw.

Typ des Verhaltens: Die Verspannungen und überstarken Reaktionen hemmen das eigentlich relevante Schreibverhalten. Die interferierenden Reaktionen sind unangemessen stark und müssen reduziert werden.

Frequenz: Die Verspannungen traten immer auf, wenn mehr als wenige Zeilen geschrieben werden mußten. Sie traten fast immer schon auf, wenn der Stift in die Hand genommen wurde.

Vorausgehende und nachfolgende Reizbedingungen

Vorausgehende Bedingungen: Die Krampfreaktionen waren stärker oder unangenehmer, wenn

— das Schreibgerät (Kugelschreiber u. ä.) nicht leicht über das Papier glitt,
— die Schreibunterlage zu hoch oder zu niedrig war
— das Papier nicht schief genug auf der Unterlage lag,
— je dünner der Stift war und je schlechter er in der Hand lag,
— je unbequemer der Stuhl war,
— das Licht zu hell oder zu dunkel war,
— Hunger, Durst, Müdigkeit, Lärm u. ä. störten,
— er schlechte Laune hatte und deprimiert war,
— wenn er selbst ungeduldig wurde,
— wenn er unter Zeitdruck stand,
— je länger der zu schreibende Text war,
— je wichtiger der zu schreibende Text war,
— je stärker der nötige Schreibdruck war (Durchschläge),
— wenn Arbeitskollegen, oder gar der Chef (oder auch seine Mutter) im Zimmer waren,
— wenn diese ihm beim Schreiben zuschauten,
— oder ihn gar anzutreiben suchten.

Besonders auffallend war die Bedeutung sozialer Faktoren. Erregung, die durch soziale Angst z. B. in Arbeitssituationen ausgelöst wurde, verschlimmerte die Verkrampfung.

Organismusvariable: Es lag keine organische Störung vor. C. schien aber schnell und stark mit physiologischer Erregung auf Streß zu reagieren. Körperliche Befindlichkeit wie Müdigkeit, Hunger, Durst, Erregung, körperliches Unwohlsein oder Schmerzen verschlimmerten das Symptom.

Weitere diagnostische Maßnahmen: Schreibtests

Als standardisierter Test wurde ein Zeitungsausschnitt gewählt, den C. zur Baseline-Erhebung unter folgenden drei Bedingungen zu schreiben hatte:

— Normal;
— So schön wie möglich;
— So schnell wie möglich.

Später wurden die Schreibproben (gemischt mit denen, die nach der Therapie angefertigt wurden) von unabhängigen Ratern eingeschätzt. Interessant war für C., daß er unter der dritten Bedingung kaum schneller schrieb als unter den beiden anderen.

Bedingungsmodell der Störung

Da die Verspannung unwillkürlich und in praktisch 100 % der Schreibversuche auftrat, ist eine Konditionierung nach dem klassischen Konditionierungsparadigma anzunehmen. Wir alle kennen Verkrampfungen in der Schreibhand, wenn wir zu lange zu schnell schreiben müssen. Diese Reaktion kann an bestimmte Stimuli konditioniert werden.

UCS	⟶	UCR
Arbeits-stress		Verkrampfung
CS	⟶	CR
Stift in der Hand		Verkrampfung

Normalerweise sind wir in der Lage, den Krampf durch Entspannung schnell wieder zu lösen und von Neuem zu beginnen. Ist die Konditionierung stark genug und setzt die Verspannung frühzeitig ein, gelingt diese Selbstkontrolle nicht mehr.

Es ist offenkundig, daß alle situativen Bedingungen, die zu einer generellen Erregungssteigerung führen (z. B. durch Auslösung von Angstreaktionen), die Verkrampfung beeinflussen können.

Ziel der Therapie

Die Selbstkontrolle über eigene körperliche Verspannungen muß wieder hergestellt werden. Dazu muß auch ein selbstsicheres Verhaltensrepertoire erarbeitet werden, das hilft, soziale Konflikte zu bewältigen und soziale Angstreaktionen zu reduzieren. Von einer Änderung in der beschriebenen Richtung sind nur positive Konsequenzen zu erwarten.

Prinzipielle und konkrete Therapieplanung

Die konditionierte Beziehung zwischen Schreibstimuli und Verkrampfung muß gelöst werden.
Dies soll praktisch durch gezielten Einsatz von Entspannung geschehen, sobald auch nur kleine Verspannungsreaktionen auftreten. Daraufhin soll das Schreibverhalten systematisch wieder aufgebaut werden, indem hierarchische, nach Schwierigkeit abgestufte, Schreibübungen in möglichst entspanntem Zustand durchgeführt werden, bis auch schnelleres Schreiben keine Verspannung mehr auslöst. Dieses Vorgehen entspricht einer auf den konkreten Fall zugeschnittenen »in vivo - Desensibilisierung«.
Die situativen Bedingungen, die zur Verschlimmerung des Symptoms beitragen, sollen dadurch in ihrem funktionalen Charakter geändert werden, daß
— diese Reize desensibilisiert werden und so keine übermäßige Erregung mehr auslösen, und
— daß selbstsicheres Verhalten trainiert wird, bis C. soziale Konflikte ohne exzessive Angsterregung erfolgreich angehen kann.
Die Reihenfolge scheint nötig, weil C. hochängstlich und hocherregbar ist. Deswegen scheint es günstig, zunächst die Erregung zu senken. Wie sich später zeigte, verkrampfte er sich sogar anfangs beim Rollenspiel. Entspannung legt also die Grundlage für die Schreibübungen, für die Desensibilisierung und für das Selbstsicherheitstraining (siehe hierzu auch Lazarus, 1971, S. 128 ff.).

Multiple Phobien

Beschreibung und Analyse des Verhaltens

Die Grunddimension seiner Angst umschloß das Gefühl, von anderen Menschen beobachtet und negativ bewertet oder gar ausgelacht zu werden. Ihm war es unmöglich geworden, in ein großes Lokal oder ein Pop-Konzert zu gehen, es fiel ihm außerordentlich schwer, an Parkbänken oder Straßencafés vorbeizugehen. Sehr ausgeprägt war auch seine Angst, in der Mitte eines Lokals, Kinos oder im Theater zu sitzen. Seine Angst richtete sich dabei v. a. auf die Leute hinter seinem Rücken, die er selber nicht beobachten konnte. Er selber schaute ununterbrochen danach, ob andere Menschen ihn wahrnahmen und evtl. auf ihn reagierten.

Mit der Intensität der Stimulus-Situation nahmen auch seine *physiologischen Reaktionen* zu: Schwitzen, Zittern, seltsame Gefühle im Magen, Herzschlagbeschleunigung.

Die *Ängste* müssen als *unangemessen* bezeichnet werden. C. sieht äußerlich sehr gut und gepflegt aus und benimmt sich auch nicht sonderbar. Eine gewisse Steifheit mag bemerkbar sein, fällt aber nicht aus dem Rahmen. C. konnte keine Erlebnisse berichten, die seine vagen Befürchtungen bestätigt hätten.

Frequenz: Die physiologischen Reaktionen traten unter den beschriebenen Stimulus-Bedingungen regelmäßig auf. Er vermied die beschriebenen Situationen fast vollständig und wurde nur hin und wieder von seiner Mutter in's Theater gezerrt. Das Phänomen der Löschung trat dabei nicht auf. Ansonsten saß C. sehr viel zuhause herum.

Organische Bedingungen schienen keine wesentliche Rolle zu spielen. Sein labiler Magen (mehrere Operationen) reagierte auf Streß ein wenig heftiger als man von vergleichbaren Personen vermuten könnte. In den starken Vermeidungstendenzen kann man eine *mißglückte Selbstkontrolle* sehen.

Weitere diagnostische Maßnahmen: Wir erstellten eine differenzierte Hierarchie der angstauslösenden Stimuli. Sie umfaßte über 30 Items. C. stufte jedes Item vor und nach der Behandlung auf einer subjektiven Streß-Skala von 0 — 100 (gleich Panik) ein.

Das *Therapieziel* war für C., die Situationen angstfrei aufsuchen und sich dort sicher verhalten zu können.

Zur Genese

Traumatische Konditionierungs-Ereignisse ließen sich nicht rekonstruieren. Die enorme Breite und Vielzahl der Auslöser deutet darauf hin, daß entweder eine sehr starke Reizgeneralisierung eingetreten ist,

oder daß der phobische Reiz sehr grundsätzlicher Art ist: Die Anwesenheit von anderen Menschen: »Andere Leute (CS_2) könnten mich auslachen oder verachten (CS_1)«.
In der Schule war C. meist Außenseiter gewesen und oft ausgelacht worden. Zuhause war er immer der »Kleinste«, der alles falsch machte. Es ist zu vermuten, daß hier eine längere, intensive Konditionierungsgeschichte vorlag.

Das Bedingungsmodell

Die unwillkürlichen, regelmäßigen, physiologischen Erregungszustände sowie eine starke Vermeidungstendenz deuten auf klassisch konditionierte Auslöser, deren Vermeiden zu Angsterleichterung führt.

CS $\longrightarrow$	CR $=$	SD $\longrightarrow$	R $\longrightarrow$	¢–
z. B. in der Mitte eines Lokales sitzen. Andere sehen her. »Sich beobachtet fühlen«.	Schweiß Erregung Angst		Aufstehen Weggehen	Angsterleichterung

Prinzipielle und konkrete Therapieplanung
Die Trennung zwischen den verschiedenen CS und der CR (gleich Angst) muß erreicht werden. Praktisch soll dies durch systematische Approximation in vivo geschehen. Der Aufbau sicherer Verhaltensweisen, als Alternative zum Vermeidungsverhalten, soll durch Rollenspielübungen vorgenommen werden. Interne Selbstverbalisationen (»Ich sehe unmöglich aus«), die auch erregungssteigernde Funktion haben, sollen durch inkompatible Reaktionen ersetzt werden.

Selbstsicherheits-Problematik

Beschreibung der Analyse der Verhaltensweisen

A. C. konnte nicht »nein« sagen, keine Forderungen stellen, keine Wünsche äußern, gab immer nach, konnte keine Kontakte herstellen und fand es sehr schwierig und anstrengend, sich mit anderen locker und zwanglos zu unterhalten. Täglich wurden ihm rund 20 Zigaretten geschnorrt. Wenn er mit Freunden zusammen war, konnte er nie Vorschläge für gemeinsame Unternehmungen machen, sondern ordnete sich als Mitläufer stets unter. Er war sehr unglücklich darüber und dachte, die Freunde könnten ihn wegen seiner ruhigen Art nicht ganz für voll nehmen.

B. Zuhause regelte seine Mutter alles. Er mußte immer pünktlich zum Essen kommen und mit ihr in's Theater gehen, wenn sie dies wünschte. Sie erledigte praktisch alles für ihn, räumte auf, kochte, wusch ab etc. Sie war sein Gedächtnis, ermahnte, ermunterte und kritisierte ihn, während er ziemlich passiv herumsaß und grollte, und im doppelten Sinne nichts selber machen konnte. Er hatte es auch nie richtig gelernt, selber Ordnung in seine Sachen zu bringen. Er fühlte sich trotz seines Alters von 28 Jahren wie ein Kind behandelt und konnte ihren Ansprüchen nicht genügen. Sie nörgelte und kritisierte ihn viel, worauf er ihr nachgab, dann aber wieder alles falsch machte. Schließlich mußte sie doch alles selber erledigen. Gelegentlich platzte er beinahe vor Ärger. Meist grummelte er nur unverständlich und schaute so böse er konnte. Er hatte auch daran gedacht, sich ein eigenes Zimmer zu nehmen. Dann hielten ihn seine Schuldgefühle (»Meine Mutter ist dann ganz allein!«) und das Gefühl der Unselbständigkeit wieder davon ab. Schließlich hat es auch angenehme Seiten, wenn man so bemuttert wird.

C. Schon während der Exploration wurde das außerordentlich hohe Maß an *Selbstkritik,* Selbstabwertung und depressiven Selbstverbalisationen deutlich. C. bestätigte, daß die Rate auch außerhalb der Therapiesitzungen sehr hoch sei. Erst durch das Ansprechen in der Therapie war ihm dies bewußt geworden. Positive Selbst-Akzeptierung und Schätzen der eigenen Qualitäten waren unbekannte Erlebnisse. Unter Druck meinte er, positiv an sich finde er, daß er verträglich und rücksichtsvoll sein könne. Es entstand der Eindruck, als hätten Interesse und Zuwendung des Therapeuten Einfluß auf Intensität und Häufigkeit seiner depressiven Verbalisationen.

Typenklassifikation der Verhaltensweisen
Es liegen entscheidende Verhaltensdefizite vor, manches wichtige Verhalten tritt überhaupt nicht auf:
— widersprechen, nein sagen, fordern, Initiative ergreifen, Vorschläge machen, positive Selbstverbalisationen, Ärger verbalisieren u. v. a.

Teilweise ist das Verhalten noch nie aufgetreten, teilweise gehemmt. Manche Verhaltensklassen sind exzessiv und treten zu häufig auf:
— Selbstkritik, depressive Selbstverbalisationen, nachgeben, zustimmen, zuhause rumsitzen, vermeiden, jammern.

Gelegentlich ist das Verhalten unangemessen oder ungeschickt: Bei manchen Gesprächen stammelt er, die Grammatik wird verworren, hinterher fällt ihm oft etwas ein. Dieses Faktum spricht gegen eine reine Defizit-Beschreibung seines Verhaltens. Allerdings ist das Umsetzen der guten Ideen in brillante Sätze ungeübt.

Bedingungsmodelle

Im Moment hat C. wenig soziale Verhaltensweisen, die zu positiver Verstärkung führen. Sein Verhalten ist wesentlich durch Orientierung an Angst und Angstreduktion sowie Strafvermeidung gesteuert. Aber auch das Vermeiden hat langfristig negative Konsequenzen: Soziale Isolierung, mangelnde Bedürfnisbefriedigung, hohe Selbstkritik-Rate.

CS $\longrightarrow$ CR = S^D $\longrightarrow$ R $\longrightarrow$ ₵– Angstreduktion
Konflikt   Angst   Nachgeben, C– Selbstkritik
                            Flucht   Verzweiflung
                                           (zeitlich verzögert)

Seine Unselbständigkeit zuhause ist aus einer unglücklichen wechselseitigen Verstärkungs-Interaktion mit seiner Mutter zu erklären. Kleine positive Ansätze, die den hohen Ansprüchen nicht genügen, werden bestraft, Aufgeben wird durch die Mutter verstärkt.

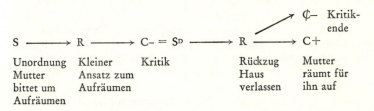

S $\longrightarrow$ R $\longrightarrow$ C– = S^D $\longrightarrow$ R $\longrightarrow$ C+
                                                                ↗ ₵– Kritikende

Unordnung   Kleiner   Kritik   Rückzug   Mutter
Mutter   Ansatz zum   Haus   räumt für
bittet um   Aufräumen   verlassen   ihn auf
Aufräumen

Wodurch wird das Verhalten der Mutter aufrechterhalten? Kurzfristig gesehen, wird ihre Arbeit durch seine Unfähigkeit vergrößert. Langfristig kann sie durch ihr Verhalten verhindern, daß er auszieht und sie allein läßt (₵–). Sie fühlt sich benötigt, gebraucht (C+) und kann über ihren Sohn verfügen. Diese wenigen positiven Verstärker gewinnen ihr Gewicht durch Vergleich mit dem Zustand des Alleinseins, der Isolierung und der Depression.

Die hohe *Selbstkritikrate* kann aus funktionaler Sicht dreierlei bedeuten. Vermutlich stimmen alle drei Ansätze partiell mit dem realen Vorgang überein: Als *Verhalten* (R) kann depressives Gerede durch positive Zuwendung der Umgebung (Mutter, verschiedene Therapeuten, Freunde) herausgeformt und aufrechterhalten werden. Zweitens können depressive Selbstverbalisationen die Funktion von
– inneren *diskriminativen Stimuli* übernehmen, die Verhalten blockieren (es hat alles keinen Sinn!) oder drittens als
– innere *Selbstbestrafungsmechanismen* positive Ansätze abblocken. Wenn z. B. versucht wird, eine Aufgabe zu erledigen und sie gelingt besser als früher, genügt aber dem eigenen Ideal nicht, führt sie zu Selbstbestrafung. Kleine Fortschritte werden so verhindert,

große verunmöglicht (3. Funktion). Hierdurch wird zwar nicht das Problem aufrechterhalten, aber ein neuer Lernbeginn erschwert.

Ziel der Therapie

Aufbau selbstsicherer Verhaltensweisen, — Erlernen spezifischer Fähigkeiten, Unabhängigkeit von der Mutter, Selbstakzeptierung aufgrund vernünftigerer Anforderungen an das eigene Verhalten.
Die Therapie sollte nicht völlig auf Kosten der Mutter gehen. Ihre Bedürfnisse sollten auch berücksichtigt werden. Falls dies erreichbar wäre, würde vermutlich die Loslösung des Sohnes wesentlich erleichtert werden.

Prinzipielle und konkrete Therapieplanung

Systematisches Training einer Vielzahl von Verhaltensweisen schien optimal im Rahmen einer Gruppentherapie mit dem Assertive Training Programm (Ullrich de Muynck & Ullrich, 1973) realisierbar zu sein. Aber es war nicht zu erwarten, daß die Übungen mit dem standardisierten Programm in diesem konkreten Fall hinreichen würden. Insbesondere für die problematische Beziehung zu seiner Mutter schien ein individuell angesetztes Selbstsicherheitstraining unerläßlich.
Depressive und selbstkritische Verbalisationen sollten kontinuierlich nach dem Verfahren der »verbalen Konditionierung« angegangen werden, das dem Patienten zunächst erklärt und begründet werden sollte; d. h. negative Verbalisationen sollten systematisch gelöscht und nicht mehr beachtet, positive dagegen durch den Therapeuten durch Zuwendung verstärkt werden. Sollte diese Technik nicht hinreichend sein, könnten andere Verfahren wie Kontingenzmanagement, verdeckte Verstärkung (Covert reinforcement), gezielte Instruktionen in Selbstverstärkungstechnik u. ä. eingesetzt werden.

Sonstige Probleme

C. berichtete über Schlaf-, Konzentrations- und Leistungsstörungen, Entscheidungsschwierigkeiten und sexuelle Ängste. Wir arbeiteten mit der Hypothese, die durch die Exploration nahegelegt wurde, daß diese Störungen sekundärer Natur seien. Sollten sie mit Behandlung der aufgezählten Probleme nicht verschwinden (was durchaus denkbar ist, weil unter bestimmten Bedingungen sekundäre Probleme ein Eigenleben gewinnen und weiterbestehen können), würden wir die Verhaltensanalyse wieder aufnehmen und gezielte Programme erarbeiten.

Planung und Reihenfolge der therapeutischen Interventionen

Da die meisten der Symptome mehr oder weniger direkt mit der sozialen Unsicherheit und Ungeschicktheit verbunden waren oder durch diese verschlimmert wurden, sollte mit diesem Problem begonnen werden. Zunächst sollte C. an einer achtwöchigen Assertive-Training-Gruppe teilnehmen.
Anschließend wollten wir mit der Schreibkrampftherapie beginnen, da diese gewöhnlich einige Zeit, Geduld und beharrliches Üben verlangt. Parallel, d. h. nachdem das Schreibkrampf-Behandlungs-Programm etabliert war, sollte mit der systematischen Desensibilisierung und mit speziellen, auf die Schreibsituationen bezogenen Rollenspielen zum Aufbau selbstsicherer Verhaltensweisen begonnen werden.
Daraufhin sollten die spezifischen Ängste sowie die problematische Situation zuhause angegangen werden.

Verlauf der Therapie

Wir begannen mit unserer Therapie, nachdem C. die achtwöchige Gruppentherapie abgeschlossen hatte. In dem Assertive-Training-Programm (Ullrich de Muynck und Ullrich, 1973), kurz ATP, werden, nach aufsteigender Schwierigkeit geordnet, soziale Konfliktsituationen zum Üben vorgegeben, vom Fragen nach der Uhrzeit bis zur Beschwerde beim Chef. Außerdem werden möglichst viele geübte und bewältigte Konfliktsituationen draußen, in der realen Welt aufgesucht, um auch dort systematisch zu üben.
C. profitierte von der Gruppe, allerdings weniger als die anderen. Aber sein Verhaltensrepertoire war schon wesentlich breiter und differenzierter geworden.
Im folgenden werden die Problembereiche wieder getrennt dargestellt werden, obwohl sie oft parallel liefen.

1. Die Schreibkrampfbehandlung

Zunächst wurden standardisierte Schriftproben genommen. Dann wurde systematisch muskuläre Entspannung nach Jacobson geübt. Nach vier Sitzungen war C. in der Lage, Tiefentspannung in 15 Min. zu erreichen und auch ohne generelle Entspannung seinen rechten Arm innerhalb von 5 Min. zu entspannen. Dies wurde mit dem EMG kontrolliert (das die Innervationsströme von Muskelpartien mißt und damit den Spannungsgrad anzeigt).
Nun testeten wir optimale Sitzhaltung, Stühle und Tische, verschiedene Schreibunterlagen, Papiere und Stifte aus und fanden schließlich die unproblematischsten Bedingungen. So konnte er am besten mit einem weichen Bleistift schreiben. Dabei konnten frühzeitige Ver-

krampfungen aufgeschoben, d. h. kurzzeitig verhindert werden, wenn der Bleistift mit einem Tuch umwickelt und auf diese Weise dicker gemacht wurde.
Grundregel für die kommenden Übungen war, daß C. bei Auftreten von Verspannungen (anfangs bei den Übungen durch das EMG kontrolliert, das leider später irreparabel kaputt ging) sofort unterbrechen und seinen Arm zwei Minuten entspannen mußte.
Wir stellten ein *Grundprogramm* auf, das den Lernfortschritten angepaßt wurde. Mindestens zweimal täglich mußte C. üben:
a. 5 Minuten entspannen (generell);
b. 3 Minuten den rechten Arm entspannen;
c. weitere zwei Minuten den Stift halten und dabei die Entspannung im rechten Arm aufrechterhalten;
d. zwei Minuten die kommende Schreibübung sich geistig vorstellen und dabei weiter den Stift in der entspannten Hand halten;
e. dreimal 5 Minuten Schreibübung mit jeweils 5 Minuten Entspannungspause, in denen b. und c. wiederholt wird.

Die folgenden *Schreibübungen* wurden in dieses Grundprogramm eingebettet:
— Mehrere Tage Lockerungsübungen (Kreise und Schlaufen);
— Eine Woche: Kreise in kleine »l« und »e« überführen;
— Alle runden Buchstaben, »o«, »b« und »d« usw.;
— Buchstaben mit Haken und Absätzen: »m«, »n«, »u«, »v« usw.;
— Große Buchstaben wurden eingeführt, etwa fünf je Woche;
— Langsam wurden Zeitungstexte (wenige Zeilen) nur mit kleinen Buchstaben abgeschrieben;
— Schwierigere Buchstabenkombinationen wurden einzeln geübt.

Nach 25 Sitzungen erreichte C. wieder eine relativ saubere Schrift, war allerdings noch nicht belastbar. Verkrampfungen kamen nicht mehr vor, wenn er langsam schrieb. Die maximale Schreibdauer betrug 5 Minuten. Daher versuchten wir nun, die *Zeit auszudehnen,* indem wir jede Woche etwa zwei Minuten längere Übungen ansetzten. Nachdem das Grundprogramm erfolgreich angelaufen war, wurde mit der systematischen Desensibilisierung der für das Schreiben relevanten sozialen Bedingungen begonnen. Wir erstellten eine Angst-Hierarchie, die Dimensionen wie Arbeitsstreß, Anwesenheit von Kollegen, Chef, Mutter u. a., sowie Kritik und andere Verbal-Reaktionen umfaßte (insgesamt etwa 20 Items). Die systematische Desensibilisierung ging zäh voran. Dies lag oft an mangelhafter Vorstellungsfähigkeit. Daraufhin beobachteten wir die notwendigen Bedingungen der systematischen Desensibilisierung genauer. Im entspannten Zustand mußte C. sich das Angstitem vorstellen und mit dem Finger signalisieren, sobald er Angst oder Verspannung bei sich wahrnahm, und sich dann sofort wieder auf die Entspannung konzentrieren. Anschließend stufte er die Intensität der Vorstellung (0—10 = Optimum) und der Angst (0 bis

10 = Maximum) ein. Als Beispiel wird der *Verlauf* eines Items vorgestellt:

Durchgang	1	2	3	4	5	6	7	8	9
Angst-Intensität	4–5	3–	4	3–	3	2–	2	–2	1–2
Vorstellungs-Intensität	4–	4	3	3–	2	2–	4	4–	4–5
Zeit (bis Angst auftrat, sek.)	5	8	12	7	15	11	18	25	35

Als Kriterium für »Weitergehen« wurde gewählt, daß das Item zweimal mindestens 20 Sekunden, bei einer Vorstellungsintensität von mindestens 4 und einem Angstwert von höchstens 2 gehalten werden konnte. Diese Kriterien sind relativ streng, stehen aber in Übereinstimmung mit der Literatur zur Habituation (Birbaumer 1973).
Wie man sehen kann, wird die Vorstellungszeit immer größer, gelegentlich auf Kosten der Vorstellungsintensität, die aber gegen Ende auch wieder besser wird.
Um den Ablauf zu beschleunigen, änderten wir den Ablauf der systematischen Desensibilisierung folgendermaßen:
a. Entspannen;
b. Item vorstellen bis Angst auftritt;
c. Vorstellung eigener assertiver Reaktion (erfolgreicher Art);
d. Entspannung mit positiver Vorstellung (am Strand liegen und Beatles hören).

Dies ist eine Mischung aus »rehearsal desensitization« (Lazarus 1971) und »covert reinforcement« (Cautela 1970). Ähnliche Ansätze wurden später auch von Rimm (1973) und Meichenbaum & Cameron (1974) berichtet.

Die lerntheoretische Begründung
1. Der Patient habituiert in der Entspannung an die eigene Courage (und natürlich auch an die Reizsituation).
2. Er übt innerlich, auf eine bedrohliche Situation nicht mehr mit Flucht oder Vermeidung zu reagieren.
3. Assertive Reaktionen werden durch das angenehme Bild und durch den angenehmen Zustand der Entspannung im Sinne des operanten Konditionierens verstärkt (u. a. N. Birbaumer 1973).
4. Diese Technik machte dem Patienten mehr Spaß. Er fühlte sich aktiver beteiligt.

Man könnte diese Technik »*Verhaltensdesensibilisierung*« nennen. Der Patient gewöhnt sich daran, ein bislang angstbesetztes Verhalten

bei sich zu tolerieren. Mit dieser Variante der systematischen Desensibilisierung erledigten wir in derselben Zeit dreimal mehr Items als mit der systematischen Desensibilisierung. C. fühlte sich bei der Behandlung weniger depressiv, weil er aktiver beteiligt war. Der Einsatz der Desensibilisierung bei Depressiven ist ja problematisch, weil sie eine weitgehend passive Technik ist.
Beide Habituationstrainings-Teile (Desensibilisierung und Verhaltens-Desensibilisierung) waren innerhalb von acht Sitzungen abgeschlossen. Während der nächsten zwei Stunden übten wir im Rollenspiel einige der vorgestellten Konfliktsituationen, z. B.: Ein Kunde diktiert über Telefon einen wichtigen Text. Nun bittet man ihn um Wiederholung und um langsameres Sprechen, weil man mit dem Schreiben nicht mitkommt, u. v. a.

2. *Selbstsicherheitstraining und Kommunikationstraining*
Da C. so aktiv mitarbeitete und nun auch in der Lage war, beim Rollenspiel entspannt zu bleiben, entschlossen wir uns, in dieser Richtung weiterzuarbeiten. C. stellte eine Problemliste auf, die v. a. folgende Bereiche umfaßte:
Bei Freunden Initiative ergreifen, Vorschläge machen, Vorschläge kritisieren, Zigaretten-Schnorrer abwimmeln, mit nicht näher Bekannten (v. a. weiblichen Geschlechts) auf Parties lockere Gespräche beginnen und weiterführen, Mädchen zum Tanz auffordern ...
Rollenspiel, Rollentausch, Tonbandfeedback und Diskussion, sowie systematische Verstärkung und Training in Selbstverstärkung (Beachtung auch kleiner Fortschritte bei sich selber) waren die wesentlichen Techniken. Manchmal spielten wir ein Problem bis zu zehnmal durch, bevor uns die Lösung auf dem Tonband gefiel. Dabei achteten wir auch stark auf nonverbale Kommunikation, d. h. auf Formulierungsspezifitäten, Betonung, Stimmausdruck, aber auch auf Blickkontakt und Körperhaltung. Langsam lernte C., laut und deutlich zu sprechen.
Bei der Übung folgender Items
— Ein Mädchen zum Tanz auffordern;
— Sich dabei unterhalten;
— Sie zu einer gemeinsamen Unterhaltung einladen u. ä.
half uns eine hübsche Cotherapeutin.
Ein wichtiger Bestandteil dieses Therapieabschnittes waren die *systematischen Hausaufgaben*. (Als Praxis-Anregung sei das Buch von Shelton & Ackermann 1974 empfohlen.) C. führte Strichlisten zur Selbstkontrolle und mußte gezielt anwenden, was wir in der Stunde geübt hatten, z. B.:
— Zigarettenschnorrer abwimmeln;
— Mit Fremden ins Gespräch kommen;
— Seinen Freunden Vorschläge machen u. ä.

C. wählte sich die Hausaufgaben meistens selber aus. Dabei orientierte er sich an folgendem *Prinzip:* Die Aufgaben dürfen nicht zu schwer (Mißerfolgsgefahr) und nicht zu leicht sein (da lernt man zu wenig). Jedesmal mußte er ein kleines Stück über seinen eigenen Schatten springen. Das hierarchische Vorgehen machte dies möglich (Mißerfolgsvermeidung), die Selbstbeobachtung (und damit auch Selbstverstärkung) schufen die motivationalen Grundlagen für die Weiterarbeit. C. wußte und akzeptierte, daß die Hauptverantwortung für die Durchführung und damit für den Lerngewinn bei ihm selber lag. Er lernte nicht nur Verhaltensweisen, sondern auch, ein wenig stolz auf seinen Einsatz zu sein. Er wartete nun schon richtig auf die Zigarettenschnorrer, um sie abblitzen zu lassen. Schließlich wurde er wieder gelassen und bot von sich aus Zigaretten an, unter Druck gab er keine mehr her.
Meist war es jetzt nicht mehr möglich, eine exakte Baseline zu erheben. Schon die genaue Selbstbeobachtung führte nicht selten zu einer Verhaltensänderung. Als er z. B. merkte, wieviele Zigaretten ihm abgenommen wurden, war er so entsetzt, daß er anfing, dagegen anzugehen.
Mit der Zeit gelang es C., aus der passiven Rolle auszubrechen, bei seinen Freunden Vorschläge zu machen und auch einmal die Initiative zu ergreifen. Es war allerdings noch längere Zeit notwendig, sich bewußt vorzunehmen, diese Verhaltensweisen zu zeigen.

Kommunikationstraining zusammen mit der Mutter
Mehrere Stunden versuchten wir zu klären, welche Ziele er in diesem Therapieabschnitt realisieren wollte: Was möchte ich bei mir und meinem Verhalten ändern? Was will ich eigentlich von meiner Mutter? Welches Verhalten sollte Sie ändern?
C. mußte lernen, Ärger weder herunterzuschlucken, noch explosiv zum Ausdruck zu bringen. Dazu war ein gezieltes Verhaltenstraining mit vielen Rollenspielen notwendig. Wir übten, einerseits das Gefühl des Ärgers direkt auszudrücken, andererseits konkrete Verhaltenswünsche an die Mutter zu formulieren.
Nebenbei diskutierten wir Pläne, von zuhause auszuziehen. Dabei erörterten wir auch die Schwierigkeiten, die für seine Mutter dabei entstehen könnten, wie er dadurch beeinflußt sein könnte und wie die Situation bereinigt werden könnte.
Seine Mutter erklärte sich bereit, an der Therapie teilzunehmen und kam für die nächsten sechs Stunden mit ihrem Sohn zusammen. Sie hatte Gelegenheit, die Problematik aus ihrer Sicht zu beschreiben. C. wurde ganz zappelig und unruhig bei ihrer Darstellung, tat sich aber erstaunlich schwer, diese Körperreaktionen in verbale Äußerungen zu übersetzen. Nach und nach gelang es uns, gewisse Reizwörter oder -sätze herauszukristallisieren, die bei ihm die Galle hochkommen

ließen. Dies war v. a. dann der Fall, wenn er sich implizit wie ein kleiner Junge behandelt fühlte. Die Mutter war ausgesprochen einsichtig und motiviert an der Mitarbeit.
Sie erfuhren beide, wie schwer es sein kann, eingefahrene Verhaltensweisen zu ändern. Dies führte auch dazu, daß sie nicht mehr so heftig aufeinander reagierten. Das ärgerliche Verhalten war ja nicht einfach Kennzeichen bösen Willens (kognitive Neuinterpretation).
Wir besprachen Prinzipien offener Kommunikation und verschiedene Lernprinzipien zur Änderung von Verhalten. Beide schrieben unter der Woche aktuelle Konflikte auf, die wir dann im Rollenspiel mehrmals durcharbeiteten, bis beide den Eindruck gewannen, daß sie sich verständlich machen konnten. Diese Rollenspiele waren reale Erfahrungen. Teilweise lernten sie hierbei Einstellungen und Verhaltenswünsche voneinander kennen, die sie vorher nicht einmal geahnt hatten. Darüber waren sie bestürzt, aber auch erleichtert. Wir führten ein *Codewort* ein, mit dem jeder zuhause eine laufende Kommunikation unterbrechen und um gegenseitige Präzisierung des gemeinten Inhaltes bitten konnte.
Nun gingen wir daran, seine kindlich unbeteiligte Rolle zu ändern. C. beteiligte sich stärker am Haushalt. Dabei durfte ihm seine Mutter nur Schritt für Schritt auf seinen Wunsch Tips geben, aber ansonsten nicht dreinreden oder ihn stark kritisieren. Beide waren damit zufrieden: Er fürchtete Kritik nicht mehr, weil er bestimmen konnte, wann sie ihm gute Tips als Verhaltensvorschläge geben durfte. Deshalb scheute er sich nicht, sie auch öfters zu fragen. Sie war zufrieden, weil er aktiver wurde und sie um Rat fragte, was er früher nie getan hatte. C. lernte abzuwaschen, aufzuräumen, kleine Sachen zu kochen u. ä. Es gab dabei wohl immer noch Mißverständnisse oder Meinungsverschiedenheiten. Sie blieben aber meist ohne negative Nachwirkung. Durch die generelle Stabilisierung war C. in der Lage, mit seiner Mutter zu besprechen, daß er sich ein eigenes Zimmer nehmen wollte.

3. Behandlung der verschiedenen Phobien
Wir entschlossen uns, keine Desensibilisierung mehr durchzuführen. Es schien möglich zu sein, durch systematisches Aufsuchen der Situationen schrittweise die Ängste abzubauen. Wir stellten wieder eine Hierarchie der angstauslösenden Situationen auf. Zunächst nur kurze Zeit, dann immer länger setzte sich C. immer schwierigeren Situationen aus. In der Stunde berichtete er seine Erfolge. Hier übten wir auch bestimmte sichere Verhaltensmuster, besprachen organisatorische Einzelheiten und legten den Plan für die nächste Woche fest.
Die Angst vor Cafés oder Restaurants bewältigte er, indem er sich zunächst hinten in die Ecke, später weiter in die Mitte, nach vier Wochen sogar zu anderen an den Tisch setzte und mit ihnen gelegentlich ein Gespräch anfangen konnte.

Nach diesen Erfolgen genügte zweimaliger Kinobesuch zur Löschung seiner Angst vor den Leuten im Kino.
Schließlich konnte er sogar angstfrei in den Zirkus gehen und in einem Tanzcafé jemanden zum Tanz auffordern.
Eine wesentliche Rolle bei diesem Therapieabschnitt spielte die *Änderung von Selbstverbalisationen.* Es genügte hier, die *Sinnlosigkeit* bestimmter Selbstverbalisationen zu *besprechen* und ganz bewußt in den realen Streß-Situationen neue, *inkompatible einzusetzen.* Wir ersetzten z. B. den Satz: »Ich sehe unmöglich und lächerlich aus« durch »Die anderen schauen noch viel lächerlicher aus«. Dieser Satz sollte nicht dazu dienen, um auf andere Menschen herabzublicken. Er war als »humorvolle« Blockierung der problematischen Orientierungsregel gedacht. Seine permanenten Grübeleien, wie andere ihn wohl beurteilten, wurden von dem bewußten Bemühen ersetzt, andere zu beurteilen. Dabei merkte er auch, wie schwer dies fällt und wie unwahrscheinlich es ist, daß Leute ihn sofort durchschauten und abwerteten.
C. übernahm immer mehr Verantwortung für seine eigene Therapie. So kam es z. B. vor, daß er bei seinen täglichen Übungen feststellte, daß es ihm sehr schwer fiel, auf belebten Straßen vor Schaufenstern stehen zu bleiben und die anderen Leute an sich vorbeigehen zu lassen. Er wartete die nächste Therapie-Stunde gar nicht erst ab, sondern übte die Situation an dem Tag solange, bis seine Angst gelöscht war. In der nächsten Therapiesitzung berichtete er stolz von seiner Selbstbehandlung. Er war in der Lage gewesen, Lernprinzipien selbständig auf sein Verhalten anzuwenden.
Gegen Ende der Therapie diskutierten wir erneut den Ablauf der Therapie und die Bedeutung makro- und mikrosozialer Faktoren für viele entscheidenden Lernerfahrungen. C. erzählte, daß er anfing, sich stark für Bürgerinitiativen zu interessieren und überlegte Möglichkeiten, sich evtl. einer Gewerkschaft anzuschließen.

Therapie-Erfolgs-Messungen

Die Therapie dauerte etwas über 10 Monate und umfaßte 48 einstündige Sitzungen, die Gruppentherapie zu Beginn nicht gerechnet.

1. Der Schreibkrampf
Physiologische Erfolgsmessung der Verspannungen war nicht möglich, da das EMG-Gerät nicht rechtzeitig repariert werden konnte.

Verhaltenstests
Derselbe Zeitungstext wurde zu drei verschiedenen Zeitpunkten abgeschrieben: Vor der Therapie, nach der Therapie und drei Monate

später. (Bei Therapie-Ende wurde leider vergessen, den Text auch unter »Zeitdruck« schreiben zu lassen.) Aus den Proben wurden einzelne Zeilen ausgeschnitten, mit Codes versehen und von Ratern »blind« eingestuft. Dabei wurden die Schriftproben nach folgenden *Dimensionen* eingeschätzt:
1. Normalität: Optimum: 100 %;
2. Verkrampfungstendenzen der Schrift: 1 — 100 (gleich Maximum);
3. Zittrigkeit, oder: zu starke Kontrolle der Schriftführung, Skala von 1 — 100 (gleich maximale Zittrigkeit);
4. Schwäche, zu dünne und geringe Schriftführung, Skala 1 — 100 (maximale Ausprägung).

Schriftproben der »normalen« Schreibbedingung:

	Vor der Therapie	Nach der Therapie	Drei Monate nach Therapie
Normalität Opt. 100 %	55 %	80 %	80 %
Verkrampfung Opt.: 0	75	34,4	25
Zittrigkeit Opt.: 0	50	32,1	25
Schwäche Opt.: 0	21,4	21,4	0

Schriftproben »unter Zeitdruck«:

	Vor der Therapie	Drei Monate nach Therapie
Normalität Opt. 100 %	35 %	85 %
Verkrampfung Opt.: 0	93,8	31,3
Zittrigkeit Opt.: 0	64,3	17,9
Schwäche Opt.: 0	28,6	21,4

Das Schriftbild hat sich verbessert, C. schreibt beinahe so schnell wie »normal« und kann 10 Minuten beschleunigt schreiben, ohne zu verkrampfen. Er ist erhöhten Ansprüchen noch nicht gewachsen, die Nacherhebung zeigt aber eine stetige Tendenz zu einer weiteren Stabilisierung.

2. Selbstunsicherheit

Es haben qualitative und quantitative Veränderungen stattgefunden. C. berichtet bei der Nachkontrolle, seine Vermeidungstendenzen kämen ihm oft gar nicht mehr in den Sinn. Er habe inzwischen ein nettes Mädchen kennengelernt. Leider sei schon wieder Schluß. Das habe ihn deprimiert, aber nicht entmutigt. Er ist stolz, daß er nicht reflexhaft bei sich selber die Schuld sucht, sondern die Frage distanziert reflektiert. Er geht etwa drei- bis fünfmal pro Woche aus, in's Kino, Theater oder einfach in eine Kneipe. Er grübelt nicht mehr, ob er gehen soll oder nicht, sondern, welche Kneipe ihm besser gefällt. Er berichtet, daß er bei Meinungsverschiedenheiten mit seinen Freunden nicht mehr automatisch an sich selber zweifelt und zurückzieht, sondern sich stärker auf die sachliche Problematik beziehen kann.

Unsicherheitsfragebogen (Ullrich de Muynck & Ullrich 1977)
(Die Faktorenwerte wurden auf die Skala 0–100 transformiert!)

	Vor Ther.	Nach Ther.	3 Mon. danach
Allg. Unsicherheit	93	54	69
Kritik und Fehlschlagangst	91,4	88,6	64,3
Nicht NEIN sagen können	80	74,8	60
Kontakt-Angst	82,7	58,7	68
Angst zu fordern	65	17,5	32,5
Schuldgefühle bei assertiv. Verh.	82,2	57,8	40
Übertriebene Anständigkeit	85	67,8	45

3. Multiple Phobien

Im folgenden sollen aus der anfänglichen Angst-Hierarchie nur diejenigen Items aufgeführt werden, die bei der subjektiven Einschätzung *vor* der Therapie (auf der Angstskala von 0 – 100) Werte über 60 erhielten. Der Zettel mit den Einstufungen nach Beendigung der Therapie ist unvollständig und wird deshalb hier nicht erwähnt.

Hierarchie-Items

	Vor der Therapie	3 Monate nach der Therapie
Auf eine Party gehen, wo 2 bis 3 Leute unbekannt sind	80	0
Man findet in einem vollen Lokal keinen Platz und muß wieder gehen	75	10
In der Mitte im Lokal mit einem hübschen Mädchen am Tisch sitzen	95	20
In der Straßenbahn gegenüber von einem hübschen Mädchen sitzen	85	5
Im Theaterfoyer stehen:		
allein	90	5
mit Bekannten	80	0
An Straßencafés oder Parkbänken vorbeigehen	90	0
Ohne bestimmtes Ziel durch eine Diskothek gehen	90	0
Jemanden zum Tanz auffordern	85	0
Auf leerer Tanzfläche als Erster tanzen	95	30
Waren im Laden betrachten mit dem Rücken zum Verkäufer	90	5
Ein volles Zirkuszelt betreten	100	5

Insgesamt muß gesagt werden, daß quantitative und v. a. qualitative Änderungen auf der Verhaltensebene und auf der Ebene der kognitiven Realitätsverarbeitung eingetreten sind. Der Klient hat mehrfach demonstriert, daß er selbständig in der Lage ist, neu auftretende Probleme aktiv anzugehen und sich dabei Prinzipien der Lernpsychologie nutzbar zu machen.

Literatur und weiterführende Hinweise

Einführung

Fiedler, P. A.: Gesprächsführung bei verhaltenstherapeutischen Explorationen. In: Schulte, D. (Hrsg.): Diagnostik in der Verhaltenstherapie. München: Urban & Schwarzenberg, 1974, 128 – 151.
Innerhofer, D.: Ein Regelmodell zur Analyse und Intervention in Familie und Schule. Zeitschrift für Klinische Psychologie, 1974, *3*, 1 – 29.
Kanfer, F. H.: Verhaltenstherapie: Ein neues Theoriengerüst zur Lösung klinisch-psychologischer Probleme. Psychologie und Praxis, 1969, 13, 1.
– Die Aufrechterhaltung des Verhaltens durch selbsterzeugte Stimuli und Verstärkung. In: Hartig, M. (Hrsg.): Selbstkontrolle. München: Urban & Schwarzenberg, 1973, 77 – 98.
Kanfer. F. H. & Saslow, G.: Verhaltenstheoretische Diagnostik. In: Schulte, D. (Hrsg.): Diagnostik in der Verhaltenstherapie. München: Urban & Schwarzenberg, 1974, 24 – 59.
Lazarus, A. A.: Behavior Therapy and Beyond, New York: McGraw Hill, 1971.
Lutz, R. & Windheuser, H. J.: Therapiebegleitende Diagnostik. In: Schulte, D. (Hrsg.): Diagnostik in der Verhaltenstherapie. München: Urban & Schwarzenberg, 1974, 196 – 218.
Mahoney, M. J.: Cognition and Behavior Modification. Cambridge, Mass.: Ballinger, 1974.
Meichenbaum, D. H.: Kognitive Faktoren bei der Verhaltensmodifikation: Veränderung der Selbstgespräche von Klienten. In: Hartig, M. (Hrsg.): Selbstkontrolle. München: Urban & Schwarzenberg, 1973, 197 – 213.
– Self-instructional methods. In: Kanfer, F. H. & Goldstein, A. P. (Hrsg.): Helping People Change. New York: Pergamon Press, 1975, 354 – 392.
Pickenhain, L.: Methodologische Probleme der Untersuchung biologischer Faktoren bei psychiatrischen Erkrankungen. In: Pickenhain, L. & Thom, A. (Hrsg.): Beiträge zu einer allgemeinen Theorie der Psychiatrie. Jena: Fischer, 1968, 79 – 119.
Schulte, D.: Ein Beitrag zur Verständigung? Eine Antwort auf Toman: Klinische Psychotherapie versus Verhaltenstherapie. Psychologische Rundschau, 1973, *24*, 127 – 133.
– Ein Schema für Diagnose und Therapieplanung in der Verhaltenstherapie. In: Schulte, D. (Hrsg.): Diagnostik in der Verhaltenstherapie. München: Urban & Schwarzenberg, 1974, 79 – 104.
Thorpe, A. L.: Desensitization Behavior Rehearsal, Self-Instructional Training and Placebo-Effects on Assertive Refusal Behavior. European Journal of Behaviour Analysis and Modification, 1975, *1*, 30 – 44.
Zimmer, D.: Soziales Kompetenz-Training und soziale Wirklichkeit: Zur methodologischen und gesellschaftlichen Problematik. In: Ullrich de Muynck, R. & Ullrich, R. (Hrsg.): Soziale Angst – Lernstrategien zur Bewältigung sozialer Konfliktsituationen. Göttingen: Hogrefe, 1977.

Kapitel 1

Fox, L.: Effecting the use of efficient study habits. In: Ulrich, R. et al.: Control of Human Behavior. Sussex Brighton, 1966.

Goldiamond, S.: Self-control procedures in personal behavior problems. In: Ulrich, Roger et al.: Control of Human Behavior. Sussex Brighton, 1966.
Kanfer, F. H. & Phillips, J. S.: Learning Foundations of Behavior Therapy. New York, 1970.
Kanfer, F. H. & Goldstein, A. P.: Helping People Change. New York, 1975.
Richards, C. S.: Behavior Modification of Studying through Study Skills Advice and Self-Control Procedures. In: Journal of Counselling Psychology, 1975, 22, 5.

Kapitel 2

Birbaumer, N.: Neuropsychologie der Angst. München, 1973.
Florin, I. & Tunner, W.: Therapie der Angst. München, 1975.
Kanfer, F. H. & Goldstein, A. P.: Helping People Change. New York, 1975.
Rachmann, S. & Bergold, J.: Verhaltenstherapie bei Phobien, München, 1970.

Aktuelle Beiträge zur Angstbehandlung finden sich in dem jährlich erscheinenden Periodicum: Franks, C. M. & Wilson, G. T.: Annual Review of Behavior Therapy, New York und London.

Kapitel 3

Azrin, N. H. & Nunn, R. G.: A rapid method of eliminating stuttering by a regulated breathing approach. Beh. Res. & Therapy, 1974, 12, 279–286.
Jacobson, E.: Progressive Relaxation. Chicago: University Press, 1938.
Watzlawick, P., Beavin, J. H. & Jackson, D. D.: Menschliche Kommunikation. Bern: Huber, 1969.
Widlak, H. & Fiedler, P. A.: Einige Überlegungen zur Früherkennung und Frühbehandlung kindlichen Stotterns. Vortrag, Verhaltenstherapiekongreß des DBV und der GVT, Berlin 1976.

Kapitel 4

Birbaumer, N.: Physiologische Psychologie. Berlin, 1975, Springer-Verlag.
Borkovec, T. D. & Fowles, D. C.: Controlled investigation of the effects of progressive and hypnotic relaxation on insomnia. Journ. of Abnorm. Psych., 1973, 82, 1, 153–158.
Borkovec, T. D., Steinmark, S. W. & Nau, S. D.: Relaxation training and single-item desensitization in the group treatment of insomnia. Journ. of Beh. Ther. & Exp. Psychiatry, 1973, 4, 401–403.
Dement, W. C.: Some must watch while some must sleep. San Francisko, 1974, Freeman & Co.
Finke, J. & Schulte, W.: Schlafstörungen. Ursachen und Behandlung. Stuttgart, 1970, Thieme Verlag.
Frankl, V.: Paradoxical intention: A logotherapeutic technique. Americ. J. of Psychotherapy, 1960, 14, 520–535.
Hersen, M.: Nightmare behavior: A review. Psych. Bulletin, 1972, 78, 1, 37–48.
Lazarus, A. A.: Behavior Therapy and Beyond. New York 1971, McGraw Hill.
– Multimodal behavior therapy: Treating the »Basic Id«. The Journ. of Nervous and Mental Disease, 1973, 156, 404–411.

Nicassio, P. & Bootzin, R.: A comparison of progressive relaxation and autogenic training for insomnia. Journ. of Abnorm. Psych. 1974, *83*, 3, 253 – 260.
Pálos, St.: Atem und Meditation. Bern, München, 1974, Scherz-Verlag.
Watzlawick, P., Weakland, J. H. & Fish, R.: Lösungen – Theorie und Praxis menschlichen Wandels. Bern, Stuttgart, 1974, Huber-Verlag.
Weil, G. & Goldfried, M. R.: Treatment of insomnia in an eleven-year-old child through self-relaxation. Beh. Ther., 1973, *4*, 282 – 294.

Kapitel 5

Birbaumer, N.: Neuropsychologie der Angst. Urban & Schwarzenberg, München, 1973.
Jores, A.: Der Kranke mit psychovegetativen Störungen. Göttingen, Vandehoeck & Ruprecht, 1973.
Lader, M. H. & Mathews: Ein physiologisches Modell der phobischen Angst und der Desensibilisierung. In: Birbaumer, N.: Neuropsychologie der Angst. Urban & Schwarzenberg, München, 1973.
Lowe, J.: Exitatory response to music as a reciprocal inhibitor. Behav. Ther. & Exp. Psychiatry 4, 1973, 277 – 299.
Rachmann, S.: Verhaltenstherapie bei Phobien. Urban & Schwarzenberg, München, 1972.
Rimm, D. C. & Masters, I. C.: Behavior Therapy. Academic Press, NY, London, 1974. Kapitel VIII, besonders S. 333 – 353.
Selg, H. & Fahrenberg, I.: Das Freiburger Persönlichkeitsinventar. Hogrefe, Göttingen, 1971.
Sue, D.: The role of relaxation in systematic desensitization. Behav. Res. & Ther. 1972, 10, 153 – 158.
Ullrich, R. & Ullrich De Muynck, R.: Implosion, Reizüberflutung, Habituationstraining. In: Kraiker, Ch.: Handbuch der Verhaltenstherapie. Kindler, München, 1974.
Ullrich, R. & Ullrich De Muynck, R.: Das Emotionalitätsinventar (EMI). Diagnostica 16, 2, 1975, 84 – 95.

Einzeluntersuchungen zum Flooding auch in »Behaviour Research and Therapy« und »Behavior Therapy«.

Kapitel 7

Hill, O. W.: Modern Trends in Psychosomatic Medicine–2. Butterworths, London, 1970.
Chesser, E. & Meyer, V.: Behavior therapy and psychosomatic illness. In: Hill, O. W. s. o. 262 – 275.
Innerhofer, P. & Müller, G. F.: Elternarbeit in der Verhaltenstherapie. Sonderheft I/1974 der »Mitteilungen der GVT«. Darin: Innerhofer, P. & Müller, G. F.: Elternarbeit im Rahmen der Verhaltenstherapie – eine Literaturübersicht. Schulze, B.: Analyse der Literatur zum Elterntraining unter dem Aspekt der Kooperation der Eltern. Schulze, B. u. a.: Probleme beim Elterntraining während eines Projektes zur Verhaltensmodifikation von emotional gestörten Kindern in einer Münchener Sonderschule.
Micklich, D. R.: Operant conditioning procedure with systematic desensitization in an hyperkinetic boy. Behavior Therapy & Experimental Psychiatry 1973, 117 – 182.

Pierloot, R. A.: Recent research in psychosomatics. Karger, Basel, 1970.
Sternbach, R. A.: Pain patients traits and treatment. Academic Press, NY, London, 1974.

Einzeluntersuchungen sind zu finden in »Behavior Therapy«, »Behaviour Research and Therapy«, »Behavior Therapy & Experimental Psychiatry«, sowie »Journal of Psychosomatic Research«.

Kapitel 8

Beck, A. T.: Thinking and depression. Archives of General Psychiatry, 1963, 9, 324–333.
Belschner, W., Dross, M., Hoffmann, M & Schulze, C.: Sozialangst und Normunsicherheit als Vorläufer von Zwangsverhalten. Vortrag, 4. Verhaltenstherapiekongreß des DBV und der GVT, Münster, 1972; Überarbeitung in Vorbereitung.
Fiedler, P. A.: Gesprächsführung bei verhaltenstherapeutischen Explorationen. In: Schulte, D. (Hrsg.): Diagnostik in der Verhaltenstherapie. München: Urban & Schwarzenberg, 1974, 128–151.
Fedoravicius, A. S.: Self-instructional and relaxation variables in the systematic desensitization treatment of speech anxiety. Unpublished doctoral dissertation, University of Waterloo, 1971.
Innerhofer, P.: Ein Regelmodell zur Analyse und Intervention in Familie und Schule. Zeitschrift für Klinische Psychologie, 1974, 3, 1–29.
Innerhofer, P. & Müller, G. F.: Behandlung eines hyperaktiven Jungen über ein Verhaltenstraining der Eltern. In: Innerhofer, P. & Müller, G. F., Gottwald, P. &Egetmeyer, A. (Hrsg.): Elternarbeit in der Verhaltenstherapie, Sonderheft der Mitteilung der Gesellschaft zur Förderung der Verhaltenstherapie, 1974, Heft I.
Kaiser, K. & Berwald, H.: Zur praktischen Anwendung kognitiver Therapieansätze in Gruppen. Mitteilungen der Gesellschaft zur Förderung der Verhaltenstherapie, 1975, 7, 31–44.
Kraiker, C.: Bemerkungen über die empirischen und theoretischen Grundlagen der Verhaltenstherapie. In: Kraiker, C. (Hrsg.): Handbuch der Verhaltenstherapie, München: Kindler, 1974, 11–32.
Meichenbaum, D.: Cognitive modification of test anxious college students. Journal of Consulting and Clinical Psychology, 1972, 39, 370–380 (a).
– Therapist manual for cognitive behavior modification. Unpublished Manuscript, University of Waterloo, 1972 (b).
– Kognitive Faktoren bei der Verhaltensmodifikation: Veränderung der Selbstgespräche von Klienten. In: Hartig, M. (Hrsg.): Selbstkontrolle. München: Urban & Schwarzenberg, 1973, 197–213.
– Toward a cognitive theory of self-control. In: Schwarz, G. & Shapiro, D. (Eds.): Consciousness and self regulation: Advance in research. New York: Plenum Press, 1975.
Meichenbaum, D. & Turk, D.: The cognitiv-behavioral management of anxiety, anger und pain. Paper presented at the Banff Behavior Modification Conference, 1975.
Meichenbaum, D., Gilmore, J. & Fedoravicius, A.: Group insight versus group desensitization in treating speech anxiety. Journal of Consulting and Clinical Psychology, 1971, 36, 410–421.
Meyer, V.: Modification of expectations in case with obsessional rituals. Behavior Research & Therapy, 1966, 4, 273–280.
Mischel, W.: Toward a cognitive social learning reconceptualization of personality. Psychological Review, 1973, 80, 252–283.

Ploog, D. & Gottwald, P.: Verhaltensforschung. München: Urban & Schwarzenberg, 1974.
Rachman, S.: Obsessional Ruminations. Behavior Research and Therapy, 1971, 9, 229–235.
Ramsey, R. W. & Sikkel, R. J.: Behavior Therapy and Obsessiv Compulsive Neurosis. In: Brengelmann, J. C. & Tunner, W. (Hrsg.): Behaviour Therapy – Verhaltenstherapie. München: Urban & Schwarzenberg, 1973, 154–166.
Sarason, I. G.: Test anxiety and cognitive modeling. Journal of Personality and Social Psychology, 1973, 28, 58–61.
Skinner, B. F.: An operant analysis of problem-solving. In: Kleinmuntz, B. (Ed.): Problem Solving. Research, Method and Theory. New York, 1966.
Taylor, F.: The modification of depression. Unpublished doctoral dissertation. Queens University, Kingston, Ontario, 1974.
Windheuser, H. J.: Verhaltenstherapie bei Zwangssymptomen. Unveröffentlichtes Manuskript. Universität Münster, 1972.

Kapitel 9

Birbaumer, N.: Neuropsychologie der Angst, München, 1973. Urban & Schwarzenberg.
Cautela, J. R.: Covert reinforcement, Behavior Therapy, 1970, 1, 33–50.
Lazarus, A. A.: Behavior Therapy and Beyond, New York & London, 1971, McGraw Hill.
Meichenbaum, D. & Cameron, R.: The clinical potential of modifying what clients say to themselves. 1974 in: Mahoney, M. J. & Thoresen, C. E.: Self-Control: Power to the Person. Monterey, 1974, Brooks/Cole., 263–290.
Rimm, D. C.: Thought stopping and covert assertion in the treatment of phobias. J. of Consult. & Clin. Psych., 1973, 41, 3, 466–467.
Shelton, J. L. & Ackermann, J. M.: Homework in Counseling and Psychotherapy. Springfield, Illinois, USA, 1974, C. Thomas.
Ullrich de Muynck, R. & Ullrich, R.: Standardisierung des Selbstsicherheitstrainings für Gruppen, Vortrag auf dem EABT-Kongreß in München, 1971, abgedruckt in: Brengelmann, J. C. & Tunner, W.: Behaviour Therapy – Verhaltenstherapie, München, 1973, Urban & Schwarzenberg.
– Das Emotionalitätsinventar (EMI) – Struktur und faktorenanalytische Untersuchungen streßinduzierter Antworten. Diagnostika, 1975, XXI, 2, 84–95.
– Soziale Angst – Lernstrategien zur Bewältigung sozialer Konfliktsituationen. Ein empirischer Ansatz. In Vorbereitung, vorauss. 1977, Hogrefe.

Psychologie in Studium und Praxis

— eine Auswahl —

F. F. Mönks/A. M. P. Knoers
Entwicklungspsychologie
Eine Einführung
Unter Mitarbeit von F. J.
van der Staay
192 Seiten. Leinen DM 29.80
ISBN 3-17-002766-2

U. M. Lehr/F. E. Weinert (Hrsg.)
Entwicklung und Persönlichkeit
Beiträge zur Psychologie intra- und interindividueller Unterschiede
220 Seiten. Kart. DM 26.—
ISBN 3-17-002303-9

Dirk Revenstorf
Lehrbuch der Faktorenanalyse
360 Seiten. Leinen DM 68.—
ISBN 3-17-001359-9

Wolfgang Hawel (Hrsg.)
Datenverarbeitung in der Psychologie
128 Seiten. Kart. DM 19.80
ISBN 3-17-001454-4

Walter J. Schraml
Abriß der Klinischen Psychologie
2. Aufl. Urban-Taschenbücher, Bd. 116
DM 6.50. ISBN 3-17-232251-3

Petra Halder
Verhaltenstherapie
2. Aufl. Urban-Taschenbücher, Bd. 167
DM 6.50. ISBN 3-17-002244-2

W. Belschner/M. Hoffmann/
F. Schott/Ch. Schulze
Verhaltenstherapie in Erziehung und Unterricht
Band 1: Grundlagen
4. Aufl. 200 Seiten. Kart. DM 22.—
ISBN 3-17-002892-8
Ca. 170 Seiten. Kart. ca. DM 22.—
ISBN 3-17-002505-8

Hanko Bommert
**Grundlagen
der Gesprächspsychotherapie**
Theorie — Praxis — Forschung
Ca. 180 Seiten. Kart. ca. DM 19.—
ISBN 3-17-001341-6

Herbert Selg (Hrsg.)
Zur Aggression verdammt?
Ein Überblick über die Psychologie der Aggression
4., überarb. und erw. Auflage
184 Seiten. Kart. DM 19.80
ISBN 3-17-002220-2

Hans-Jürgen Möller
**Methodische Grundprobleme
der Psychiatrie**
160 Seiten. Kart. DM 22.—
ISBN 3-17-002636-4

Hans Hartmann
Psychologische Diagnostik
Auftrag — Testsituation — Gutachten
2. Aufl., Urban-Taschenbücher, Bd. 135
DM 6.50. ISBN 3-17-001252-5

Auf Wunsch steht Ihnen ausführliches Informationsmaterial zur Verfügung

Verlag W. Kohlhammer
7 Stuttgart 1 Urbanstraße 12-16 Postfach 747